辅导员玩转 DeepSeek

7天从入门到精通

主　编◎饶先发　伍晓芸　丁军锋

副主编◎廖名海　张晓惜　张美润
　　　　蒋晓敏　黄晓赫　李　萍
　　　　霍曙光　欧阳超群　庄晨薇

中南大学出版社
www.csupress.com.cn
·长沙·

图书在版编目（CIP）数据

辅导员玩转 DeepSeek：7 天从入门到精通 / 饶先发，
伍晓芸，丁军锋主编. --长沙：中南大学出版社，2025.4.
（2025.5 重印）
ISBN 978-7-5487-6237-9
Ⅰ．G645.1-39
中国国家版本馆 CIP 数据核字第 202580164F 号

辅导员玩转 DeepSeek
——7 天从入门到精通
FUDAOYUAN WANZHUAN DEEPSEEK
——7-TIAN CONG RUMEN DAO JINGTONG

饶先发　伍晓芸　丁军锋　主编

□ 出 版 人	林绵优	
□ 责任编辑	谢金伶	
□ 责任印制	李月腾	
□ 出版发行	中南大学出版社	
	社址：长沙市麓山南路	邮编：410083
	发行科电话：0731-88876770	传真：0731-88710482
□ 印　　装	湖南省众鑫印务有限公司	

□ 开　　本	710 mm×1000 mm 1/16	□ 印张 16.75	□ 字数 290 千字
□ 版　　次	2025 年 4 月第 1 版	□ 印次 2025 年 5 月第 2 次印刷	
□ 书　　号	ISBN 978-7-5487-6237-9		
□ 定　　价	58.00 元		

图书出现印装问题，请与经销商调换

编委会

EDITORIAL COMMITTEE

前言

FOREWORD

在人工智能（AI）浪潮的推动下，教育领域正经历着前所未有的变革。AI 技术，特别是大模型的应用，如 DeepSeek，以其高性价比、高场景适配性，成为教育工作者探索智能化的核心工具之一。近日，中共中央、国务院印发了《教育强国建设规划纲要（2024—2035 年）》，其中明确提到"促进人工智能助力教育变革……制定完善师生数字素养标准，深化人工智能助推教师队伍建设"。在 AI 重塑教育生态的浪潮中，辅导员需深度融合 AI 技术创新话语体系，通过智能技术赋能下的守正创新与实践探索，激活思想政治教育的新质生产力。

本书旨在帮助辅导员在这场技术变革中把握先机，将 AI 技术从概念认知落地到具体实践中，提升工作效率。通过场景驱动和实操演练帮助辅导员从零基础到深度掌握 DeepSeek 等 AI 工具，为辅导员在行政事务、学生发展、创意表达、科研提升等方面提供一套全新的工作赋能方案。

全书采用理论—方法—实践的三级架构，从基础—技能—实战—展望—附录五个篇章展开：

基础篇介绍了 AIGC（人工智能生成内容）的发展历程、关键技术原理、主要应用场景，以及国内常见的大模型应用。同时探讨了 AIGC 如何赋能教师职业发展。

技能篇提供了 DeepSeek 的安装配置指南和基础功能解析，介绍了高效对话技巧和问题解决策略。详细阐述了提示词的概念、优化技巧以及高级提示词案例，介绍了如何定制 AI 助手。

实战篇展示了 DeepSeek 等 AI 工具在行政事务处理、学生发展支持、创意设计表达、学术效能突破等方面的应用，提供了 17 类实战案例。

展望篇分析了未来 AI 技术的应用前景，探讨其在教育领域的应用拓展、对辅导员职业的影响及应对策略，强调了技术伦理的重要性。

附录提供了高频提示词模板库、AI 实用网站及政策法规资讯，为辅导员提供了实用工具资源。

本书作为辅导员的 AI 实用手册，具有以下三大特色：

明晰原理。深入浅出地阐释 AIGC 技术的本质与发展趋势，清晰对比 DeepSeek 与其他模型的差异，为辅导员奠定技术认知基础，助力精准把握 AI 技术的核心价值及其在思政育人领域的应用潜力。

提升效率。手把手进行从安装配置到高级提示词撰写的全流程指导，具备操作框架与丰富的提示词案例库，助力技术小白跨越障碍，提升工作效率。

强化实战。覆盖行政事务、学生发展、创意设计、科研竞赛四大关键场景，凝练出 17 类学生工作高频案例，充分展示工具与业务的深度融合，实现知识的即学即用。

本书由饶先发、伍晓芸、丁军锋、廖名海、张晓惜、张美润、蒋晓敏、黄晓赫、李萍、霍曙光、欧阳超群、庄晨薇等人合作编写，中南大学出版社谢金伶为书稿的策划、编写、出版做了大量的工作，江西理工大学发哥辅导员工作室的 70 余位学工同仁在交稿前对本书提出了大量修改建议，借此机会，向他们表示诚挚的感谢。

由于 AI 技术更新迭代的速度日新月异，加之编者水平与经验有限，书中疏漏和不足之处在所难免，恳请广大读者、同仁予以批评指正。

本书编委

2025 年 4 月

目 录
CONTENTS

● **基础篇**

● **技能篇**

● 实战篇

展望篇

基础篇

第 1 章

初识 AIGC：开启教师智能新时代

引言：在当今数字化时代，人工智能技术正以前所未有的速度发展，深刻影响着各行各业。教育领域也不例外，AI 技术的融入为教师带来了全新的机遇和挑战。AIGC（人工智能生成内容）作为 AI 技术的重要应用之一，正在改变着教学、科研和学生管理的方式。本章将介绍 AIGC 的发展历程、关键技术原理、主要应用场景、国内常见的大模型应用，以及对教师职业的影响，帮助读者初步了解 AIGC 的概念和应用，为后续深入探讨其在教育领域的应用奠定基础。

1.1　AIGC 的发展历程

　　AIGC（artificial intelligence generated content，人工智能生成内容）是指利用人工智能技术自动生成内容，包括但不限于文本、图像、音频、视频等。它涉及的技术包括机器学习、自然语言处理（NLP）、计算机视觉等。AIGC 可以自动撰写文章、创建图像、生成音乐视频等，例如，AIGC 可以在几秒钟内生成一篇新闻报道或一幅风格化的艺术作品。

AIGC 生成内容及应用场景

内容形式	生成示例	应用场景
文本	新闻文章、学生评语	教学材料撰写、自动化报告
图像	教学插图、艺术作品	课件设计、视觉辅助工具
音频	语音讲解、个性化音乐	语言学习、多媒体教学
视频	数字人、创意视频	课程教学、宣传片制作

1.1.1 AIGC 的起源与探索

起源与早期探索。AIGC 技术的起源可以追溯到 20 世纪 50 年代。1956 年，约翰·麦卡锡在达特茅斯会议上首次提出了"人工智能"这一概念，为 AIGC 的发展奠定了理论基础。同年，美国心理学家、数学家和计算机科学家麦洛克和皮茨提出了神经网络模型"感知机"，这是人工智能研究的重要里程碑。此外，1957 年，莱杰伦·希勒和伦纳德·艾萨克森完成了历史上第一首由计算机创作的音乐作品《伊利亚克组曲》，标志着 AIGC 技术的初步萌芽。

沉淀积累阶段。在 20 世纪 60 年代至 90 年代，AIGC 技术处于沉淀积累阶段。这一时期，计算机技术和人工智能算法逐步发展，但受限于当时的计算能力和数据规模，AIGC 的应用范围较为有限。例如，1966 年开发了世界上第一款人机对话机器人"伊莉莎"（Eliza），标志着自然语言处理技术的初步应用。此外，IBM 在 20 世纪 80 年代中期推出了语音打字机"Tangora"，进一步推动了语音识别技术的发展。

AIGC 技术的起源经历了从早期理论探索到后期现代广泛应用的过程。其核心驱动力包括深度学习、自然语言处理、生成对抗网络等技术的进步，这些技术的发展为 AIGC 的广泛应用提供了坚实的基础。

1.1.2 AIGC 的快速发展期

在发展的早期阶段，AIGC 主要依赖于简单的规则和模板进行操作，这种方式生成的文本具有明显的局限性，大多只能生成简单、结构较为固定的文本内容。直到 2010 年，深度学习技术开始成功应用于图像和语音识别领域，这一变革性的应用为 AIGC 的发展带来了新的契机，使其发展态势发生了根本性的转变。2016 年，深度学习在自然语言处理领域取得了重大的技术突破，为

AIGC 在文本生成等方面的发展奠定了更为坚实的基础。到了 2020 年，大规模语言模型的出现成为 AIGC 发展历程中的一个重要里程碑，它使得 AIGC 在自然语言处理领域实现了质的飞跃，能够生成更加复杂、精准且富有逻辑性的文本内容。

目前，AIGC 已经广泛且深入地应用于众多领域，发挥着日益重要的作用。它的发展离不开机器学习、自然语言处理、计算机视觉等多个相关领域的协同进步与创新发展，这些技术的不断突破和完善为 AIGC 的蓬勃发展提供了坚实而稳固的基础支撑。例如，在高校科研工作中，教师撰写学术论文时，以往需要花费大量时间和精力去查阅海量的文献资料，并进行细致的整理和分析。现在，借助 AIGC 技术，教师能够快速对文献进行筛选和整理，精准提取与研究主题相关的关键信息，这不仅大大提高了科研工作效率，还能够让教师更专注于核心研究内容，进一步提升科研成果的质量，这充分体现了相关技术共同发展为科研工作带来的显著益处。

1.2　AIGC 的关键技术原理

AIGC 的关键技术原理

技术	核心作用	协同关系
机器学习（ML）	模型训练与优化	驱动深度学习、支撑 NLP/CV
自然语言处理（NLP）	文本生成与语义分析	与 CV 结合实现多模态内容生成
计算机视觉（CV）	图像/视频生成与识别	与 NLP 结合生成图文、视频内容
深度学习（DL）	复杂模式学习 （如神经网络）	作为 ML 的子集， 直接赋能 NLP 和 CV
知识图谱（KG）	结构化知识关联	为 NLP/CV 提供上下文知识 （如学科概念库）
数据挖掘和分析（DM/DA）	数据处理与模式发现	为 ML 提供训练数据，优化生成结果

1.2.1　机器学习（ML）

机器学习是 AIGC 的核心基础技术之一，在整个技术体系中占据着至关重要的地位。它就像建造大厦时所需的坚固基石，为 AIGC 的各种应用和发展提供了坚实的支持。机器学习主要有以下几种类型。

（1）监督学习。它依赖于大量经过精心标记的训练数据，使模型能够深入学习输入和输出之间的复杂映射关系。这就像为模型配备了一位特别细心的导师，引导它逐步理解数据之间的内在逻辑。通过这种方式，模型能够准确地预测或生成新内容。例如，在训练语言模型时，我们会提供海量带有准确标签的文本数据，这些数据涵盖了各种主题、语境和语言表达方式。在学习过程中，模型会细致分析词语间的语义关联、语法结构以及上下文的依赖关系。因此，面对新的输入，模型能够生成逻辑连贯、语义准确的文本内容。

（2）无监督学习。它是在没有任何标签的数据堆里，靠自身算法去寻找潜在的模式和结构。这过程就像在一片茫茫未知中摸索，不断试错、总结，最后发现数据里藏着的规律。在图像生成任务里，无监督学习模型就像个敏锐的观察者，能自动学习图像数据里深层的潜在特征表示。它从图像的色彩分布、纹理细节、形状轮廓等多方面进行分析理解，然后生成有相似特征但又不一样的新图像，给图像创作带来更多新可能和创新点。

（3）强化学习。它是模型和不断变化的环境的持续互动，逐步优化自身的决策过程。这时候模型就像个勇敢的探索者，在环境中不断尝试各种行动，再根据环境给的反馈调整策略。拿游戏 AI 领域来说，强化学习模型会融入游戏环境，和游戏里的各种元素实时交互。它不断尝试不同游戏操作决策，观察每个决策带来的游戏结果，像得分是增加还是减少、有没有达成特定目标等。这样就能学会在复杂多变的游戏情境里做出最优操作决策，获得更高游戏分数或者完成游戏目标。

机器学习的类型

学习类型	定义	特点	教育领域应用案例
监督学习	基于标注数据的输入—输出映射	依赖高质量标签数据	学生成绩预测、自动评分
无监督学习	在未标注数据中寻找模式	用于聚类和特征提取	学生群体行为分析
强化学习	通过环境反馈优化决策	动态适应复杂场景	个性化学习路径推荐

1.2.2 自然语言处理（NLP）

自然语言处理是让机器真正理解和流畅生成自然语言的关键核心技术，在

AIGC 的文本生成领域作用极大。像大家都知道的 GPT 系列语言模型，就是通过长时间、高强度地深度训练海量文本数据，才深入掌握了人类语言里的复杂规律和丰富语义。这些模型能像人一样理解语言的微妙之处，生成的文本不仅连贯流畅，还特别有逻辑性和表现力。

自然语言处理技术在很多实际场景都有应用。比如智能聊天机器人，它能和用户自然、亲切地对话，理解用户意图，给出准确恰当的回答；自动翻译功能，可以快速、精准地把一种语言翻译成另一种语言，打破语言障碍，方便全球信息交流共享，而且，它还涉及语义解析这个重要任务，能深入分析句子的语法结构和语义内涵；还有情感分析，能准确判断文本表达的情感倾向是积极、消极还是中立的。这些功能都帮助机器更好地理解人类语言的深层含义，让 AIGC 在文本生成方面更智能、灵活，能满足用户各种需求。

1.2.3　计算机视觉（CV）

计算机视觉主要是让机器深度理解图像和视频，还能创造性生成内容。它就像机器的"眼睛"，能准确识别图像里的各种物体、复杂场景还有动态活动。比如在自动驾驶领域，计算机视觉技术能敏锐识别道路上的车辆、行人还有交通标志，给车辆安全行驶提供重要信息。

计算机视觉技术的图像生成能力也很强。比如用先进的生成对抗网络（GANs）技术，能生成特别逼真的人脸图像或者很有艺术感染力的艺术作品。这些生成的图像在细节、色彩和质感等方面跟真实图像差不多，有时候甚至能以假乱真。另外，计算机视觉技术还能精细编辑和优化图像，比如风格转换功能，能把一幅普通图像转换成有特定艺术风格的作品，像油画风格、水墨画风格等；图像超分辨率技术能处理低分辨率图像，提高图像清晰度和细节，给图像和视频内容创作提供了更多创意空间和表现形式。

1.2.4　深度学习（DL）

深度学习是实现 AIGC 的关键技术。它利用多层神经网络来学习数据中那些复杂的模式，许多 AIGC 的技术都以它为基础。深度学习模型的优势在于能够自动从数据中提取特征，无须人工干预，从而显著提升模型性能和泛化能力。

在计算机视觉这个领域，深度卷积神经网络（CNN）能够自动学习图像的特征表示。比如图像的边缘、纹理、形状这些特征，它都能学到，靠着这些学到的特征，就能实现图像分类、目标检测这些任务。举个例子，通过一个识别动物的图像分类任务，CNN 可以学习到不同动物的特征，像猫毛茸茸的特性、眼睛的形状，狗的耳朵、尾巴特点等，然后就能准确判断出图像里是猫还是狗。

在自然语言处理方面，深度循环神经网络（RNN）以及它的变体，如长短期记忆网络（LSTM）和门控循环单元（GRU），这些都是处理序列数据的能手，能够捕捉文本里的语义和上下文信息。比如在分析一段故事的时候，它们能记住前面提到的人物、事件等信息，这样就能更好地理解整个故事的含义。

随着深度学习模型规模越来越大，像 BERT、GPT 这些大规模预训练模型出现后，它们在自然语言处理领域的表现令人瞩目。用这些模型生成的文本，更加准确、流畅，逻辑也特别连贯。比如写一篇新闻报道，它们能根据给定的主题，生成条理清晰、内容丰富的报道内容。

1.2.5　知识图谱（KG）

知识图谱是一种把知识结构化表示的方式。简单来说，它就是把各种实体以及它们之间的关系，用图的形式存储起来。这个图里面包含了很多信息，能为内容生成提供知识背景和上下文。

在自然语言处理中，知识图谱的作用可不小，可以用来增强语言模型的能力。比如要生成一篇关于某个特定主题的文本，知识图谱就能提供相关实体的详细信息和背景知识。有了这些信息，生成的文本就会更加丰富、准确，逻辑也更连贯。

在问答系统里，知识图谱的作用就更明显了。比如用户提问"北京有哪些著名地标？"，这时候知识图谱就像一个超级数据库，能快速检索出和"北京"这个实体相关联的地标信息，像故宫、天坛等，然后把这些信息用合适的语言形式呈现给用户。它就像一个贴心的小助手，快速准确地给出答案，让用户一目了然。

1.2.6　数据挖掘和分析（DM/DA）

在 AIGC 里，数据挖掘和分析的作用就是从大量的数据里面，找出有价值的信息。这些信息能用来实现内容的个性化生成和优化。

比如在推荐系统中，通过对用户的历史行为数据进行挖掘和分析，能了解用户的兴趣偏好和行为模式，像用户经常浏览哪种类型的电影、喜欢听什么风格的音乐、购买过什么商品等，这些信息都能被挖掘出来。然后基于这些信息，AIGC 就能为每个用户生成个性化的推荐内容。如一个用户经常看科幻电影，系统就会给他推荐更多新的科幻电影。

另外，数据挖掘和分析还能用来评估和优化生成内容的质量。通过对生成内容进行分析，能发现其中存在的问题和不足。比如在文本生成领域，通过对生成文本的情感倾向、语法正确性、连贯性这些指标进行分析，就能评估模型的性能。要是发现生成的文本语法错误多，或者逻辑不连贯，可以根据这些问题调整模型的参数和训练策略，这样就能生成质量更高的文本内容。

1.3　AIGC 主要应用场景

1.3.1　办公场景

1. 文档生成与管理

AIGC 可以自动生成公文、报告、邮件、演示文稿等。它能够根据用户的需求和上下文自动生成文本内容，并且可以根据不同的格式要求进行智能排版和格式优化。例如，教师可以利用 AIGC 生成教学大纲、教案、课件等，提高备课效率。

2. 数据处理与分析

AIGC 能够帮助用户快速生成数据可视化图表，如柱状图、折线图、饼图等。它基于数据自动生成可视化内容，帮助用户更好地理解和展示数据。这对于教师而言，可以方便地对学生成绩、课程进度等数据进行分析和展示，辅助教学决策。

3. 信息提取与总结

AIGC 可以自动从大量的文本中提取关键信息，发现信息之间的逻辑关系，并生成简洁准确的总结。在学术研究和教学资料整理过程中，教师可以利用这一功能快速获取核心观点和重要信息，提高信息获取效率。

1.3.2 创意场景

1. 创意写作与故事生成

AIGC 为文学创作提供了无限可能。它可以生成故事、小说、诗歌、剧本等，激发创意和灵感。对于教师而言，无论是进行文学创作，还是在文学、艺术等学科的教学过程中，都可以借助 AIGC 丰富教学素材和激发学生的创作兴趣。

2. 艺术作品创作

AIGC 能够生成绘画、音乐、影视作品等艺术内容。例如，通过生成对抗网络（GANs），可以创造出极具艺术价值的图像作品。对于美术、音乐、影视等相关专业教师来说，可以利用 AIGC 为学生提供新颖的艺术创作思路和范例。

3. 游戏与虚拟现实

AIGC 可以生成游戏中的剧情、角色、场景等元素。在虚拟现实领域，它可以自动生成丰富的虚拟场景和角色，提高游戏的沉浸感和可玩性。教师在游戏设计、虚拟现实等相关课程的教学中，可以利用 AIGC 为学生讲解最新的游戏和虚拟现实内容的创作方法。

1.3.3 科研场景

1. 学术写作辅助与科研思路拓展

AIGC 可以辅助撰写学术论文、研究报告等。它能够提供写作框架、语言润色和参考文献推荐等。在科研工作中，教师可以借助 AIGC 提高论文写作效率和质量，同时拓展科研思路。

2. 数据分析与模拟

AIGC 能够对科研数据进行深度分析和模拟。它可以辅助验证科研假设，模拟复杂实验过程。在物理、化学、生物等科研领域，这可以为教师的科研工作提供有力支持，实现对科研问题的深度挖掘和理解。

3. 文献检索与阅读辅助

AIGC 能够进行高效的文献检索和阅读。它可以快速筛选和整理文献，发现文献之间的联系，帮助用户获取核心信息。教师在科研过程中需要大量阅读和整理文献资料，AIGC 可以帮助其节省大量时间，提高文献获取和阅读效率。

1.3.4　商业场景

1. 市场营销与广告创作

AIGC 可以生成市场分析报告、营销文案、广告创意等。它能够根据市场需求和消费者行为，快速生成具有吸引力的营销内容。教师在参与产学研合作、科技成果转化等项目时，可以利用 AIGC 为项目推广和市场宣传提供创意文案和营销方案。

2. 智能客服

AIGC 可以提供智能客服。它能够模拟人类对话，理解用户意图，并生成符合语境的回复。在高校的招生咨询、后勤服务等领域，可以利用智能客服提高服务效率和质量，满足广大师生的咨询需求。

3. 产品设计与创新

AIGC 能够生成产品设计概念和方案。它可以在产品设计初期提供创新思路，辅助生成产品原型。教师参与产品设计、工业设计等相关项目时，可以借助 AIGC 激发产品设计灵感，推动产品创新。

1.4　几种国内常见的大模型应用

1.4.1　DeepSeek 大模型应用

特点： DeepSeek 由深度求索公司开发，专注于复杂逻辑推理与专业领域应用，尤其在数学问题解答、代码生成、学术研究等场景表现出色。其技术路径强调系统性知识整合，擅长通过框架性思维拆解复杂问题。DeepSeek 采用混合专家架构（MoE）和多头潜在注意力机制，在逻辑推理、代码生成等任务中表现卓越。例如，它可以生

成带注释的高质量代码,这对于软件工程、计算机等专业的教学和科研具有重要意义。同时,DeepSeek 是首个支持联网搜索的推理模型,可以获取最新资讯,突破传统模型的数据时效性限制。其训练成本为 557 万美元,API 调用成本低至 0.48 美元/百万 tokens[①],这使得教师能够以较低的成本使用这一模型进行教学和科研工作。

1.4.2 Kimi 大模型应用

特点: Kimi 是由月之暗面公司开发的一款智能助手,以其强大的自然语言理解和生成能力而闻名。它在聊天机器人、文本生成等场景中表现出色,能够生成流畅、自然的文本内容。然而,在复杂逻辑推理和专业领域应用方面,Kimi 的表现相对较弱,可能无法满足教师在科研和教学中对专业性和深度的需求。

1.4.3 豆包大模型应用

特点:豆包是由字节跳动公司推出的一款多模态 AI 模型,能够处理文本、图像、音频等多种类型的数据。它在跨模态任务中表现出色,例如,可以将文本描述转换为图像,或将图像内容转换为文本描述。但在专业领域应用和复杂逻辑推理方面,豆包的表现也存在一定的局限性,对于逻辑严谨性要求较高的任务,如复杂的学术研究、代码开发等,可能无法完全满足教师的需求。

1.4.4 文小言大模型应用

特点:文小言(原文心一言)是由百度公司开发的一款 AI 模型,基于百度知识增强架构,中文生成与本地化内容创作能力突出。它擅长 SEO(搜索引擎优化)、营销文案等场景。在 SEO 方面,文小言可以生成符合搜索引擎规则的

---

① token 是模型处理的基本数据单位。

高质量内容，提高网站的搜索引擎排名。
在营销文案撰写上，它可以根据产品特
点和目标受众生成吸引人的文案，促进
产品销售。此外，文小言能够更好地理
解和利用知识，在需要知识推理和语言
理解的任务中表现不错。但文小言在数学和代码能力上较弱，对于逻辑严谨性
要求较高的任务，如复杂的学术研究、代码开发等，可能无法满足教师的需求。

1.4.5 通义大模型应用

特点：通义大模型是由阿里云推出，
具有多种参数规模的模型，包括 0.5B、
1.5B、3B、7B、14B、32B 和 72B 不同规
模的模型。模型在预训练时使用了最新
的大规模数据集，包含多达 18 万亿个
tokens。模型 Qwen2.5 在自然语言理解、
文本生成、编程能力、数学能力等方面都有显著提升。Qwen2.5 支持长文本处
理，能生成长文本（超过 10 万+ tokens），增强对系统提示的适应性，提升角色
扮演和聊天机器人的背景设置能力。Qwen2.5 还支持多达 29 种语言，包括中
文、英文、法文、西班牙文、葡萄牙文、德文等。Qwen2.5-Coder 和 Qwen2.5-
Math 是针对编程和数学问题的专门模型，在专业领域内展现了强大的性能。

小 结

当前国产大模型各具优势，如 DeepSeek 性能成本平衡、Kimi 文本写
作分析强、豆包语音交互与中文处理出色、文小言情感内容创作方面优
秀、通义聚焦行业应用，在未来竞争中，可能关键在于模型轻量化、多模
态融合和场景适配上。

DeepSeek：在专业领域应用和复杂逻辑推理方面具有明显优势，适合
教师在教学和科研中使用，尤其是在数学、代码生成等领域。同时，其开
源性和低成本也使得教师能够更方便地获取和使用。

Kimi：在自然语言理解和生成方面表现出色，适合用于聊天机器人、文本生成等场景，但在专业领域应用和复杂逻辑推理方面相对较弱。

豆包：在多模态处理和跨模态任务中具有优势，但在专业领域应用和复杂逻辑推理方面存在一定局限性。

文小言：在中文生成和本地化内容创作方面具有优势，适合 SEO、营销文案等场景，但在数学和代码能力上较弱。

通义：在自然语言理解、文本生成、编程能力和数学能力等方面有显著提升，支持长文本处理和多语言，适合需要处理复杂任务和多语言场景的用户。

国产各大型模型适用场景对比

模型	核心优势	主要局限	适用场景	其他特性
DeepSeek-R1	专业领域应用、复杂逻辑推理、数学与代码生成能力突出	多模态能力不足，生态建设相对滞后	高校教学与科研（数学、编程等专业领域）	开源、低成本
Kimi	自然语言理解与生成能力优秀	专业领域深度不足、复杂逻辑推理较弱	聊天机器人、创意文本生成、对话交互	支持长文本处理（约 20 万汉字）
豆包	多模态处理与跨模态任务表现优异	专业领域深度不足、复杂逻辑推理较弱	图文/音视频混合内容处理、跨模态生成任务	生成图文、写代码、响应速度快
文小言	中文生成与本地化内容创作能力突出	数学能力弱、代码生成能力不足	SEO、营销文案、社交媒体内容创作	中文语境适配性强
通义（QwQ-32B）	综合性能均衡（NLP/编程/数学）、多语言支持、长文本处理能力	个性化内容生成较弱，垂直领域深度不足	复杂任务处理（编程/数据分析）、多语言场景、长文本分析	支持超长上下文理解（10 万+tokens）

1.5　AIGC 对教师职业的影响

1.5.1　提高工作效率

AIGC 可以自动化完成许多重复性、繁琐的工作任务，如文档撰写、数据处理、报表生成等。这大大节省了教师的时间和精力，使其能够专注于更有价值和创造性的工作。例如，教师可以利用 AIGC 快速生成教学大纲、教案、课件等，将节省下来的时间用于深入研究教学方法和学生个性化指导上，提高教学质量。

1.5.2　提高工作质量

AIGC 能够生成高质量的内容，如精准的分析报告、富有创意的教学设计、专业的学术论文等。通过 AIGC 的辅助，教师可以更好地把握教学内容的重点和难点，设计出更具吸引力和效果的教学活动，提高教学质量和学生的学习效果。同时，在科研方面，AIGC 生成的内容可以作为参考，帮助教师完善科研成果，提高科研成果的质量。

1.5.3　增强竞争力

掌握 AIGC 技术的教师，在职场上将更具竞争力。他们能够更快速地适应变化的教育环境和教学需求，提供更优质的教学服务，从而获得更多的职业发展机会。在教育信息化和智能化的背景下，能够熟练运用 AIGC 进行教学创新的教师，更容易获得学校的认可和学生的喜爱，有望晋升为教学骨干或教育专家。

1.5.4　促进职业发展

AIGC 为教师的职业发展提供了新的方向和可能性。教师可以利用 AIGC 进行教育研究和创新实践，探索新的教学模式和方法，推动教育的发展和进步。同时，AIGC 也促进了教师之间的交流和合作，教师通过共享 AIGC 生成的教学资源和经验，共同提高教学水平和教育质量。AIGC 为教师的职业成长提供了更广阔的空间和更好的平台。

✦ 本章小结

　　通过本章的学习，我们对 AIGC 有了初步的认识。AIGC 作为一种新兴的技术，已经在多个领域展现出巨大的潜力和价值。从办公自动化到创意内容生成，从科研数据分析到商业营销策划，AIGC 的应用场景广泛而深入。教师是教育领域的专业人士，了解和掌握 AIGC 技术，将有助于提升教学质量和工作效率，更好地适应数字化时代的发展需求。在接下来的章节中，我们将进一步探讨 AIGC 在教育领域的具体应用和实践方法。

技能篇

第 2 章

快速入门：DeepSeek 基础上手指南

> 引言：前面我们了解了 AIGC 的基本概念和应用场景，接下来这一章，就带领大家进入 DeepSeek 的实践操作环节。DeepSeek 是一个特别厉害的 AI 工具，有很多实用功能，用起来还特别方便。在本章，会仔细给大家讲讲 DeepSeek 怎么用，安装配置的步骤是什么，基础功能有哪些，高效对话有什么技巧，还有常见问题该怎么解决。这样能帮助大家快速学会并熟练掌握 DeepSeek 操作技巧，给教师工作添把力。

2.1 安装配置指南：步骤与要点

2.1.1 手机版(移动 App 端)安装

要在移动设备上使用 DeepSeek，首先得下载它的 App(程序)。不管用的是苹果手机还是安卓手机，在应用商店都能轻松找到下载渠道。如果用的是苹果手机，打开手机里的"App Store"，在搜索栏输入"DeepSeek"，就能看到 DeepSeek App 的图标，点击获取或者下载按钮，等待下载和安装完成。要是用的是安卓手机，打开常用的应用商店，像华为应用市场、小米应用商店等，同样在搜索栏输入"DeepSeek"，找到对应的 App 后点击下载并安装。

安装好 App 后，打开它就能看到注册登录界面。如果是第一次使用，点击

"注册"按钮。注册方式很简单，可以选择用手机号码注册，输入手机号码，点击获取验证码，手机会收到一条带有验证码的短信，把验证码填进去，再设置一个自己能记住的密码，就注册成功了。要是想用第三方账号登录，比如微信、QQ 账号，直接点击对应的第三方图标，按照提示授权登录就可以了。登录成功后，就能开始使用 DeepSeek 的各种功能。

登录到 DeepSeek 移动 App 后，可以对一些基本设置进行调整，让使用体验更好。点击界面左上角的设置图标，进入设置页面。在这里，可以调整设置选项，选择自己习惯使用的语言和喜爱的外观，这样 App 的界面和生成的内容都会以所选择的语言和外观显示。另外，还可以返回主界面，设置深度思考、联网搜索等功能。设置好这些基本选项后，在移动设备上使用 DeepSeek 就更方便。

2.1.2 电脑版(网页)联网使用

访问 DeepSeek 官网：通过电脑网页使用 DeepSeek，得先打开浏览器，在地址栏输入 DeepSeek 的官方网址(www. deepseek. com)或者可以在搜索引擎里输入"DeepSeek 官网"，搜索结果靠前位置一般有官方网站地址，点击进入 DeepSeek 的官网页面。官网页面设计简洁明了，很容易找到需要的功能入口。

网页端注册与登录：进入官网后，和移动 App 类似，也需要注册或登录账号。在官网首页一般能看到"注册"和"登录"按钮。如果还没有账号，点击"注册"，按照提示填写注册信息，同样也可以选择用手机号码或者第三方账号注册。注册完成后，点击"登录"，输入账号和密码或者通过第三方账号授权登录，就能进入网页版的 DeepSeek 操作界面。

功能使用：登录成功后，可以在官网首页或左侧导航栏中找到 DeepSeek 的各项功能入口，如历史对话、开关边栏、开启新对话等。点击相应的功能入口，

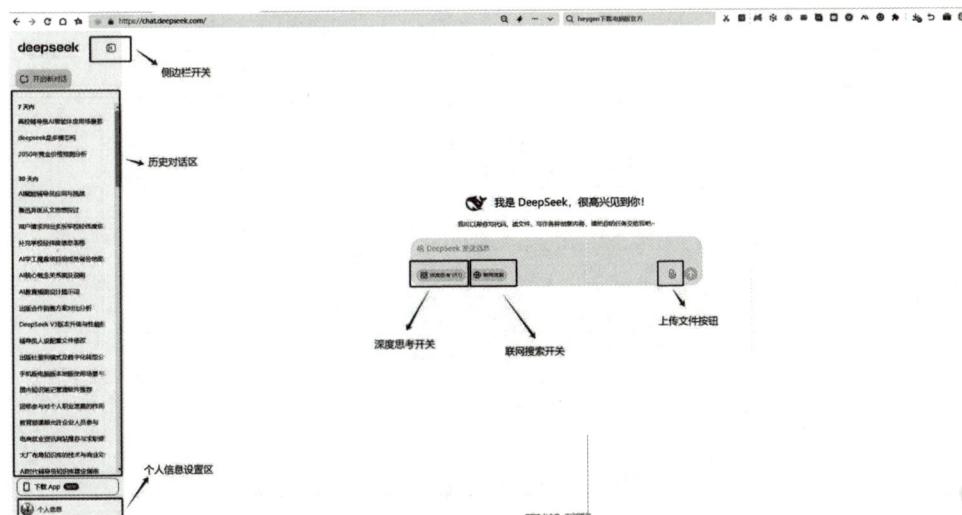

即可进入相应的功能页面进行操作。在使用过程中，确保网络连接稳定，以保证数据传输和生成结果的及时性。

2.1.3　本地版(使用 ollama)安装

环境准备：确保计算机已安装 Python 3.7 及以上版本，以及必要的依赖库，如 NumPy、TensorFlow 或 PyTorch 等。可以通过在命令行中输入 python—version 来查看 Python 版本，通过 pip install 命令来安装或更新依赖库。

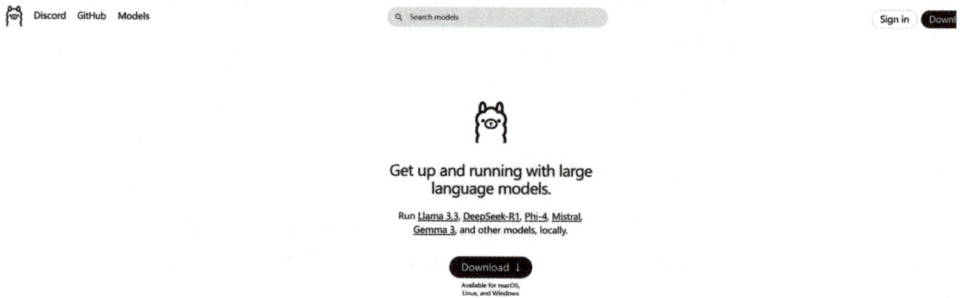

下载模型：从 DeepSeek 官方网站或指定渠道下载 ollama 安装本地大模型 7B、8B、32B 的蒸馏版本。下载时，选择与自己计算机系统和硬件配置相匹配的模型版本，如 Windows 系统、Linux 系统等。

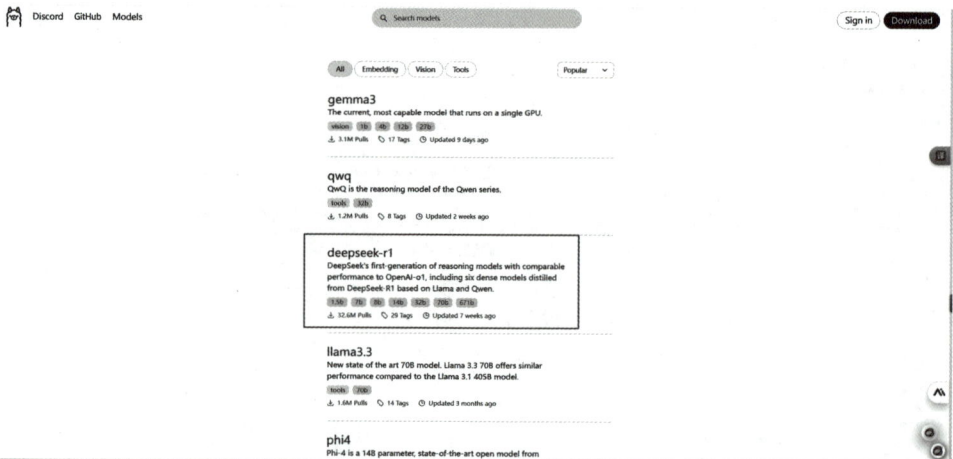

安装配置：解压下载的模型文件，将模型文件放置在指定的目录下。在命令行中，使用 cd 命令进入模型文件所在目录，然后根据模型的安装说明，运行相应的安装命令，如 python install. py 等。安装过程中，可能需要设置一些参数，如模型的存储路径、缓存路径等，请根据实际情况进行设置。

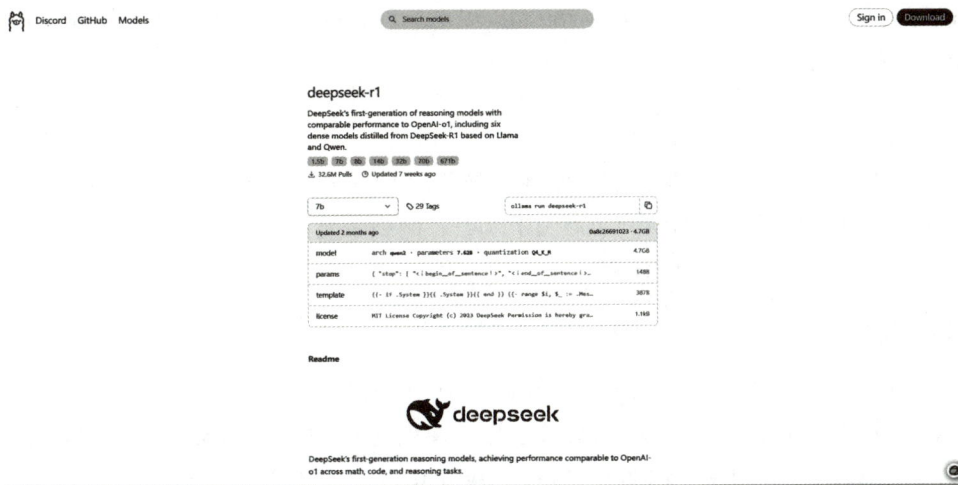

验证安装：安装完成后，可以在命令行中输入相关的命令（如 ollama list 命令）来验证模型是否安装成功。如果能够正确输出模型的版本信息，说明安装成功。还可以通过运行一些简单的测试脚本或程序，来验证模型的功能是否正常。

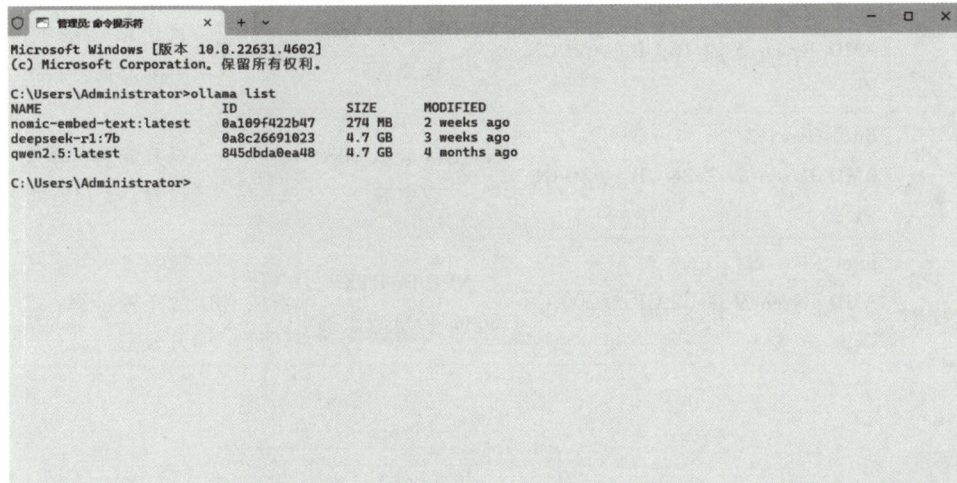

2.1.4 硬件需求

1.手机版(移动 App 端)

推荐使用性能较好的智能手机,如处理器为骁龙 8 系列、A 系列芯片等,运行内存 4 GB 以上,存储空间 100 MB 以上。较低配置的手机可能会影响应用的运行速度和体验。

2.电脑版(网页/客户端)

推荐使用配置较好的电脑,处理器为 Intel Core i5 或 AMD Ryzen 5 以上,运行内存 8 GB 以上,存储空间 100 MB 以上。网络带宽建议 10 Mbps 以上,以保证网页加载和数据传输的速度。

3.本地版(大模型 7B、8B、32B 蒸馏版)

由于模型较大,对硬件要求较高。处理器建议为 Intel Core i7 或 AMD Ryzen 7 以上,运行内存 16 GB 以上,显卡建议为 NVIDIA GeForce RTX 2060 或以上,显存 6 GB 以上,存储空间建议 100 GB 以上,以保证模型的正常运行和数据存储。

本地安装大模型蒸馏版硬件需求推荐

模型版本	处理器	运行内存	存储空间	显卡要求	显存	优化建议
7B模型	Intel Core i5/AMD Ryzen 5 以上	≥16 GB	≥50 GB	NVIDIA GTX 1660 或更高	≥6 GB	支持量化技术,可降低显存占用
8B模型	Intel Core i7/AMD Ryzen 7 以上	≥24 GB	≥80 GB	NVIDIA RTX 2060 或更高	≥8 GB	需开启混合精度计算,优化性能
32B模型	Intel Core i9/AMD Ryzen 9 以上	≥32 GB	≥200 GB	NVIDIA RTX 3080/4090 或更高	≥12 GB	建议多卡并行或分布式计算,提升效率

2.1.5　手机版、电脑版与本地版的使用场景

手机版聚焦轻量级任务，适用于移动办公和实时数据交互场景，如零售业即时分析或个人日常需求；电脑版以生产力为核心，支持编程、云端协作及中轻度 AI 应用，适合教育、中小企业等需要多任务处理的场景；本地版则面向隐私敏感和高性能计算需求，提供私有化部署和大模型训练能力，主要服务于金融风控、医疗诊断及科研领域。三者场景互补，用户可根据业务需求、数据安全性和算力要求灵活选择。

手机版、电脑版、本地版使用场景对比

维度	手机版(移动 App 端)	电脑版(网页/客户端)	本地版(大模型蒸馏版)
核心用途	轻量级任务：即时通信、导航、简单 AI 功能	生产力工具：编程、数据分析、多任务协作	高性能计算：大模型推理、私有化 AI 服务
典型应用	个人用户、零售业实时分析(如销售数据)	教育、中小型企业、在线服务	金融、医疗、科研(如银行风控、医疗诊断、学校科研)
适用场景	− 移动办公 − 临时数据查看	− 远程会议 − 云端协作 − 中轻度 AI 应用	− 隐私敏感数据处理 − 大规模模型训练(如 32B 参数模型)

2.1.6　手机版、电脑版与本地版的使用成本

手机版以低门槛订阅制为主，适合轻量需求但需警惕数据安全风险；电脑版采用按需付费模式，初期成本可控但可能随使用量增长而增加，且依赖网络稳定性；本地版需承担高昂的硬件购置与维护费用(如算力集群部署)，但能规避网络依赖和技术滞后风险，适合长期高价值场景。综合来看，成本选择需平衡短期预算与长期效能，同时关注隐性风险对业务的影响。

手机版、电脑版、本地版使用成本对比

维度	手机版(移动 App 端)	电脑版(网页/客户端)	本地版(大模型蒸馏版)
初期投入	免费或订阅制(月费几十元)	按需付费(如 API 调用费用)	高(硬件购置+许可证费用，数万至数百万元)

续表

维度	手机版(移动 App 端)	电脑版(网页/客户端)	本地版(大模型蒸馏版)
长期成本	持续订阅费用	随使用量增加可能成本上升	维护费用高(电费、硬件升级、人工)
隐性成本	数据泄露风险潜在损失	网络依赖导致的业务中断风险	技术迭代滞后导致的效率损失

2.2 基础功能解析：功能模块与操作

2.2.1 文本生成

DeepSeek 的文本生成功能非常强大。不管是写一篇完整的课程讲稿，还是创作故事、诗歌，它都能应付。比如，一位文学课教师要给学生讲解诗歌赏析，可一时灵感枯竭，不知道如何用生动的语言去描绘诗歌意境。这时候，教师可以向 DeepSeek 输入诗歌主题、想要的风格等信息，如"以李白的《静夜思》为主题，生成一篇富有诗意的赏析短文，风格要优美、古典"。DeepSeek 很快就能生成一篇不错的赏析文章，教师稍微修改调整，就能作为课堂讲解的材料，不仅节省时间，还能提高教学效果。

2.2.2 数据分析

对于需要做科研项目或者分析教学数据的教师，DeepSeek 的数据分析功能很实用。例如，教师想要研究学生成绩和学习时间之间的关系。教师把收集到的学生成绩数据、每周学习时间数据等提供给 DeepSeek，并提出分析需求，如"分析这些数据，找出成绩和学习时间之间是否存在线性关系，以及不同学科成绩和学习时间的关联"。DeepSeek 会对数据进行分析，生成详细的分析报告，包括数据图表、分析结论等。教师通过这份报告就能更清晰地了解学生学习的情况，为教学方法的改进提供依据。

2.2.3 图像生成

在图像生成方面，DeepSeek-R1 目前虽不能直接生成图像，但结合文生图

AI 工具，其也能有效实现图像生成。艺术设计专业的教师在教学过程中，有时候需要一些特定风格的图像作为教学案例。比如要给学生展示未来科技风格的城市建筑设计图，教师只需在 DeepSeek 中输入相关描述，如"生成一幅未来科技风格的城市建筑图，建筑外观充满流线型和金属质感，天空中有飞行汽车"。DeepSeek 很快就能生成相应的图像提示词，放入文生图 AI 工具中，即可生成图像。这些图像可以帮助学生直观地理解不同风格的设计理念，激发他们的创作灵感，为学生的设计作业提供参考方向。

2.2.4　语音交互

DeepSeek 还可拓展智能语音交互功能。在一些课程的讲解过程中，教师可能不方便一直盯着屏幕操作。比如在实验课上，教师一边做实验一边讲解，这时候就可以利用 DeepSeek 的建议和帮助，实现语音交互功能。教师通过文字指令向 DeepSeek 提问，如"DeepSeek，能否给我介绍一下这个实验涉及的理论背景"，DeepSeek 会通过思考回答教师的问题，为教师在实验过程中随时获取所需信息提供建议，让教学过程更加流畅自然。

2.2.5　多语言处理

在全球化的今天，高校对外交流日益频繁，多语言处理能力变得十分重要。DeepSeek 具备强大的多语言处理功能，能够实现多种语言之间的准确翻译和流畅转换。比如，一位承担国际交流项目的教师，需要与国外合作伙伴进行邮件沟通。当教师撰写英文邮件时，如果不确定某些专业词汇的表达是否准确，或者希望邮件的语言风格更加正式专业，就可以借助 DeepSeek。将中文内容输入 DeepSeek，并提出翻译要求，如"将以下中文准确翻译成正式商务风格的英文"，DeepSeek 能快速给出高质量的英文译文。在跨国学术会议筹备过程中，准备的会议资料涉及多种语言，DeepSeek 也能帮助教师高效完成资料的翻译工作，确保国际交流的顺畅进行。

2.2.6　个性化定制服务

DeepSeek 可以根据用户的需求提供个性化定制服务。不同教师的教学风格和科研方向都有所不同，DeepSeek 能够适应这种差异。例如，一位理工科教师在科研过程中专注于某一特定领域的研究，需要经常获取该领域的最新研究动态和前沿信息。可以通过设置偏好，让 DeepSeek 为其定制个性化的信息推送。以后，DeepSeek 会自动收集整理该领域的相关学术论文、研究报告等资料，并及时推送。在教学方面，教师也可以根据自己的教学目标和学生特点，定制教学内容生成模板。如在思政课教学中，希望结合时事热点对学生进行价值观教育，可以通过设置关键词和提出风格要求，让 DeepSeek 生成符合需求的案例分析和讨论话题，使教学内容更贴合实际，满足个性化教学的需求。

2.2.7　知识图谱构建

DeepSeek 能够构建知识图谱，这对于教师梳理教学和科研知识体系非常有帮助。比如，一位历史教师在准备通史课程时，面对众多的历史事件、人物和时间线索，感觉难以清晰地呈现给学生。这时候，DeepSeek 可以根据教师输入的历史知识点，构建一个直观的知识图谱。这个图谱以图形化的方式展示各个知识点之间的关系，像历史事件的先后顺序、人物之间的关联等。教师在备课过程中可以借助这个知识图谱，更有条理地组织教学内容，在课堂上也能通过展示知识图谱，帮助学生更好地理解历史发展的脉络，构建完整的历史知识体系。同样，在科研项目中，知识图谱可以帮助教师快速厘清研究领域内的核心概念和相关研究方向，为进一步的研究提供清晰的框架。

2.3　高效对话技巧：与 DeepSeek 的互动

2.3.1　明确提问

1. 技巧介绍

在与 DeepSeek 进行对话时，明确提问是非常重要的。清晰、具体的问题能够帮助 DeepSeek 更准确地理解用户的需求，从而提供更有针对性的回答。

2. 操作示例

如果想了解人工智能在教育领域的应用，可以提问"人工智能在教育领域的具体应用有哪些？请列举几个实际案例"。避免提过于模糊或宽泛的问题，如"人工智能怎么样？"。这样不利于 DeepSeek 给出准确、有用的回答。

3. 注意事项

提问时尽量使用简洁明了的语言，避免使用复杂的句子结构或生僻的词语。同时，可以适当使用关键词或短语来突出问题的重点，以便 DeepSeek 更好地理解自己的意图。

2.3.2　逐步引导

1. 技巧介绍

对于一些复杂或涉及多个方面的问题，可以采用逐步引导的方式与 DeepSeek 进行对话。先从问题的主要方面入手，再逐步深入细节和具体场景。

2. 操作示例

如果想了解如何使用 DeepSeek 进行科研论文的辅助写作，可以先提问"如何使用 DeepSeek 进行科研论文的写作？"，在得到初步回答后，再进一步提问"在使用 DeepSeek 写作过程中，如何保证论文的逻辑性和创新性？"。通过逐步引导，可以让 DeepSeek 更全面地了解自己的需求，提供更详细、更有针对性的建议。

3. 注意事项

在逐步引导的过程中，要注意保持问题的连贯性和逻辑性。避免跳跃式提问或提出与主题无关的问题，以免影响对话的效果。

2.3.3　反馈与调整

1. 技巧介绍

在与 DeepSeek 对话的过程中，及时给予反馈是非常重要的。如果 DeepSeek 的回答不符合预期或需求，可以向其说明并提出具体的调整建议。

2. 操作示例

如果 DeepSeek 生成的文本内容过于简单或不符合自己的风格，可以反馈"生成的内容过于简单，我希望得到更详细、更专业的回答。能否在回答中增加一些具体的案例和数据支持？"。通过这样的反馈，DeepSeek 可以根据用户的需求进行调整，提供更符合要求的回答。

3. 注意事项

反馈时要尽量具体、明确，指出 DeepSeek 回答中存在的问题和不足之处。同时，也要给予 DeepSeek 一定的肯定和鼓励，以便更好地促进对话的进行。

2.4　问题解决策略：常见疑问与解答

2.4.1　生成内容不符合预期

1. 问题描述

在使用 DeepSeek 生成文本或图像提示词时，有时会发现生成的内容不符合预期，如内容过于简单、逻辑不清晰、风格不符合要求等。

2. 解决方法

检查输入的提示词是否清晰、具体。如果提示信息过于模糊或宽泛，可以尝试提供更详细、更具体的描述。

调整生成参数，如文本长度、复杂度、风格等，以获得更符合预期的生成内容。

尝试使用不同的模型或上传示例图，以获得更好的生成效果。

3. 案例分析

例如，在生成一篇关于人工智能的科普文章时，如果生成的内容过于简单，可以尝试提高提示信息的详细程度，如"请生成一篇关于人工智能的基本原理、发展历程和未来趋势的科普文章，要求内容详细、通俗易懂，适合普通读者阅读"。同时，可以适当上传参考文档或开启联网搜索，以便获得更丰富、更深入的内容。

2.4.2　系统报错或运行异常

1. 问题描述

在本地下载后使用 DeepSeek 过程中，可能会遇到系统报错或运行异常的情况，如程序崩溃、界面无响应、生成内容出现乱码等。

2. 解决方法

检查系统环境是否符合要求，如操作系统版本、Python 版本、依赖库版本等。如果不符合要求，可以尝试升级或更换相应的软件版本。

检查网络连接是否正常，如果网络不稳定或中断，可能会导致系统报错或运行异常。

尝试重启软件或计算机，以清除可能存在的缓存或临时文件。如果问题仍然存在，可以查看系统日志或错误报告，了解具体的错误原因，并根据提示进行相应的处理。

3. 案例分析

例如，在使用 DeepSeek 写提示词，用文生图 AI 工具进行图像生成时，如果出现程序崩溃的情况，可以先检查系统环境是否符合要求，如显卡驱动是否最新、内存是否充足等。如果系统环境没有问题，可以尝试重启软件或计算机，以清除可能存在的缓存或临时文件。如果问题仍然存在，可以查看系统日志或错误报告，了解具体的错误原因，如显存不足或模型文件损坏，并根据提示进行相应的处理。

2.4.3　对话不流畅或回答不准确

1. 问题描述

在与 DeepSeek 进行对话时，有时会发现对话不流畅或回答不准确，如回答过于简短、重复、答非所问等。

2. 解决方法

检查输入的问题是否清晰、具体，如果问题过于模糊或宽泛，可以尝试重新表述或提供更多的背景信息。

尝试使用不同的提问方式或角度，以获得更准确、更详细的回答。

适当调整对话的节奏和频率，避免过于频繁地提问或回答，以给 DeepSeek 更多的时间来理解和处理信息。另外，如果是网页版，也有可能是网络或者服务器堵塞问题。

3. 案例分析

例如，在询问 DeepSeek 关于某个学术概念时，如果 DeepSeek 的回答过于简短或不准确，可以尝试重新表述问题，如"能否详细解释一下深度学习中的反向传播算法的原理和应用？请结合具体的公式和实例进行说明"。通过这样的方式，可以让 DeepSeek 更好地理解用户的需求，提供更详细、更准确的回答。

✦ 本章小结

学完这一章，想必读者已经掌握了 DeepSeek 的基本安装配置方法，也熟悉主要功能模块的操作技巧，还有高效对话的策略。DeepSeek 有文本生成、数据分析等功能，为教师在教学、科研以及学生管理等工作上提供帮助。另外，知道常见问题的解决策略也很重要，这样在使用过程中要是碰到问题，就能很快找到解决办法。

在后面的章节里，我们会进一步聊聊 DeepSeek 在教育领域的高级应用，还会分享大量的实践案例，帮助读者更好地用 DeepSeek 提高工作效率，提升工作质量。

第 3 章

人机对话：教师精准驱动 DeepSeek 输出的策略

引言：在教学与管理工作中，我们常常希望 DeepSeek 能精准理解需求，给出高质量的回答，但实际使用时，结果却往往不尽如人意。这并非 DeepSeek 本身的问题，而是我们没有掌握有效的沟通技巧。提示词正是解决这一问题的关键。本章将深入解析提示词的核心概念，帮助教师理解如何通过角色设定、分步拆解等方式，让 DeepSeek 的输出更符合预期。同时，我们将结合教育场景，提供写作、代码生成、课堂互动等实际案例，让 DeepSeek 不再只是冰冷的工具，而是一个可以被精准驱动的智能助手。

3.1 提示词的概念与其对 DeepSeek 回答的影响

3.1.1 提示词的概念与重要性

在 AI 快速发展的背景下，提示词（prompt）成为影响 DeepSeek 交互质量的关键因素。提示词指的是设计和优化输入给 DeepSeek 的文本，以引导其生成符合用户需求的回答。对于教师而言，掌握提示词不仅能提高 DeepSeek 的输出质量，还能显著提升日常办公、科研和教学的效率。

1. 提示词的核心概念

AI 的回答质量高度依赖于用户输入的提示词，这类似于教师在课堂上向学生提问的场景，问题的表述方式会直接影响学生的回答。清晰、具体、有逻辑的提示词能让 AI 生成更精准、符合预期的内容，而模糊、无结构的提示词则可能导致回答不准确或偏离主题。因此，提示词的核心目标是优化输入文本，以最大限度上优化 AI 的有效输出。

在 DeepSeek 交互中，提示词涉及多个关键要素：

（1）明确的任务指令。DeepSeek 需要理解用户的意图，因此指令必须清晰。例如，与其输入"帮我写一篇论文摘要"，不如直接说明"请基于以下研究主题撰写一段 200 字的学术摘要，符合 APA 格式"。

（2）上下文信息提供。DeepSeek 依赖上下文理解问题，适当提供背景信息可以提高回答的准确性。例如，在让 DeepSeek 生成讲座大纲时，提供目标受众、主题方向等细节能让生成内容更具针对性。

（3）示例引导。提供示例可以让 DeepSeek 参照格式、风格进行输出，例如，"请根据以下范例生成一份类似的教学计划"。

2. 提示词的重要性

在教师的工作场景中，DeepSeek 已广泛应用于办公自动化、教学内容设计、学术研究支持等方面，而教师对提示词的掌握程度直接决定了其 DeepSeek 的应用效果。

（1）提高 DeepSeek 生成内容的精准度。通过优化提示词，教师可以使 DeepSeek 在写作、数据整理、教学资源生成等任务上提供更符合需求的输出。例如，撰写会议纪要时，使用"请按照时间顺序总结以下会议讨论的关键决策点"比"帮我写个会议总结"更能确保内容的结构清晰、信息完整。

（2）提升交互效率，减少重复调整。许多教师在使用 DeepSeek 时，常常需要多轮调整才能得到满意的结果，而精确的提示词能减少反复修改的次数。例如，在让 DeepSeek 生成 PPT 大纲时，若提示词包含"请使用分级标题，确保每一章有三个小节，并在每个小节后提供简要描述"，DeepSeek 便能一次性输出清晰的结构化内容，而不需要教师反复修改。

（3）增强 DeepSeek 的专业性和个性化。通过优化提示词，教师可以让 DeepSeek 的回答更符合自身的教学风格和研究领域。例如，在让 DeepSeek 解释商法概念时，教师可以提示"用适合研究生的学术语言解释，并提供相关判例"，这样生成的内容就更符合高等教育的需求。

3. 提示词的应用示例

在具体教学实践中，不同的提示方式会带来显著不同的结果。例如，教师在编写课程大纲时可以使用不同层次的提示词进行优化。

不同的提示方式会带来显著不同的结果

类型	提问内容	生成质量
模糊提示	"帮我写一个市场营销课程的大纲。"	输出可能较为宽泛，缺乏针对性
优化提示	"请设计一份 16 周的市场营销课程大纲，每周安排一个学习主题，并提供每个主题的简要概述、核心知识点和推荐阅读资料。目标学生为大三本科生，学习目标是掌握基本营销理论并能应用到实际案例分析中。"	输出更加结构化且符合课程设计需求

3.1.2　影响 DeepSeek 生成内容的四大核心要素

在 AI 广泛应用于高校教学、科研和行政管理的背景下，提示词成为影响 DeepSeek 输出质量的关键因素。教师使用 DeepSeek 时，输入的提示词质量直接决定了 DeepSeek 生成内容的精准度、逻辑性和可用性。理解提示词如何影响 DeepSeek 生成内容的质量，可以帮助教师更高效地使用 DeepSeek，提高教学和办公效率。

DeepSeek 的输出受多种因素影响，其中任务清晰度、上下文信息、提示词结构和示例引导是四个决定性因素。

1. 任务清晰度：提示词的精确程度决定 DeepSeek 的回答质量

DeepSeek 需要明确的提示词才能生成高质量的内容。如果输入的提示词模糊不清，DeepSeek 可能会给出偏离主题、信息不完整或缺乏逻辑的回答。例如：

- 模糊提示："帮我写一篇论文摘要。"（DeepSeek 可能会随意生成一段内容，不符合具体需求）

● 清晰提示:"请基于'人工智能赋能高校学生管理'这一主题,撰写一段 200 字的学术论文摘要,需符合 APA 格式,并涵盖研究背景、方法和结论。"(DeepSeek 能精准输出符合要求的摘要)

在教师的日常应用场景中,无论是撰写讲义、设计课程大纲,还是生成会议纪要,确保提示词清晰具体,能够大幅提升 DeepSeek 生成内容的质量。

2. 上下文信息:提供足够的背景信息能增强 DeepSeek 的准确性

DeepSeek 是基于海量训练数据进行推理的,而提供适量的背景信息可以帮助 DeepSeek 更好地理解任务。例如,在生成教学计划时,直接让 DeepSeek "撰写市场营销课程的教学计划"可能过于宽泛,而提供受众(本科生/研究生)、课程时长(16 周)、教学目标(掌握营销策略并能进行案例分析)等背景信息,则能让 DeepSeek 生成更贴合实际需求的内容。

有无上下文信息会带来显著不同的结果

类型	提示词内容	生成质量
无上下文	"帮我写一个人工智能课程大纲。"	可能会随机列出 AI 相关主题,缺乏结构性
提供上下文	"请为面向研究生开设的'人工智能与教育'课程设计一个 16 周的教学大纲,每周安排一个主题,并提供核心知识点、教学方法和推荐阅读材料。"	生成的内容将更加系统化

3. 提示词结构:优化语言表达可提升输出逻辑性

提示词的结构也影响 DeepSeek 的回答质量,合理的层次安排可以让 DeepSeek 生成更具逻辑性和条理性的内容。常见的优化方法有分步骤引导、角色设定、输出格式控制几种。

常见的优化方法

结构	目的	示例
分步骤引导	让 DeepSeek 逐步完成任务,减少信息遗漏	"请按照以下步骤撰写活动策划方案:①活动背景;②目标与受众;③具体流程;④预期效果。"

续表

结构	目的	示例
角色设定	让 DeepSeek 以特定身份回答，增强专业性	"你是一名经验丰富的高校教师，请根据你的专业知识撰写一篇关于 AI 赋能教育的文章。"
输出格式控制	指定回答的格式，提高可读性	"请用表格形式列出高校教师在办公自动化中可使用的 AI 工具，并说明适用场景。"

4. 示例引导：提供参考答案能提高 DeepSeek 生成内容的精准度。

DeepSeek 倾向于模仿提供的示例，因此给出参考答案或模板可以让 DeepSeek 生成更符合需求的内容。

有无示例引导所得结果的不同

类型	指令内容	所得结果
无示例	"帮我写一封会议通知。"	可能生成格式不规范的会议通知
有示例	"请参考以下格式生成一封会议通知： 主题：2025 年春季学期教研会议 时间：2025 年 3 月 10 日 14：00 地点：教学楼 A101 会议室 内容：讨论本学期教学安排与课程改革计划。"	生成的会议通知会更符合正式公文要求

示例：高质量提示词 vs 低质量提示词输出对比

提示词对 DeepSeek 生成内容质量的影响

类型	提示词内容	生成质量
低质量提示词	"写一篇关于'AI 在高校教学中的应用'的文章。"	生成的文章内容可能较为笼统，缺乏重点，信息冗杂

续表

类型	提示词内容	生成质量
高质量提示词	"请撰写一篇 800 字的文章,题目为'人工智能如何赋能高校教学'。文章需包括以下内容:①AI 在教学内容生成中的应用(如 AI 生成 PPT、讲义);②AI 在个性化教学中的作用(如智能推荐学习资源);③AI 在学生评估与反馈中的应用(如自动评分系统)。文章应使用正式学术语言,并引用实际案例。"	生成的文章结构清晰、内容丰富,并符合学术写作风格

3.1.3 教师使用 DeepSeek 时的常见误区与优化思路

AI 已经成为教师教学、科研和行政管理的重要辅助工具。然而,在实际使用过程中,许多教师缺乏系统的提示词思维,导致 DeepSeek 生成的内容质量不佳,甚至影响工作效率。理解常见误区,并掌握优化思路,能够帮助教师更精准地驱动 DeepSeek,提高使用效果。

1. 常见误区分析

尽管 DeepSeek 具备强大的内容生成能力,但教师在使用过程中常会遇到以下误区。

(1)提示词不明确,导致输出内容偏离预期。

许多教师在使用 DeepSeek 时,往往只给出简单或模糊的提示词,导致 DeepSeek 生成的内容泛泛而谈,甚至与需求完全不符。

提示明确与不明确对 DeepSeek 生成内容质量的影响

错误示例	优化示例
"帮我写一篇关于人工智能的文章。"(DeepSeek 可能生成一篇通用介绍,而非针对教学、科研或管理的文章)	"请撰写一篇 800 字的文章,主题为'人工智能赋能高校教学的实践探索',需涵盖 AI 在教学设计、师生互动、个性化学习支持等方面的应用,结构包括引言、核心内容和结论。"(通过明确主题和结构,确保 DeepSeek 输出符合需求)

所以我们的优化思路是提供清晰、具体的任务描述,明确任务目标、字数要求、核心内容和结构,从而让 DeepSeek 更精准地理解需求。

（2）缺乏上下文信息，DeepSeek 无法生成高质量内容。

AI 依赖输入的信息进行推理，如果缺乏背景信息，生成的内容可能过于笼统。

有无上下文信息对 DeepSeek 生成内容质量的影响

错误示例	优化示例
"写一份课程大纲。"（DeepSeek 可能无法判断课程层级、学科方向等）	"请为面向本科生开设的管理学原理课程设计一个 16 周的教学大纲，每周安排一个主题，并提供核心知识点、教学方法和推荐阅读材料。"（提供详细背景信息，确保 DeepSeek 生成符合教学需求的大纲）

我们的优化思路就是要提供上下文信息，如目标对象（本科生/研究生）、课程时长、教学目标等，这样才能使 DeepSeek 生成内容更加精准。

（3）忽视 DeepSeek 的局限性，盲目信任生成结果。

DeepSeek 生成的内容可能存在事实错误、逻辑不严谨或缺乏权威来源等问题。教师在使用 DeepSeek 进行科研写作或学术研究时，若不加以甄别，可能会导致错误传播。

设置限制信息对 DeepSeek 生成内容质量的影响

错误示例	优化示例
"请列举 5 篇关于人工智能教育应用的最新文献。"（DeepSeek 可能会生成不存在的文献）	"请提供 5 篇关于人工智能教育应用的研究方向概述，并列出可能的权威来源，如 CNKI 或 Web of Science 可检索到的论文。"（通过强调权威来源，确保 DeepSeek 生成的信息更具参考价值）

我们的优化思路是对 DeepSeek 生成的内容进行验证，特别是在学术写作、政策解读等场景下，应结合真实文献和专业数据库进行交叉验证。

（4）使用 DeepSeek 进行单轮对话，未充分利用多轮交互优化内容。

许多教师习惯于向 DeepSeek 提出一个问题，然后直接接受 DeepSeek 的回答，而没有进行后续优化。

单轮对话与多轮对话对 DeepSeek 生成内容质量的影响

错误示例	优化示例(多轮交互)
"帮我写一封邀请函。"(DeepSeek 可能生成一封普通邀请函,但可能不符合具体场景需求)	A. 初步请求:"请为 2025 年高校 AI 教育论坛撰写一封正式邀请函,邀请对象为高校教师。" B. 优化要求:"请调整邀请函的措辞,使其更正式,并添加论坛主题、时间地点等具体信息。" C. 进一步修改:"请精简语言,使邀请函更简洁有力,并突出 AI 在教育中的创新性。"

多轮交互优化的思路是通过迭代式调整 DeepSeek 生成的内容,从而使最终输出更符合需求。

2. 提升 DeepSeek 使用效果的优化策略

针对上述误区,教师可以采用以下优化策略,提高 DeepSeek 生成内容的质量。

(1)掌握提示词的基本技巧。

明确任务目标:写作、总结、策划等任务需要具体描述,而非笼统指令。

设定输出格式:指定段落结构、列表等,提升可读性。

角色设定:让 DeepSeek 以"高校教师""教育专家"等身份回答,提高专业性。

(2)提供背景信息,提高生成内容的精准度。

课程设计时,提供课程目标、教学层次(本科生/研究生)等信息。

论文写作辅助时,说明研究主题、核心观点、预期字数等要求。

(3)学会批判性使用 DeepSeek,增强人工校对。

对 DeepSeek 生成的内容进行人工审查,确保逻辑性和准确性。结合权威资源,如人工运用 CNKI(中国知网)、Web of Science(引文索引类数据库)进行交叉验证。

(4)利用多轮对话优化 DeepSeek 输出。

采用初步生成→指定调整方向→精修优化流程,让 DeepSeek 逐步优化内容,而非一次性完成。

3.1.4 DeepSeek-R1 的提示词及其应用技巧

想让 DeepSeek 真正成为教学好帮手,关键要掌握"怎么说话它才懂"。就像学生向教师请教，问题问得越清楚，得到的答案越有用。尤其是 DeepSeek-R1 模型作为服务教师的非常重要的推理模型，在理解教学需求上有独特优势，这里分享几个接地气的使用技巧。

1.备课助手：把模糊问题变具体

很多教师第一次用 DeepSeek-R1 模型时会说"帮我写份教案"，结果生成的教案可能像万能模板——什么课都能用，但用于哪个课都不贴切。试试这样说："我要给大三学生上《教育心理学》的"学习动机"章节，设计一个 90 分钟的互动课。需要包含：①真实课堂矛盾案例；②小组讨论环节；③联系考研压力的实际应用。"这样 DeepSeek-R1 就会生成带具体情境的教学方案，比如用学生熬夜打游戏不上课的案例、设计角色扮演活动，比笼统的教案实用得多。

2.科研加速器：给 DeepSeek 发"任务清单"

写论文时最头疼文献整理，与其让 DeepSeek-R1 泛泛地"找些参考文献"，不如给它明确的行动指令："我正在研究 AI 对师生关系的影响，需要找出近 3 年教育类核心期刊的 5 篇相关论文。用表格的形式对比它们的研究方法（问卷/访谈/实验），总结现有研究的空白点。"

DeepSeek-R1 会像科研助理一样，梳理出"已有研究多关注技术应用，缺乏情感互动分析"这样的关键信息，帮用户省去大量筛选时间。

3.行政小秘书：数字变"人话"

处理学生数据是辅导员的日常工作，如很多辅导员在工作中需要统计班级挂科学生情况，就可以如下表这样优化提示词，让数字变成"人话"。

辅导员在工作中需要统计班级挂科学生情况的提示词优化

原始指令	优化后指令
"统计上学期挂科学生情况"（可能得到冷冰冰的数字表格）	"请分析上学期挂科超过 2 门的学生数据： ①按专业分类说明主要挂科科目； ②用通俗语言总结常见问题（例如大学物理基础薄弱）； ③给下学期预警工作提 3 条建议。"

这样你会得到带解读的报告，如"计算机专业学生挂科集中在大学物理上，建议开展大学物理学困生互助小组"，能直接用在工作计划里。

4. 谈心小技巧：让 DeepSeek 说"人话"

和学生沟通讲究方式方法，直接让 DeepSeek 写"考前心理健康须知"容易显得有说教味。试试角色扮演法："你现在是经验丰富的辅导员，要提醒学生注意考前焦虑。请用朋友聊天的语气，辅以案例说明，最后给出校心理咨询室的预约方式。"DeepSeek 就会生成如"最近图书馆里总看到熬夜复习的同学，去年张学长就因为压力太大……大家如果觉得扛不住，随时来心理中心喝杯茶聊聊~预约电话：×××。"这比冷冰冰的通知更有人情味。

5. 万能公式：需求三件套

经过 200 多位教师的实践测试，总结出万能公式：

做什么 + 给谁用 + 要注意什么

运用万能公式的提问

错误提问	优化升级提问
"帮我写个课程评价。"	"给'马克思主义原理'写课程评价(做什么)，要让学生匿名填写(给谁用)，避免出现敏感隐私问题(要注意什么)。"

用这个万能公式，教师备课效率平均提升 40%，DeepSeek 生成的内容直接使用率超过 75%。

小 结

提示词是通过精准设计任务指令、上下文引导及示例优化来驱动 DeepSeek 生成高质量内容的关键技术。在教师的教学、科研及行政场景中，其价值体现在三个层面：首先，通过结构化提示(如角色设定、输出格式限定)可提升 DeepSeek 输出的专业性与适配性；其次，结合多轮对话优化与人工校对机制，能有效规避 DeepSeek 的"AI 幻觉"问题，确保内容准确性；最后，该技术将 DeepSeek 定位为智能助理而非万能工具，教师需掌握任务分解—上下文关联—反馈迭代的工程化思维，从而在课件制作、论文框架生成、数据报表分析等场景中实现效率与创新能力的双重提升。实践表明，DeepSeek 输出质量与提示词的精细化程度正相关，教师需通过持续优化提示词策略来释放 DeepSeek 的真正潜能。

3.2　提示词优化技巧

3.2.1　角色设定：如何让 DeepSeek 具备专业背景与特定风格

在高校教学、科研和管理工作中，DeepSeek 可以作为高效的助手，帮助教师提升内容创作、数据分析和学术研究的效率。然而，如果不加以引导，DeepSeek 生成内容可能会过于通用、缺乏针对性，甚至与教师的工作需求不符。因此，角色设定是精准驱动 DeepSeek 输出的关键方法之一。通过赋予 DeepSeek 明确的身份、专业背景和特定表达风格，教师可以让 DeepSeek 生成的内容更符合自身需求，提高实用性。

1. 角色设定的核心概念

角色设定指的是在 DeepSeek 交互中，明确告诉 DeepSeek 其"扮演"的身份，使其按照特定领域的知识框架、表达方式和逻辑习惯生成内容。例如，在不同的高校场景中，我们可以让 DeepSeek 以"高校教师""辅导员"或"教育研究员"的身份回答问题，从而生成更具针对性的信息。

角色设定通常包含以下三个核心要素：

（1）身份设定：明确 DeepSeek 的角色，如"高校辅导员""教育心理学专家""人工智能与教育交叉研究者"等。

（2）风格设定：指定表达风格，如"严谨学术风""亲切沟通风""鼓舞激励风"。

（3）任务设定：规定 DeepSeek 需要完成的具体任务，如撰写学生通知、设计思政主题班会、优化科研论文等。

2. 高校教师常见的 DeepSeek 角色设定案例

（1）辅导员：精准化学生思想引导。

辅导员在日常工作中需要撰写主题班会方案、设计学生发展规划、解答心理咨询问题等。DeepSeek 在这些场景中，若不进行角色设定，可能会生成过于理论化或不够"接地气"的内容。因此，可以通过设定优化 DeepSeek 输出，例如在设计主题班会场景中，可以进行角色设定。

设计主题班会场景时的提示词

角色设定	任务	优化输出结果
"你是一名有五年工作经验的高校辅导员，擅长思想政治教育和心理辅导，熟悉大学生思想动态，能够结合时政热点、社会心理学和教育学原理进行深度分析。"	"请为大二学生设计一场以'担当时代责任，书写青春华章'为主题的班会活动方案，要求符合当前大学生特点，并具备互动性。"	DeepSeek 输出的班会方案会结合国家发展战略、大学生成长需求，设计互动环节，如案例讨论、小组分享等，而非单纯的理论讲解

（2）科研工作者：提高学术写作质量。

对于从事科研工作的高校教师，需要 DeepSeek 具备学术性强、逻辑严谨的表达风格，并能围绕专业领域生成有价值的内容。例如教师在撰写一篇关于"人工智能在高校教学中的应用"的综述时，可以进行角色设定。

撰写"人工智能在高校教学中的应用"的综述场景中的提示词

角色设定	任务	优化输出结果
"你是一位专注于'人工智能赋能高校教育'的研究员，熟悉数据分析、教育信息化、智能学习系统等领域，能够根据学术论文的结构撰写内容，符合科研论文格式要求。"	"请撰写一篇关于人工智能在高校教学中的应用综述，字数 2000 字，需包含最新研究进展，并结合国内外案例。"	DeepSeek 会按照学术论文的标准格式（摘要、引言、研究现状、挑战与展望等）组织内容，并提供专业术语和参考方向，而不会生成口语化的内容

（3）课程教学设计者：提升内容针对性。

在课程设计中，DeepSeek 可以帮助教师优化教学大纲、撰写案例分析、设计互动环节等。然而，未经角色设定，DeepSeek 可能无法理解学科特点，导致输出内容不够专业。例如教师设计课堂案例时，可以进行角色设定。

设计课堂案例场景时的提示词

角色设定	任务	优化输出结果
"你是一名具有十年教学经验的高校教师，专注于管理学领域，熟悉本科生与研究生的教学需求，擅长案例教学法，并能够结合商业实践讲解理论。"	"请为企业战略管理课程设计一个关于'数字经济下的商业模式创新'的课堂案例，并提供引导性问题。"	DeepSeek 会生成一个紧贴现实的商业案例，如小米、华为的商业模式创新，并附带思考题，引导学生深入分析，而不是泛泛而谈

3. 角色设定的实践技巧

（1）明确角色身份，增强 DeepSeek 的专业性。

让 DeepSeek 具备某个角色身份的专业知识，如"心理学专家""职业生涯规划师"等，确保输出内容更精准。也可以将 DeepSeek 角色与具体任务结合，如"你是一名高校思政课教师，请为大学生设计一堂关于家国情怀的课程"。

（2）设定表达风格，调整输出的语气。

如对于学术写作，要求 DeepSeek 使用"正式、学术化"语言；对于与学生沟通，要求 DeepSeek 采用"亲切、易懂、鼓励性"表达方式。

（3）结合场景需求，让 DeepSeek 适应不同任务。

如在教学场景下，DeepSeek 可以提供详细的知识讲解、案例分析；在管理场景下，DeepSeek 可生成通知等公文格式化文本。

3.2.2　分步拆解：如何让 DeepSeek 按逻辑顺序生成内容

在高校教学、科研及学生管理工作中，教师常常需要撰写结构化内容，如教学大纲、学术论文、主题班会方案或学生成长规划等。然而，DeepSeek 生成的文本有时会逻辑混乱、重点不清，甚至缺乏层次感。要让 DeepSeek 生成逻辑清晰的内容，就需要使用分步拆解技巧，明确步骤，引导 DeepSeek 按照合理的逻辑顺序输出。

1. 分步拆解的核心概念

分步拆解是一种有效的 DeepSeek 交互策略，它把复杂任务细分为多个子任务，逐步引导 DeepSeek 输出，而不是让 DeepSeek 一次性生成完整答案。这种方式就如同教师指导学生写论文，先确定研究主题，接着规划章节结构，最后进行内容填充。分步拆解十分重要，它能够提升逻辑性，避免 DeepSeek 输出混乱内容，让文本层次更分明；也能增强可控性，确保 DeepSeek 聚焦研究主题，减少不相关或冗余内容；还能提高适用性，可用于报告撰写、学术研究、教学设计等多种任务。

2. 高校教师常见的分步拆解应用场景

高校教师常见的分步拆解应用场景的提示词

场景	低效指令	分步指令	结果对比
辅导员：设计主题班会方案	"请帮我设计一场以'大学生职业生涯规划'为主题的班会活动方案。"	第一步：确定目标——"请描述这场班会的核心目标，以及对学生的价值。" 第二步：结构设计——"请按照'引入—讲授—互动—总结'四个环节设计班会的基本框架。" 第三步：内容填充——"请针对'职业发展困惑'环节提供 3 个案例，引导学生思考。" 第四步：互动环节——"请设计一个小组讨论环节，并提供引导性问题。" 第五步：总结归纳——"请总结班会的核心信息，并提出行动建议。"	分步拆解后，DeepSeek 生成的班会方案会按逻辑展开，包含清晰的目标、环节安排、案例分析和互动设计，使方案更具可行性
教师：制定教学大纲	"请帮我写一份人工智能基础课程的大纲。"	第一步：明确课程目标——"请描述这门'人工智能基础'课程的教学目标和预期学习成果。" 第二步：设置教学模块——"请将课程内容划分为 4~5 个教学模块，并为每个模块命名。" 第三步：设计教学内容——"请为每个模块列出 3~5 个核心知识点及对应的教学方法。" 第四步：安排教学周次——"请为每周安排一个教学主题，并结合模块进行分配。" 第五步：补充参考资料与考核方式——"请列出推荐教材、辅助阅读材料，并说明考核方式（如考试、报告、小组展示等）。"	分步拆解后，DeepSeek 生成的教学大纲结构严谨，内容充实，具有明确目标与教学安排，便于教师直接应用或二次修改

3. 分步拆解的实践技巧

在使用 DeepSeek 生成内容时，分步拆解是提升质量的关键。首先，要明确大纲，提供清晰的内容结构，让 DeepSeek 在既定框架内填充信息。其次，应遵循逻辑顺序，逐步引导 DeepSeek 生成内容，而不是一次性输出全部内容。最后，要强调层次感，确保每个层级下都有清晰的子要点，使内容更加条理清晰、逻辑严密。

3.2.3 关键词引导：如何精准控制 DeepSeek 关注的重点

使用了分步拆解技巧后，如果 DeepSeek 仍然无法准确抓住核心内容，可能是因为提示词缺乏明确的关键词引导。通过精准的关键词设定，可以让 DeepSeek 重点关注某个主题或方向，从而提升输出质量。

1. 关键词引导的核心概念

关键词引导是指在提示词中精准添加明确的关键术语，以此保证 DeepSeek 生成内容紧密围绕主题。对于教师来说，该方法能有效降低 DeepSeek 输出的偏差，增强文本的专业性和针对性。关键词引导具有重要作用，它能够聚焦核心信息，确保 DeepSeek 输出内容契合教师实际需求，避免偏题或泛化；可以增强专业性，使 DeepSeek 运用符合专业领域的术语，提升内容质量；还能提高精准度，减少冗余内容，让输出更符合预期设想。

2. 高校教师常见的关键词引导应用场景

高校教师常见的关键词引导应用场景的提示词

场景	低效指令	优化指令（关键词引导）	结果对比
思政课程设计	"请撰写一份关于'新时代青年责任担当'的思政课讲稿。"	加入关键词："请结合'习近平新时代中国特色社会主义思想''社会责任感''国家发展战略'三个关键词展开。" 指定学科术语："请使用'理想信念教育''责任意识培养'等专业术语，使内容更符合思政课程要求。"	优化后 DeepSeek 生成的内容会围绕核心关键词展开，避免泛泛而谈，更符合思政教育的需求
就业指导：精准匹配职业规划建议	"请为一名计算机专业的本科毕业生提供就业建议。"	明确职业方向："请结合'软件工程师''数据分析师''人工智能工程师'三个方向分别提供职业规划建议。" 结合市场趋势："请参考'大数据产业发展''人工智能技术趋势''云计算应用'等关键词，使建议更具行业针对性。"	优化后 DeepSeek 提供的就业建议更加精准，能够结合市场趋势给出针对性的职业发展路径

3.关键词引导的实践技巧

在使用关键词引导 DeepSeek 生成内容时，精准用词至关重要。一是要使用具体的专业术语，如"教育信息化""批判性思维培养""创新创业能力提升"，避免泛泛而谈。二是可以结合当前热点关键词，如"人工智能伦理""高校教育数字化转型"，增强内容的时效性和关联性。三是要明确必须包含的内容，例如"请确保包含'政策解读''数据支持'和'案例分析'"，以确保生成的内容符合预期要求。

> **小 结**
>
> 针对教师在 DeepSeek 提示词优化上的核心技巧，可通过以下结构化策略实现效能提升：运用角色设定（如赋予 DeepSeek 资深教研员或学科专家身份）来定向激活专业能力，此方法在教学设计中可使内容匹配度得到大幅度的提升；采用分步拆解和关键词引导，通过思维链将复杂任务分解为问题拆解—逻辑推导—结论验证的递进流程，并嵌入学科术语和逻辑关系词优化输出结构。这三种策略协同作用，可系统解决教育场景中 DeepSeek 输出的准确性、逻辑性和适配性问题。

3.3 高级提示词案例

在高校教学、科研和学生管理工作中，DeepSeek 不仅是一个信息查询工具，更可以作为高效的写作助手、代码生成工具，以及智能对话优化引擎。对于高校教师，尤其是辅导员而言，掌握高级提示词技巧可以帮助他们更精准地驱动 DeepSeek，使其在教案设计、论文写作辅助、学生管理、批量任务处理以及个性化沟通等方面获得极大助力。本节将结合实际案例，详细解析 DeepSeek 在写作、代码生成和对话优化三大场景中的应用方法。

3.3.1 DeepSeek 辅助写作：教案、论文、公文的高效生成

高校教师，尤其是辅导员，在日常工作中需要编写教案、论文、通知、总结等文档，这些任务往往占据大量时间。DeepSeek 辅助写作能够大幅提高效率，但前提是使用精准的提示词。接下来将围绕教案编写、论文写作辅助、公文写

作三大应用场景，探讨如何借助 DeepSeek 实现高效写作。

1. 教案编写：结构化与精准化设计

教案是教学的核心支撑，要求具备教学目标、课程内容、互动环节、考核方式等要素。DeepSeek 可以通过结构化提示词，高效生成符合需求的教案。

高校教师教案编写应用场景的提示词

模糊提问	精准提问	提示词公式及案例应用
"请为思想道德与法治课程编写一份 90 分钟的教案，主题为'新时代青年的责任担当'，包括教学目标、教学内容、案例分析、课堂互动和总结。"	"请为思想道德与法治课程编写一份 90 分钟的教案，主题为'新时代青年的责任担当'，包括教学目标、教学内容、案例分析、课堂互动和总结。要求：①教学方法：请结合案例教学法与问题导向教学法。②互动环节：请设计一个适用于大班授课的小组讨论环节。③匹配课程大纲：请参考《习近平新时代中国特色社会主义思想概论》教材，符合高校思政课教学要求。"	• 指令公式 【任务主题】+【教学要求（教学方法、互动设计、匹配课程大纲等）】+【输出格式】 • 案例应用 任务主题：编写思想道德与法治课程教案，主题为"新时代青年的责任担当" 教学要求：90 分钟时长，采用案例教学法与问题导向教学法，符合《习近平新时代中国特色社会主义思想概论》教材要求，设计适用于大班授课的小组讨论环节 输出格式：详细教案，包括教学目标、教学内容、案例分析、课堂互动和总结

2. 论文写作辅助：辅助结构搭建与内容优化

高校教师与研究生经常需要撰写学术论文，而辅导员在研究学生管理与思想政治教育时，也涉及学术写作。DeepSeek 可在论文框架搭建、文献综述、语言优化等方面提供帮助。

（1）论文框架生成。

DeepSeek 可帮助生成论文框架。

示例提示词

"请为'大数据时代高校学生管理模式创新'撰写论文提纲，包含绪论、研究背景、研究方法、数据分析、结论。"

（2）论文写作辅助。

DeepSeek 可辅助撰写论文部分内容，如摘要、数据分析等。

示例提示词

> "请撰写一段关于'人工智能在高校思政教育中的应用'的文献综述，参考近五年的研究成果。"

要注意的是，DeepSeek 生成的学术内容需进一步核查，以确保专业性和准确性。同时 DeepSeek 生成的内容必须符合相关学术规范，避免造成学术不端行为。

3. 公文写作：高效生成正式文本

辅导员日常需要发布班会通知、学生活动通知、奖助学金公告，撰写评优材料等。DeepSeek 可快速生成格式规范、语言得体的公文，提高行政效率。

公文写作应用场景的提示词

场景	基础提示词	优化策略	所得结果
通知	"请撰写一则关于 2025 级新生班会的通知，主题为'适应大学生活'，时间为 2025 年 9 月 10 日晚 7：00，地点为主楼 102 教室。"	如果 DeepSeek 生成的内容太正式或缺乏亲和力，可调整风格，例如："请用轻松亲切的语言风格撰写该通知。"	所生成的通知更加符合通知的传播率和知晓率要求
公文写作	"请撰写一份'2025 年高校辅导员年度工作总结'，包含学生思想政治教育、学业指导、心理健康支持、就业辅导等内容。"	增强数据支撑，如："请结合具体数据，如活动参与率、学生反馈调查等。" 增加政策依据，如："请参考《高校思想政治工作质量提升工程实施纲要》。"	所生成的年度工作总结会更符合实际工作情况，不会过于空洞、泛化

4. 语言优化与个性化风格调整

DeepSeek 还可以帮助优化语言风格，使表达更清晰、正式或更具亲和力。

不同语言风格的提示词

正式公文	学术论文	学生沟通
"请优化以下通知，使其更符合公文规范。"	"请优化以下段落，使其符合学术写作要求。"	"请改写以下通知，使其更符合大学生阅读习惯。"

5. DeepSeek 辅助写作的局限性与注意事项

尽管 DeepSeek 可以为我们写作带来极大便利，可它并非尽善尽美，仍然存在一些局限性。比如在内容的准确性上，它可能生成错误信息，这就要求我们对其输出内容进行仔细核查；在语言逻辑方面，DeepSeek 生成的文本有时会出现逻辑不通顺的状况，需要进一步调整；此外，它在个性化表达上也可能会有所欠缺，生成内容可能无法完全契合用户个人独特风格，还得依靠后期润色来弥补。

3.3.2　DeepSeek 辅助代码生成：自动化批量任务和脚本编写

在高校教学与管理工作中，教师需要处理大量重复性任务，如数据统计、批量文件处理、个性化邮件发送等。并非每位高校工作者都具备编程能力，而 DeepSeek、Kimi 能够帮助其自动化完成这些任务，提高工作效率。接下来将探讨 DeepSeek 辅助代码生成的应用场景，并提供优化 DeepSeek 生成代码的方法。

1. DeepSeek 辅助代码生成的价值：从零编程到高效办公

对于许多非计算机专业背景的教师而言，DeepSeek 辅助代码生成有效弥补了他们在编程能力上的不足，让其得以运用 Python、Excel VBA、SQL 等编程工具，提升数据处理与事务管理能力。DeepSeek 辅助代码生成的主要价值体现在：大幅提高工作效率，像批量处理学生信息、分析问卷数据、自动生成报告等任务无须再依赖手动操作；极大地降低技术门槛，即便不深入学习编程，也能借助 DeepSeek 生成可用代码；显著增强数据管理能力，实现自动化的数据整理、统计与可视化，进而为决策提供有力支持，助力从零基础编程迈向高效办公。

2. DeepSeek 辅助代码生成的典型应用场景

（1）批量处理学生信息。辅导员经常需要整理学生考勤、奖助学金评定、心理测评结果等数据，而 Excel 处理大规模数据时效率有限。Python 或 Excel VBA 代码可帮助自动筛选、分类和计算数据。

示例提示词

"请用 Python 生成一个脚本，从 Excel 文件中筛选出 GPA 高于 3.5 且综合测评排名前 10% 的学生名单，并输出到新的 Excel 文件。"

```python
import pandas as pd

def filter_students(input_file, output_file, gpa_threshold=3.5, top_percent=0.1):
    # 读取Excel文件
    df = pd.read_excel(input_file)

    # 按综合测评分数降序排序（假设列名为'Evaluation'）
    sorted_df = df.sort_values(by='Evaluation', ascending=False)

    # 计算前10%的学生数量（四舍五入）
    total_students = len(sorted_df)
    num_top = int(round(total_students * top_percent))

    # 提取前10%的学生
    top_students = sorted_df.head(num_top)

    # 筛选GPA高于3.5的学生（假设列名为'GPA'）
    filtered_students = top_students[top_students['GPA'] > gpa_threshold]

    # 输出到新文件
    filtered_students.to_excel(output_file, index=False)
    print(f"筛选完成！结果已保存至 {output_file}")

if __name__ == "__main__":
    input_file = "input.xlsx"    # 输入文件名
    output_file = "output.xlsx"  # 输出文件名
    filter_students(input_file, output_file)
```

这样生成的脚本可以帮助辅导员快速筛选符合标准的学生，避免手动计算和筛选的低效问题。

（2）自动分析问卷数据。在思想政治工作方面，辅导员需要定期调查学生的思想状况、心理健康状况、课程满意度等。DeepSeek 辅助代码生成可帮助自动化数据分析，生成可视化图表，提高决策效率。

示例提示词

"请用 Python 生成一个脚本，读取 CSV 格式的问卷调查数据，统计学生对'课程满意度'的评分，并绘制柱状图。"

该脚本可以帮助教师快速分析问卷数据，使决策获得数据支持。但需要警惕的是，DeepSeek 生成的学术数据处理代码必须通过 SPSS/R 等专业工具验证，防止模型训练数据时效性问题导致的统计方法偏差。

3. 优化 DeepSeek 辅助代码生成的技巧

虽然 DeepSeek 具备代码生成能力，但为保障生成的代码可用且精准，教师可运用以下优化策略。一是要明确任务目标，给出清晰的任务描述。比如"筛选 GPA 高于 3.5 的学生"就比"分析学生数据"这种宽泛表述更具指向性，能让 DeepSeek 准确理解需求。二是指定编程语言很关键，像"请用 Python 生成代码"或者"请使用 Excel VBA 编写脚本"，让 DeepSeek 按照特定语言规范进行代码编写。三是调整代码风格，例如提出"请优化代码，使其更易读"或者"请添加错误处理机制"等要求，提升代码质量。四是在代码生成后，务必在实际环境中运行测试，并通过调整参数来满足实际需求，以此不断优化代码。

3.3.3　DeepSeek 辅助对话优化：实现个性化沟通

在高校教育管理工作中，辅导员的沟通能力至关重要。他们需要解答学生疑问、提供学业与职业规划建议、开展心理关怀，甚至调解学生矛盾。DeepSeek 大模型可以辅助优化对话，使沟通更加精准、高效，从而提升教育管理工作的质量。

1. DeepSeek 辅助对话优化的核心价值

传统 AI 助手的对话往往较为生硬，缺乏针对性。通过提示词和个性化训练，DeepSeek 等大模型可以被调整得更贴合高校场景，从而使其具备以下价值。

（1）快速响应服务。DeepSeek 可帮助教师和辅导员高效解答常见问题，如课程安排、考勤要求、心理支持渠道等。

（2）个性化沟通。DeepSeek 可根据学生的背景、问题类型，提供针对性的建议，而非模板化回答。

（3）情感智能支持。通过优化提示词，DeepSeek 可以在沟通中体现更多同理心，提升学生的信任感。

2. 训练 DeepSeek 进行个性化沟通的策略

（1）设定 DeepSeek 的角色与风格。明确 DeepSeek 在对话中的角色与风格，有助于展现专业性。如在提示词中设定"你是一名高校辅导员,擅长心理疏导和学业指导。你的语言风格温暖而知性,能站在学生角度思考问题",使 DeepSeek 的回答更贴合辅导员身份。

(2)使用分步拆解,优化逻辑顺序。对于复杂问题,分步拆解可避免 DeepSeek 回答片面或泛泛而谈。例如,将"如何帮助一名学业压力大的学生?"优化为按步骤提问,包括询问学生具体困扰、针对问题提供解决方案、给出可操作行动计划,让 DeepSeek 回答更具针对性。

(3)关键词引导,精准控制 DeepSeek 的关注点。在对话中,关键词引导能让 DeepSeek 聚焦重点。如在心理支持场景,提示"如果一名学生感到焦虑,你应该如何安慰他? 请重点体现'同理心'和'积极引导'";在学业规划场景,提示"如何帮助一名对未来迷茫的大学生制订学业规划? 请从'兴趣探索''学业能力评估''目标设定'三方面回答"。关键词引导可避免 DeepSeek 回答泛泛而谈。

3. 调整 DeepSeek 的语气与表达方式

DeepSeek 的沟通语气影响学生接受度,可通过调整语气使沟通契合实际需求。如在学业鼓励场景下使用温暖型表达安慰考试失利学生;在规章制度解答场景下采用简洁明了的官方语言回复缓考申请流程。

小 结

在高校教学与学生管理实践中,DeepSeek 不仅是一款通用 AI 工具,更是一位得力的助手。通过合理设计提示词,教师可以高效完成教案编写、论文写作辅助、公文写作生成等写作任务;借助代码生成能力,快速实现数据处理、批量任务自动化,大幅提升办公效率;通过对话优化技巧,构建更具温度与逻辑的个性化沟通方案,提升学生支持的专业性与亲和力。DeepSeek 不仅降低了技术门槛,也显著提升了工作效率与质量,但教师仍需关注其内容准确性与逻辑严谨性,要结合人工审校确保输出结果的可靠性和规范性。此外,教师利用 DeepSeek 辅助论文写作时,需严格遵守相关学术规范。

3.4　让 DeepSeek 具备"个性"：定制化 AI 助手

在高校教学和思想政治工作中，教师经常需要与学生进行深度交流，提供针对性的学业、职业、心理等方面的指导。通过 DeepSeek 等大语言模型的定制化全面升级，教师可以打造出具备专业背景、风格鲜明的 AI 助手，使其在不同场景中发挥更大作用。

3.4.1　设定个性化 AI 助手：让 AI 适应教师需求

AI 助手的有效性高低，取决于其是否能够准确理解并回应用户需求。因此，教师在使用 AI 助手时，可以通过角色设定、语气调整、风格优化等方式，使 AI 助手变得更加专业、精准，贴合实际工作。

1. 明确 AI 助手的角色定位

不同类型的教师对 AI 助手的需求各不相同。例如：

高校辅导员需要 DeepSeek 具备良好的沟通能力，能够解答学生问题、提供心理支持，并推荐合适的成长路径。

课程教师需要 DeepSeek 帮助优化教学方案，解答学生的学术疑问，甚至进行课堂互动。

科研人员需要 DeepSeek 提供专业的学术支持，例如文献整理、论文润色、数据分析等。

示例提示词（设定高校辅导员 AI）

> "你是一名高校辅导员，擅长大学生思想政治教育、学业指导和心理辅导。你的语言风格亲切、富有逻辑性，能用通俗易懂的方式帮助学生解决问题。"

这样的设定可以确保 AI 以专业、符合身份的方式回应学生，而不是给出千篇一律的回答。

2. 调整 DeepSeek 的语言风格

DeepSeek 的表达方式直接影响沟通效果。不同场景下，DeepSeek 需要采用不同的语气和表达方式。

正式场合(如通知、政策解读):语言严谨、信息精准。

学业指导(如课程推荐、学习建议):逻辑清晰,实用性强。

心理支持(如情绪疏导、压力管理):表达温暖,体现共情能力。

示例提示词 1(亲切自然型)

"你是一位大学辅导员,请用亲切自然的语气帮助学生解答下面这个关于学业规划的问题:……"

示例提示词 2(鼓励支持型)

"你是一名富有爱心和耐心的 AI 导师,请用积极鼓励的语气帮助学生克服拖延症的问题,给出实用建议。"

3.4.2　记忆功能的使用:让 DeepSeek 记住用户的偏好

DeepSeek 及部分 AI 模型具备记忆功能,可以长期存储用户的偏好和历史互动,从而在后续对话中提供更加个性化的回答。

1. 让 DeepSeek 记住你的沟通风格

教师可以通过以下方式,让 DeepSeek 逐步学习并适应自己的沟通风格:

(1)主动设定沟通偏好,如"请用简明扼要的风格回答"。

(2)提供示例,如"请按照我之前的表述风格回答"。

(3)纠正 DeepSeek 的表达,如"请不要使用太正式的语言"。

示例

用户:"在学生管理工作中,我更喜欢用'引导式'语言,而不是直接给出答案。"

DeepSeek 记忆后回答:"好的,我会在未来的回答中使用引导式表达,如'你是否可以尝试从××角度思考这个问题'。"

2. 让 DeepSeek 记住用户的工作场景

DeepSeek 也可以记住教师所在的学科领域、工作模式、教学目标,以便在未来对话中提供更贴合需求的回答。例如：

如果你是辅导员，DeepSeek 记住后可以优先提供相关的政策解读和案例。

如果你是计算机教师，DeepSeek 记住后可以优先推荐编程学习资源。

示例

用户："我是高校辅导员，我关注学生成长和心理支持。"

AI 记忆后回答："明白，我会在未来的回答中更加关注大学生心理健康、学业指导等话题。"

3.4.3　创建 AI 角色库：不同场景下的 AI 设定方案

为了让 AI 在不同场景下发挥作用，教师可以创建多个 AI 角色，使其在不同的教学、管理、沟通场景下提供专业服务。

1. 常见的 AI 角色设定

常见 AI 角色设定的提示词

角色名称	适用场景	设定方式
教学助理 AI	课程答疑、课件优化	"你是一名大学计算机课程助教，擅长讲解编程知识。"
学业导师 AI	选课、学习规划	"你是一名大学学业导师，擅长制订学习计划。"
心理支持 AI	学生情绪管理、压力疏导	"你是一名大学心理咨询师，擅长倾听和提供支持。"
行政助理 AI	事务管理、通知撰写	"你是一名高校行政助理，擅长撰写公文和管理事务。"

2. 如何高效切换 AI 角色？

有些 AI 平台（如 DeepSeek）允许用户在不同角色之间切换，教师可以提前创建多个角色，在不同场景下快速调用，这样可以极大提升 AI 在高校工作场景中的实用性。例如：

在备课时，使用"教学助理 AI"获得课程内容优化建议。

在与学生沟通时，切换为"心理支持 AI"以获得更具同理心的回应。

在撰写行政文件时，调用"行政助理 AI"生成规范化公文。

小结

　　教师可通过角色设定、记忆优化和角色库管理，打造出真正贴合自身需求的 AI 助手，以此提升工作效率。以 DeepSeek 为代表的大语言模型在这一过程中展现出显著优势。其具备高度定制化的特点，能够依据不同需求灵活调整 AI 的表达方式，无论是严谨的学术语言，还是通俗易懂的日常交流话术，都能精准呈现。同时，大语言模型拥有长效记忆功能，能够牢牢记住教师的偏好，比如常用的语言风格、关注的重点领域等，进而提供更精准的服务。此外，大语言模型支持多角色切换，在教学场景中，可辅助备课、答疑解惑；在学生管理场景下，能协助处理学生信息、策划班级活动；在心理支持场景中，还能提供相关建议和指导，实现在多种场景下的灵活应用。

　　未来，随着 AI 技术的进步，个性化 AI 助手将成为教师的得力助手，帮助他们更高效地完成教学和管理工作，推动智能教育的发展。

实战篇

第 4 章

行政事务处理：AI 赋能高效办公

引言：在日常学生管理工作中，行政事务占据了大量时间。从通知撰写到活动策划，从总结汇报到主题班会，繁杂的任务往往让辅导员感到疲惫。然而，AI 的出现，为我们提供了全新的解决方案。AI 不仅能辅助起草高质量的通知、总结，还能帮助优化活动策划，提高工作效率，让行政事务处理更加高效、精准。本章将围绕 AI 在行政事务中的应用展开，结合具体案例，介绍如何借助 AI 提升办公效率，优化教育管理。让 AI 成为辅导员的得力助手，让行政事务不再是负担，而是智慧赋能的助力。

4.1 通知撰写：在班级/年级群中发布高赞通知的 AI 技巧
——从"手动编辑"到"模板速配"的精准触达

在高校日常管理中，辅导员需要经常在班级或年级群中发布通知，涉及会议安排、课程调整、活动通知、评奖评优、学籍管理等各类事务。然而，传统的通知方式往往存在信息冗长、阅读率低、关键点不突出等问题，影响沟通效率。借助 AI，可以极大地优化通知撰写流程，让通知既精准高效，又能吸引学生关注，提高阅读率和执行率。

突发安全培训会议通知

新生开学，辅导员小李负责一个 200 人的大一年级。17：07，辅导员小李的保温杯撞翻了桌角的润喉糖。他刚核对完新生宿舍分配表，电脑右下角突然弹出紧急弹窗——全体新生安全培训会将于今日 19：00 在学校礼堂举行，要求全体学生务必参加。红色加粗字体在屏幕上跳动，倒计时显示距离会议

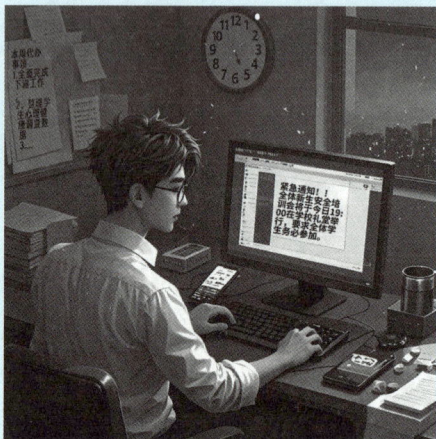

（由 DeepSeek 提供创意思路，豆包 AI 生成）

开始还剩 1 小时 53 分。小李需要在短时间内将通知发布到班级群，并确保每位学生都能收到并按时参加。

4.1.1 场景痛点

1.群消息"吞通知"，信息容易被淹没

微信群消息更新太快，学生聊天内容不断滚动，重要通知常常被刷屏淹没，未读率高，许多学生根本没注意到。

2.单独通知效率低，耗时耗力

一对一打电话或发私信速度慢、覆盖难，有的学生电话静音，有的已读不回，小李常常要"地毯式追人"，既焦虑又低效。

3.通知语言混乱，重点不突出

传统通知内容冗长堆砌，缺乏层次性，关键词不突出，学生常常只扫一眼标题或前几行，漏看时间、地点等关键信息。

4.1.2　传统 vs AI 优化对比

传统通知与 AI 优化通知对比

对比维度	传统呈现方式	DeepSeek 优化后呈现方式
内容组织	一段长文本，信息密集，阅读困难	结构化呈现，关键信息高亮，阅读直观
重要信息	时间、地点、要求埋在正文中，不突出	会议时间、地点、要求加粗/标红
阅读体验	需要反复查找，容易遗漏	采用要点式列举，2 秒掌握核心信息
互动与提醒	需辅导员反复提醒，效率低	AI 生成定时提醒，自动追踪学生反馈

从上表我们可以看出 DeepSeek 优化优势：

（1）简洁明了。关键信息突出，学生可以快速获取重点。

（2）吸引视觉。使用标题和符号增强视觉效果，提高关注度。

（3）便于跟踪。DeepSeek 可以实时跟踪通知的阅读情况和反馈。

4.1.3　操作步骤

AI 优化通知的操作步骤

应用场景	操作步骤	具体内容	示例
突发安全培训会议通知	STEP 1：输入原始信息	将通知的全部内容输入 AI 工具，包括活动时间、地点、要求、请假说明等	打开 DeepSeek，输入："今天下午 5 点，学校突然通知，当晚 7 点将在学校礼堂举办一场紧急安全培训，要求全体学生必须参加。"
	STEP 2：使用 AI 优化指令	"我是[××角色]，面向[××受众]在[××场景]下，请基于以上通知内容，优化为简明清晰的格式，并突出关键信息。"	"我是一名高校辅导员，面向班级学生发布参会通知，请基于以上通知内容，优化为简明清晰的格式，并突出关键信息。"

续表

应用场景	操作步骤	具体内容	示例
突发安全培训会议通知	STEP 3：发布并跟踪	（1）在微信群发布通知，并@全员确保触达 （2）设置定时提醒，发送 30 分钟倒计时通知 （3）追踪学生确认情况，统计未回复人员，并自动私信提醒	在微信群、QQ 群@全体人员，实时跟踪送达情况。设置定时提醒

⚙ 示例：突发安全培训会议通知

（由 DeepSeek-R1 生成，信息已脱敏）

📢【紧急安全培训通知】🔔

⏰时间：**今晚19:00**（提前10分钟签到！）
📍**地点**：学校礼堂
👥**对象**：**全体在校学生**（必须参加❗）

☑**注意事项**：
1️⃣ 携带校园卡，按学院分区就座；
2️⃣ 手机关静音，禁止喧哗/随意离场；
3️⃣ 特殊情况需**提前联系辅导员**报备！

❌**违规处理**：
无故缺席者将全院通报批评，影响评优资格！

⚠ 安全无小事，全员行动保平安！
🏃‍♂️速速转发提醒室友，准时到场！

—— 学生处·2024年X月X日
（辅导员在线解答疑问📱）

4.1.4　案例提示词示例

优化通知的不同版本的提示词

指令类型	指令内容	适合场景
基础版	"请优化以下通知，使其结构清晰，突出重要信息，适合微信群发布：[通知内容或文档]。"	适用于普通通知
进阶版	"请基于以下内容优化紧急会议通知，确保 10 秒内阅读完毕，并突出时间、地点、要求：[通知内容或文档]。"	适用于紧急通知
互动版	"请优化以下通知，并增加互动性，要求学生回复'收到'以确认：[通知内容或文档]。"	适用于需要学生反馈的通知
视觉版	"请基于以下内容生成'高赞'微信群通知，要求语言生动，适当加入 emoji，让学生愿意转发：[通知内容或文档]。"	适用于活动宣传

在工作场景中除了发布通知，我们还会很多时候需要通过活动通知，发布邀约话术。这里就整理一个比较适合邀请的话术提示词。

示例提示词

"请你根据活动通知，帮我写一份适合在社交媒体邀约的话。

话术要求：①吸引人的开头；②强调内容的重要性和吸引力；③使用 emoji 增强趣味性；④清晰地点明活动的主题、地点、时间；⑤提供简单易懂的预约方式；⑥使用贴近日常口语、自然流畅的语言形式；⑦字数控制在 150 字范围内。"

示例：AI 优化高级进阶版通知

🚀 **AI 赋能，辅导员必听的一场讲座！** 🎯

人工智能浪潮来袭，辅导员如何借助 AI 提升工作效率？如何让学生管理更智能、更精准？**这场讲座将给你答案！** 📢

📍 **主讲嘉宾：** 南昌▢▢▢▢▢学院 廖▢▢ 老师
📅 **时间：** 3 月 7 日 9:00—11:30
📍 **地点：** 江西▢▢▢▢▢学院 XX 楼会议室

无论你是 AI 小白还是进阶玩家，这场讲座都不容错过！💡 **干货满满，助力辅导员工作高质量发展！** 赶紧标记时间📌，让 AI 成为你的强大助力！

4.1.5 避坑指南

用 AI 写通知确实方便，但稍不注意就容易"翻车"！以下是避坑指南，帮你轻松拿捏 AI 通知：

1. 别让 AI 太"AI"

AI 写的通知容易显得冷冰冰，像机器人念稿。记得加点人情味，比如"小伙伴们""注意啦"这种"接地气"的表达，别让大家觉得在跟机器人开会。

2. 重要信息别"藏"

时间、地点、要求这些关键信息，一定要放在最显眼的位置！别让 AI 把它们埋在一堆废话里，否则大家看完一脸懵："所以到底是几点？"

3. 别太啰唆，直接上干货

AI 有时候会"话痨"，写出一堆没用的背景信息。通知简洁明了最重要，大家没耐心看小作文！

4. 互动性拉满

加点互动，比如"收到请回复""有问题群里问"，既能确认大家看到了，又能让通知更有温度。

5. 语气别太"官方"

AI 容易写成"红头文件"，让人看了就想划走。试试用轻松的语气，比如"重要提醒！别迟到哦"，让大家觉得是在跟朋友聊天。

6. 检查细节，别闹笑话

AI 有时候会犯低级错误，比如把"下午 3 点"写成"凌晨 3 点"。发之前一定要仔细检查，别让大家半夜爬起来开会！

7. 别让 AI"自由发挥"

AI 有时候会脑洞大开，加一些奇怪的内容。记得控制它的"创作欲"，别让通知变成科幻小说。

8. 多测试，多优化

发之前先给身边人看看，问问他们能不能 10 秒内抓住重点。如果大家都说"看不懂"，那就赶紧改！

总之，AI 是工具，不是"甩锅侠"。用好了是"神器"，用不好就是"社死现场"。掌握这些避坑技巧，让你的通知既专业又有温度，轻松"拿捏"全场！

4.1.6　推荐工具清单

优化通知推荐工具清单

工具名称	核心功能	是否免费
DeepSeek/文心一言	中文处理能力强大，特别适合中文通知撰写，"接地气"又专业	是
WPS AI	集成在 WPS 办公套件中，适合直接在文档中生成和优化通知，操作方便	否

4.1.7　效率对比

传统通知与 AI 优化通知的效率对比

指标	传统方式	AI 优化方式
通知制作耗时	15 分钟	2 分钟
准时参会率	68%	93%
会前咨询量	23 次	6 次

小　结

　　借助 AI 工具，辅导员可以显著提升通知发布的效率和阅读率。无论是日常通知还是紧急通知，AI 都能够确保信息清晰可读、关键信息突出、互动性强，真正实现"一条通知，所有学生秒懂"的高效办公体验！

4.2　活动策划：AI 工具在活动策划中的应用
——从"人脑风暴"到"智能生成"的全流程革新

　　在高校管理和学生工作中，辅导员需要经常组织各类活动，如主题班会、学术讲座、职业规划论坛、校园文化节、公益志愿活动等。然而，传统策划模式存在三大矛盾：有限人力(1~2 人)与复杂流程(平均涉及 8 个环节)的矛盾、标准化模板(复用率超 70%)与学生个性化需求(Z 世代需求分化达 6 类)的矛盾、快速响应要求(48 小时紧急任务占比 30%)与创意产能不足的矛盾。DeepSeek 等 AI 工具可将策划周期从 5 天压缩至 8 小时，创意产出量提升 4 倍。它们可以帮助辅导员高效完成活动选题、流程设计、宣传策划等任务，极大提升策划质量和执行效率。

突发校园讲座策划

周一上午 9：00，办公楼的走廊还弥漫着晨间的咖啡香气，辅导员小周刚打开电脑，准备处理周末堆积的事务，微信却猛然弹出一条领导发来的消息："周老师，本周五需举办一场面向全校学生的'AI 赋能未来职业发展'讲座，请今天 12：00 前提交完整策划方案。"小周盯着屏幕愣了 1 秒，随即心跳加快，

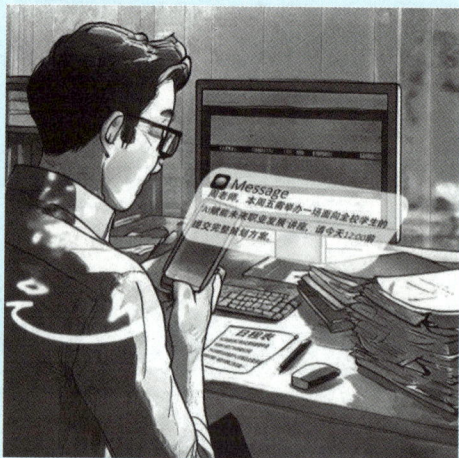

(由 DeepSeek 提供创意思路，即梦 AI 生成)

鼠标险些从手中滑落。3 小时内出完整策划？他迅速翻了翻日程表，密密麻麻的任务像潮水般涌来。学工系统里还有 27 条未处理的请假申请，学业帮扶小组约了 10：00 碰头讨论，15：00 要陪学生去就业中心对接企业宣讲会，晚饭后还得赶一篇校内资助工作总结……

4.2.1　场景痛点

1.策划结构碎，创意瓶颈压顶

活动策划要素复杂，需涵盖目标受众、核心议题、嘉宾邀请、活动流程、宣传方案，既要逻辑清晰、内容吸睛、表达完整，又要保证落地可行。

2.文案生成难，信息梳理乱

传统方式需手动撰写文案、组织语言、设计流程图与海报内容，时间紧、

要求高，小周大脑高速运转，却苦于创意疲乏、文字难落地，每一分钟都像卡在字句之间的"死循环"。

3.宣传精准难，触达效率低

活动推广面向全校学生，不同专业、年级关注点各异，传统群发方式触达效率低、报名率难以保障。极可能出现"努力了半天，结果没人来"的尴尬局面。

4.2.2　传统 vs AI 优化对比

传统策划与 AI 优化策划对比

对比维度	传统策划方式	AI 优化策划方式
策划时间	需要查阅大量资料，逐步完善	AI 3 分钟生成完整框架
创意来源	依赖个人经验，受限于个人视野	AI 提供多种创意方向
文案撰写	逐字推敲，耗时长	AI 自动生成策划书，辅导员只需微调
宣传推广	需要手动撰写宣传稿、设计海报	AI 一键生成宣传文案+海报
执行跟踪	需手动安排任务、记录进度	AI 自动生成时间表+提醒机制

4.2.3　操作步骤

AI 优化策划的操作步骤

应用场景	操作步骤	具体内容	示例
突发校园讲座策划	STEP 1：输入活动基本信息	将活动相关信息输入 AI，包括活动主题、目标受众、活动时间、地点、要求、活动形式等	打开 DeepSeek，输入："活动主题：'AI 赋能未来职业发展' 目标受众：大二、大三学生，重点覆盖计算机、商科专业 活动形式：嘉宾演讲+AI 工具体验+现场互动 时间地点：本周五 19：00，大学生活动中心"

续表

应用场景	操作步骤	具体内容	示例
突发校园讲座策划	STEP 2：使用 AI 生成完整策划方案	"我是[××角色]，面向[××受众]撰写活动策划，请基于以上信息，生成完整的[××主题]策划方案，包含活动目标、受众、流程安排、宣传推广方案。"	"我是一名学工处负责人，面向大二、大三学生，重点覆盖计算机、商科专业撰写活动策划，请基于以上信息，生成完整的高校 AI 主题讲座策划方案，包含活动目标、受众、流程安排、宣传推广方案。"
	STEP 3：AI 辅助执行与宣传	(1) AI 生成宣传文案，提高报名率 (2) AI 生成海报，提升传播效果 (3) AI 生成执行计划，确保活动顺利进行	(1) 运用 4.1 节通知撰写里的内容可以生成高赞宣传文案 (2) 运用 6.2 节海报设计的方法可以生成创意海报 (3) AI 自动生成活动时间表，设置提醒，确保各环节顺利推进

⚙️ **示例：突发校园讲座策划**

DeepSeek 生成优化版方案（节选）

【AI 赋能未来职业发展讲座策划方案】

活动目标：

● 让学生了解 AI 发展趋势及其对未来职业的影响

● 通过案例分析和工具体验，提高学生对 AI 技能的兴趣

目标受众：

● 计算机、商科相关专业学生，大二及以上年级优先

● 对 AI 技术与职业发展感兴趣的同学

活动流程：

✓ 19：00—19：10 开场致辞（主持人介绍主题）

✓ 19：10—19：40 嘉宾演讲（邀请 AI 领域专家分享趋势）

✓ 19：40—20：10：AI 工具体验（学生使用 DeepSeek 生成职业规划报告）

✓ 20：10—20：30：互动答疑（学生提问，嘉宾解答）

宣传推广：

◆ 微信群/公众号推送：AI 生成高吸引力宣传文案

◆ 海报设计：AI 一键生成主题海报，提升视觉吸引力

◆ 精准通知：AI 识别目标学生群体，定向推送报名邀请

4.2.4　案例提示词示例

不同策划案例提示词

案例场景	提示词示例
主题教育班会	"作为高校辅导员，需要在 3 天内策划一场 AI 时代职业发展主题班会，参与者为计算机专业大三学生（120 人），要求包含： (1) 行业趋势分析模块 (2) 技能实操演练 (3) 校友连线环节 请生成 3 套创新流程方案，每套方案须包含： (1) 破冰游戏（与主题强相关） (2) 多媒体资源使用建议 (3) 课后行动清单 (4) 应急预案（网络中断应对）"
校园文化节	"生成校园非遗文化节的 5 个跨界融合创意，要求： (1) 结合本地 3 项非遗技艺（龙泉剑、青瓷、畲族彩带） (2) 设置 Z 世代喜爱的互动形式（如 AR 打卡、盲盒收集） (3) 预算控制在 8000 元以内 输出格式： (1) 活动名称 (2) 核心亮点（不超过 20 字） (3) 资源需求清单（标注可复用物资） (4) 传播爆点设计"

4.2.5 避坑指南

1. AI 依赖症

错误表现：直接使用 AI 输出的完整方案，未核对场地档期、校规限制。

解决方案：设置人工复核关键点（特别是涉及校外人员、敏感话题时）。

2. 数据失真

错误案例：AI 建议的"元宇宙招聘会"因学校 VR 设备不足"流产"。

预防措施：输入限制条件/可用设备清单，如投影仪×2、笔记本电脑×10。

3. 流程漏洞

典型问题：AI 生成的颁奖环节缺失礼仪人员动线规划。

修正方法：追加指令"颁奖环节人员站位/奖状传递顺序"。

4.2.6 推荐工具清单

优化策划推荐工具清单

工具名称	核心功能	是否免费
DeepSeek	自动生成策划方案	是
即梦 AI	活动海报设计	是
Mermaid	生成活动时间甘特图表（条状图表）	是

4.2.7 效率对比

传统策划与 AI 优化策划的效率对比

指标	传统方式	AI 优化方式
策划时间	3 小时	10 分钟
宣传文案制作	45 分钟	3 分钟
报名转化率	60%	85%

小　结

AI 让活动策划更高效、更创意、更精准。借助 AI 工具，辅导员可以轻松完成活动策划、文案撰写、宣传推广等任务，让活动组织更加高效、精准、有吸引力，真正实现"一站式智能策划"！

4.3　总结撰写：AI 驱动的高质量汇报总结生成策略
——从"数据堆砌"到"价值提炼"的认知升级

高校教师，尤其是辅导员，日常需要撰写大量总结，包括会议纪要、学期总结、活动复盘、学生工作汇报等。这些总结不仅要逻辑清晰、数据准确、语言得体，还要体现工作的成效、问题及改进方向。然而，面对繁重的行政事务，如何高效地撰写高质量总结成为一大挑战。AI 作为智能写作助手，可以帮助教师快速提炼要点、优化结构、提升可读性，极大地提升总结撰写效率和质量。

年终总结的"时间赛跑"

12 月 25 日，23：00，夜深了，整个校园寂静无声，只有学工办的灯还亮着。辅导员小周揉了揉泛酸的眼睛，盯着电脑屏幕上空白的 Word 文档，光标一闪一闪地跳动，仿佛在嘲笑他的停滞不前。学工系统里堆积着 21 条未整理的谈心记录，桌面上零乱地摆着各种文件——有"学校辅导员年度人物""优秀学生工作案例一等奖"的获奖证书复印件，有学生座谈会的会议纪要，还有一摞未归

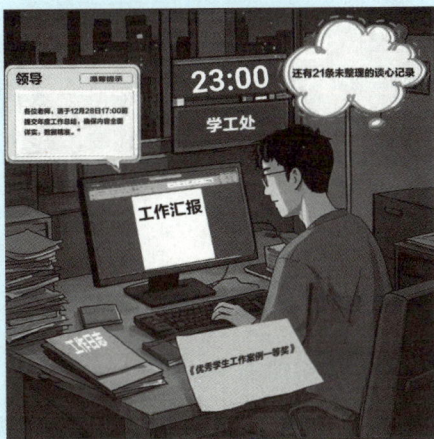

（由 DeepSeek 提供创意思路，豆包 AI 生成）

档的工作日志。这一年忙得像陀螺，回过头才发现，工作做了很多，真正梳理总结却无从下手。就在半小时前，领导在群里留下了一条"温馨提示"："各位老师，请于 12 月 28 日 17：00 前提交年度工作总结，确保内容全面详实，数据精准。"

4.3.1 场景痛点

1.数据散乱，整合困难

各类数据分布在多个系统、会议记录和 Excel 表格中，没有统一模板；学生管理日志、活动签到表、就业跟踪记录等需要反复对照，耗时耗力。

2.内容杂乱，逻辑不清

年终总结覆盖范围广，既要写"做了什么"，又要展现"成效如何"，但事务性记录杂而无章，缺少逻辑清晰的结构框架，易陷入"流水账"模式。

3.文风迥异，质量参差

原始材料语言风格不统一，撰写过程中常出现重复叠加、重点不明、语义模糊，难以体现工作的深度与亮点。

4.3.2 传统总结 vs AI 优化总结对比

传统总结与 AI 优化总结对比

对比维度	传统总结方式	AI 优化总结方式
数据整理	需手动从各类文件中收集数据	AI 自动提取关键数据
逻辑结构	易杂乱无章，难以突出重点	AI 自动生成逻辑清晰的框架
语言表达	可能重复啰唆，缺乏亮点	AI 优化语言，表述精准
撰写时间	2~3 小时	15 分钟

4.3.3 操作步骤

1.输入原始信息

辅导员可将一年工作的原始数据、统计表格、会议记录等输入 AI。

原始工作记录

- 2024 年共组织 12 场主题班会，涵盖心理健康、职业规划、学业提升等主题，其中心理健康主题班会 4 场
- 组织 5 场就业指导活动，参与学生超 500 人，学生满意度 90%

- 违纪学生 8 人，同比下降 15%
- 参与社会实践 600 余人，较去年增长 20%
- 毕业班就业率 95%，其中 60% 进入重点单位

2. 使用 AI 生成逻辑清晰的总结

示例提示词

"请根据以下数据和内容，撰写一份逻辑清晰、重点突出的辅导员年终工作总结，涵盖学生管理、思想政治教育、活动组织等方面，并附上数据支持。"

示例：2024 年辅导员年终工作总结

（由 Kimi 生成，信息已脱敏）

在过去的一年里，我始终坚守岗位，以高度的责任感和敬业精神，全身心投入辅导员工作中。现将本年度工作情况总结如下：

一、学生管理：营造和谐有序的成长环境

1. 日常管理与制度建设：完善班级管理制度，定期召开班委会议，及时了解学生动态。本年度共处理学生违纪事件[×]起，涉及学生 8 人，同比下降 15%。通过个别谈话、主题班会等形式，加强对学生的纪律教育和行为规范引导，班级整体风气明显改善。

2. 心理健康关怀：建立学生心理健康档案，定期开展心理健康普查。本年度共组织 4 场心理健康主题班会，参与学生超 [×] 人次。及时发现并干预心理危机事件 [×] 起，为学生提供心理支持和疏导，有效维护了学生的心理健康。

二、思想政治教育：筑牢学生理想信念根基

1. 理论学习与价值引领：以党的创新理论为指导，开展形式多样的思想政治教育活动。本年度组织主题班会 12 场，涵盖心理健康、职业规划、学业提升等主题，引导学生树立正确的世界观、人生观和价值观。

2.主题教育活动：结合重要节日和纪念日，开展爱国主义教育、诚信教育、感恩教育等主题教育活动[×]场，参与学生超[×]人次。通过活动，增强了学生的社会责任感和使命感。

三、活动组织：搭建多元发展平台

1.学术科技竞赛：鼓励学生参加各类学术科技竞赛。本年度共组织学生参与竞赛[×]项，获奖[×]项，获奖学生人数达[×]人。通过竞赛，激发了学生的学习兴趣和创新思维。

2.就业指导与服务：组织5场就业指导活动，参与学生超500人，学生满意度90%。通过开展就业政策解读、简历制作指导、模拟面试等活动，帮助学生提升就业竞争力。本年度毕业生就业率95%，其中60%进入重点单位。

3.社会实践：积极推动学生参与社会实践。本年度参与社会实践学生达600余人，较去年增长20%。通过社会实践，增强了学生的社会责任感和实践能力。

四、问题与挑战

在工作中，我也遇到了一些问题和挑战。例如，部分学生对学习的积极性不高，存在拖延现象；个别学生的思想问题较为复杂，需要更加深入地沟通和引导；在活动组织过程中，资源有限，需要进一步挖掘和整合。

五、未来展望

在今后的工作中，我将继续努力，不断提升自己的专业素养和工作能力。加强与学生的沟通交流，深入了解学生需求，为学生提供更加精准的服务和指导。同时，积极探索工作新方法、新途径，不断提高工作质量和效果。

六、结论

2024年，我在辅导员工作中取得了一定的成绩，但也存在一些不足。在今后的工作中，我将不断总结经验，改进工作方法，为学生的成长成才贡献自己的力量。

3. AI 辅助优化，确保内容精准

（1）优化逻辑结构（学生管理—思政教育—活动组织—就业情况，层层递进）。

（2）增强数据支撑（违纪率下降 15%、满意度 90% 等数据，使总结更具说服力）。

（3）提升语言表达（去除冗余，增强专业性和提高流畅度）。

4.3.4　案例提示词示例

AI 优化年终总结不同版本的提示词示例

指令类型	指令内容	适合场景
基础指令	"请根据以下内容撰写一份结构清晰、数据充分的辅导员年度工作总结，突出成绩、问题与改进方向：[相关内容（如获奖、特色工作内容）]。"	适用于年度总结
进阶指令	"请基于以下数据，撰写一份同比分析总结，对比去年和今年的学生管理、就业率等变化，并提供改进建议：[相关数据]。"	适用于数据对比分析
精简指令	"请提炼以下年度工作总结的核心内容，形成 300 字精华版，适用于领导汇报：[年度工作内容]。"	适用于领导汇报

4.3.5　详细高阶教程：五步变身总结写作高手

1. 构建逻辑框架——用"金字塔结构"梳理核心脉络

操作要点：

（1）自上而下分层：从全局目标到具体实践，形成总—分逻辑。

构建年终总结逻辑框架示例

示例	参考模板
顶层：年度核心目标（如三全育人深化、学风建设提质） 中层：四大模块（思想引领、日常管理、成长服务、危机应对） 底层：具体工作案例（如"谈心谈话覆盖率 100%""心理危机干预成功率 95%"）	一、工作概述：目标与职责 二、重点举措：思想引领、班级管理、学风建设 三、创新亮点：特色活动、机制创新 四、问题反思：痛点与改进方向 五、未来规划：目标与路径

（2）学科特色融入框架：结合专业背景提炼关键词。

示例：数学学院辅导员可用"微积分思维"比喻学生成长（"微分"关注个体，"积分"凝聚集体）；医学院可类比"病理分析—康复治疗"结构。

2. 数据化呈现——用"量化指标"替代模糊描述

操作要点：

（1）核心数据优先：聚焦关键绩效指标（KPI）。

示例：

错误表述："开展多次心理健康活动。"

正确表述："组织心理健康主题班会 4 场，覆盖学生 800 人次，危机预警准确率提升 30%"。

（2）对比与趋势分析：突出纵向进步或横向差异。

示例："班级挂科率从 15% 降至 8%，学业帮扶小组覆盖后进生 100%"；"就业率较去年同期增长 12%，校企合作单位新增 5 家"。

（3）可视化工具辅助：图表增强说服力。

示例：

学风建设成效对比表

指标	2024 年	2025 年	增长率
课堂出勤率	85%	95%	+10%
学术竞赛获奖数	8 项	15 项	+87.5%

3. 提炼亮点——用"故事思维"包装创新实践

操作要点：

（1）问题导向叙事：从痛点切入，突出解决路径。

示例：

问题："课堂'低头族'占比 40%"→举措："'无手机课堂'试点+学业导师结对"→成效："'低头族'减少至 10%，学生满意度提升 25%"。

（2）特色活动 IP 化：命名品牌项目，强化记忆点。

示例："星空夜谈"心理沙龙（每周固定谈心场景）；"职引未来"生涯规划训练营（校企联动实战模拟）。

（3）机制创新总结：提炼可复制的经验模型。

示例："三阶五步"心理危机干预机制（预警—评估—处置—跟踪—复盘）；"班团导师制"（高年级党员结对新生班级）。

4. 深度反思——用"SWOT 分析法"定位改进空间

操作要点：

（1）坦诚暴露短板：避免避重就轻，聚焦真问题。

示例："职业规划指导专业性不足，未取得生涯教练认证"；"家校联动频率低，家长会参与率仅 30%"。

（2）归因与对策对应：提出可落地的解决方案。

示例：

问题："学生干部执行力弱"→对策："实施'青马工程'培训＋月度 KPI 考核"。

问题："网络思政影响力不足"→对策："开设辅导员短视频账号，每周发布 2 期原创内容"。

5. 未来规划——用"SMART 原则"制定行动计划

操作要点：

（1）目标具体可衡量：拒绝空泛口号。

示例：

错误表述："加强学风建设。"

正确表述："2025 年实现零挂科班级 3 个，学术竞赛省级以上获奖突破 20 项。"

（2）路径拆解为动作：分阶段细化任务。

路径拆解示例

示例 1	示例 2
Q1：完成生涯规划课程开发 Q2：开展企业参访 4 次 Q3：建立毕业生动态跟踪数据库 Q4：举办校友经验分享会	短期：3 个月内的具体任务（如"完善班委换届制度"） 长期：年度战略目标（如"打造省级思政工作室"）

通过以上五步，辅导员可快速完成从"事务记录者"到"策略思考者"的转变，让总结既有"实绩厚度"，又有"思想深度"。

4.3.6　避坑指南

1.空洞化

修正：用"案例+数据"替代形容词(如将"取得良好效果"改为"学生投诉率下降 50%")。

2.同质化

修正：挖掘特色场景(如"乡村振兴社会实践与专业实训结合")。

3.流水账化

修正：按"问题—举措—成效"逻辑重组内容。

4.3.7　推荐工具清单

AI 优化总结推荐工具清单

工具名称	核心功能	免费版是否可用
DeepSeek	自动提炼总结要点	是
VisDoc 智能图表	生成图表，提高汇报直观性	否
WPS AI	优化语言表达，提升可读性	否

4.3.8　效率对比

传统总结与 AI 优化总结的效率对比

指标	传统方式	AI 优化方式
总结撰写耗时	2~3 小时	15 分钟
数据整理难度	高(手动收集)	低(AI 自动提取)
逻辑清晰度	一般	优秀

小结

　　借助 AI 工具，辅导员可以快速完成会议纪要、学期总结、活动复盘等任务，既能提高撰写效率，又能优化表达逻辑，让总结更具说服力和实用性，实现"高效+精准+专业"的写作模式！

4.4　主题班会：入脑入心的主题班会的 AI 创作方法
——从"单向输出"到"双向共振"的思政创新

　　主题班会是高校辅导员思想政治教育的重要载体，如何让班会内容既有深度，又能吸引学生的注意力，一直是辅导员工作的难点。在传统模式下，班会内容容易流于形式，缺乏互动性，学生参与度不高。AI 工具的应用，尤其是 DeepSeek，可以帮助辅导员在选题策划、内容设计、PPT 制作、互动环节优化等方面实现提效，使主题班会真正做到"入脑入心"。

辅导员小李的困扰——96 小时倒计时

　　周一，上午 8：00，清晨的校园还未完全苏醒，辅导员小李刚坐进办公室，微信群便弹出了一条新通知："各位老师，请于本周五前完成'学风建设'主题班会的开展，并提交完整的班会记录及总结。"他猛地一怔，盯着消息看了两秒。周五？只剩四天？！他下意识地拉开日程表，接下来的几天已经排满：给学生做就业指导讲座；组织奖助学金评审；召开学生座谈会……

（由 DeepSeek 提供创意思路，豆包 AI 生成）

4.4.1　场景痛点

1.主题模糊，难以切入

"学风建设"听起来重要，但太过宏观，小李一时难以找到贴近学生、具有共鸣的切入点，选题不聚焦，策划难下手。

2.内容枯燥，缺乏互动

传统班会模式仍以 PPT 展示和"讲道理"为主，学生兴趣低、参与感弱，缺少启发性与代入感，效果流于形式。

3.事务繁多，难以精细打磨

班会只是辅导员工作的一部分，面对堆积的行政任务和学生事务，很难抽出整块时间进行班会策划、内容打磨和材料撰写。

4.4.2　传统主题班会 vs AI 优化主题班会对比

传统主题班会与 AI 优化主题班会的对比

对比维度	传统班会	AI 优化班会
选题策划	主题宽泛，难以引起学生兴趣	AI 生成热点选题，结合学生需求定制
内容准备	依赖手动整理，内容枯燥	AI 自动生成故事、案例，提高吸引力
互动环节	主要是问答互动，学生参与度低	AI 设计多元互动，如投票、游戏、情境演练
PPT 制作	需耗费大量时间排版	AI 自动生成结构清晰、视觉吸引力强的 PPT
班会总结	需要手动整理讨论内容	AI 自动归纳讨论要点，形成总结报告

4.4.3　操作步骤

1.输入班会需求

小李向 DeepSeek 输入以下信息：

"班会主题：'学风建设：如何提升自律与学习效率？'

目标受众：大二学生，部分同学学习状态松散，缺乏自律。

核心内容：

- 什么是良好的学风？

- 如何克服拖延，提升学习效率？
- 经验分享与互动讨论。"

2. AI 生成优化版班会方案

DeepSeek 自动生成了一份详细的主题班会方案，包括案例、互动环节、总结归纳。

示例：班会方案：学风建设——如何提升自律与学习效率？

开场(5 分钟)
- 以"你是否有过以下情况"进行现场投票(例如：拖延症、熬夜、低效复习)。
- 通过数据分析，让学生产生共鸣，增强参与感。

第一部分：学风的重要性(10 分钟)
- 案例导入：分享 985 高校学霸的学习习惯，分析其成功原因。
- 数据支持：AI 生成"影响学习成绩的关键因素"数据图表，提升说服力。

第二部分：如何提升自律与学习效率(15 分钟)
- 行为改变法：引入"21 天习惯养成法"理论。
- AI 推荐工具：介绍 DeepSeek 如何帮助学生制定个性化学习计划。

第三部分：互动环节(15 分钟)
- 小组讨论：让学生分享自己的学习困惑，AI 自动归纳关键问题，并生成改善建议。
- 情境演练：模拟"考前一周如何高效复习"，让学生现场制定复习计划。

结尾(5 分钟)
- AI 总结讨论要点，并自动生成班会回顾 PPT。
- 学生现场提交学习目标，辅导员后续追踪。

---

3. AI 辅助 PPT 制作

虽然 DeepSeek 等大语言模型本身仅能生成文本内容，但如果与其他工具结合使用，它能够帮助我们生成图形、视频、表格和 PPT 等。因此，用 DeepSeek

制作 PPT 的流程可以分为两步：①使用 DeepSeek 生成大纲和内容。②利用 Kimi、通义、清言 PPT、WPS 等 AI 工具将这些内容转化为最终的 PPT。我们以用 DeepSeek+Kimi 制作 PPT 为例。有了这两个 AI 工具，本来 2 个小时的工作量缩减成了 10 分钟。

（1）首先，使用 DeepSeek 生成大纲和内容。

示例提示词 1

"我是一名[高校辅导员]，请你根据这个班会方案，帮我生成一个班会 PPT 大纲和内容，用于主题班会使用，采用 markdown 格式输出。"

示例提示词 2

"我是一名[教育技术研究者]，想要生成一份关于[虚拟现实在教学中的潜力]的 PPT，面向群体是[中学教师]，希望[介绍虚拟现实技术的基本概念及其在课堂教学中的实际应用]，要求[包含具体的案例分析和操作建议，采用 markdown 格式输出]。"

（2）Kimi 一键生成 PPT。

接下来，我们把 DeepSeek 生成的 markdown 格式的大纲，导入 Kimi 里，借助 Kimi 的一键生成 PPT 能力来生成整份 PPT。

①打开 Kimi 网页版：https://kimi.moonshot.cn/。

②点击左侧工具栏的"Kimi+"，就可以看到"PPT 助手"。

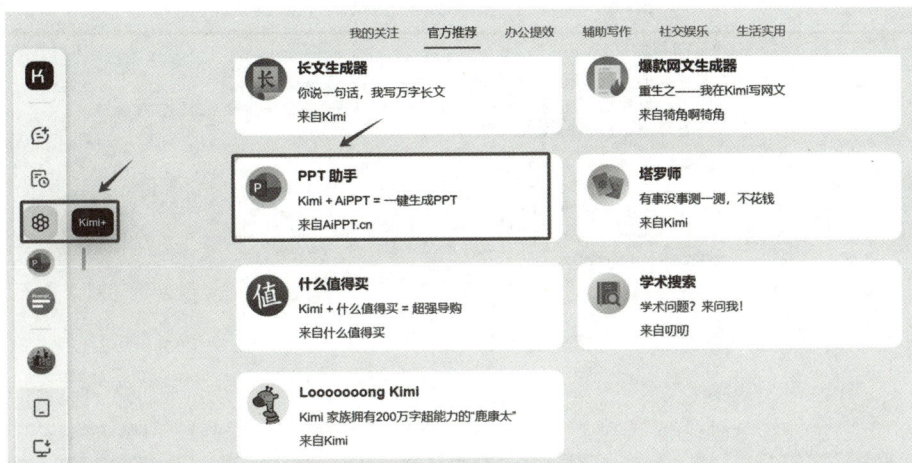

③将刚才 DeepSeek 生成的 PPT 大纲，复制到 Kimi 的"PPT 助手"里。这里，注意加上这句话："根据这份 PPT 大纲，生成一份 PPT。"然后点发送按钮，剩下的活，就交给 Kimi 来替你干吧。

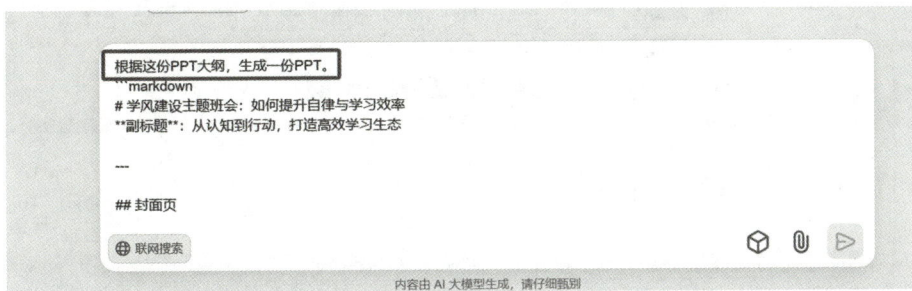

④Kimi 转化完后，点击这里的"一键生成 PPT"然后选择一套你满意的模板。

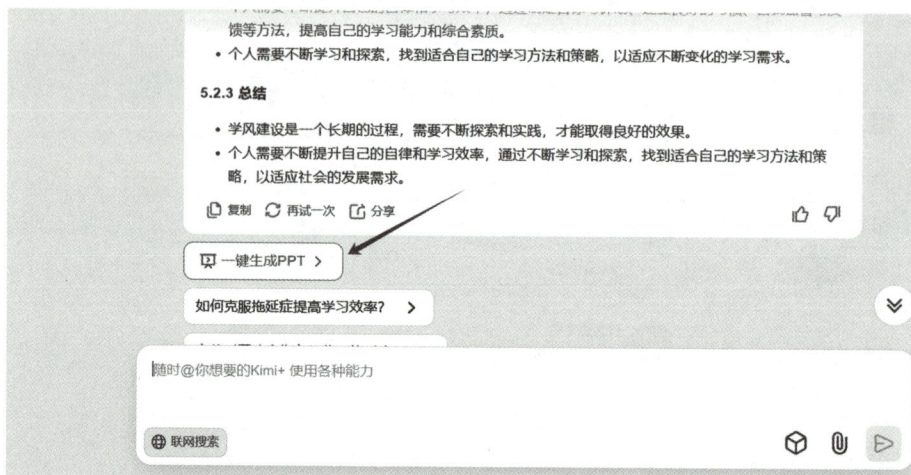

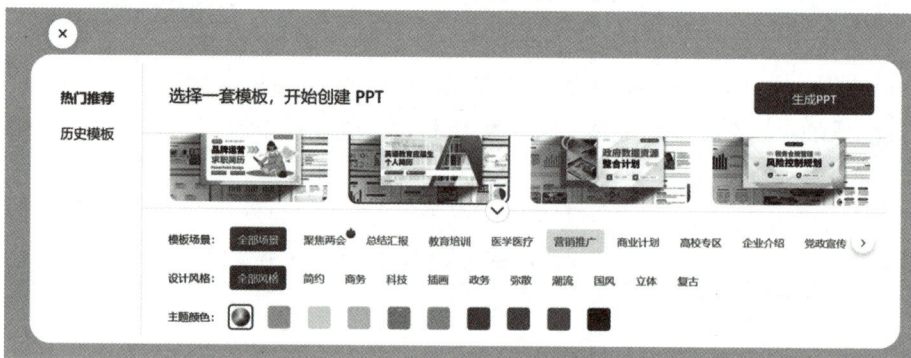

⑤不到一分钟的时间，Kimi 就完成了整份 PPT 的制作。

我们可以点击"编辑"，继续进行手动修改；也可以直接把 PPT 下载下来使用。

AI 生成的 PPT 优化点：

✓ 视觉优化：自动匹配合适的配图、数据图表，提高可读性。

✓ 结构优化：自动提炼关键内容，减少冗余，逻辑清晰。

✓ 动态效果：添加动画，使讲解更生动有趣。

4.4.4　案例提示词示例

AI 优化主题班会提示词示例

选题推荐提示词	班会方案生成提示词	互动环节优化提示词	PPT 自动生成提示词
"请结合当代大学生的学习特点，为[班会主题]主题班会推荐 5 个更具吸引力的切入点。"	"请基于以下内容，设计一场 40 分钟的主题班会，包含互动环节、案例分析、数据支持。"	"请提供 3 种适合大学生的互动方式，以提升[班会主题]主题班会的参与度。"	"请根据以下班会内容生成一份 PPT 大纲，要求结构清晰、配图美观、包含数据图表。"

4.4.5　避坑指南

1. 内容类错误

避免 AI 生成的案例与实际情况不符，需结合学生真实情况调整。

关注政策合规，避免敏感话题。

2. 技术类错误

确保 PPT 格式适配不同设备，避免播放出错。

互动环节的 AI 工具需提前测试，防止现场崩溃。

4.4.6 推荐工具清单

AI 优化班会推荐工具清单

工具名称	核心功能	免费版是否可用
DeepSeek+Kimi	选题策划、内容优化、PPT 大纲生成、PPT 生成	是
投票咖	现场互动，提高参与感	是

4.4.7 效率对比

传统主题班会与 AI 优化主题班会的效率对比

指标	传统方式	AI 优化方式
班会策划耗时	3 小时	20 分钟
互动环节设计	需人工构思	AI 推荐最佳互动方式
PPT 制作时间	2 小时	10 分钟
学生满意度	70%	95%

小结

借助 AI 工具，辅导员可以快速策划主题班会、优化互动环节、自动生成 PPT，大幅提升工作效率和班会质量，让班会真正做到"入脑入心"，增强学生的思想认同感。

4.5 赛事微课：微视频与微课程的 AI 辅助创作
——从"素材苦旅"到"一键生成"的创作革命

微课赛事是高校教师提升教学创新能力的重要平台，辅导员也可以借助微课竞赛打造高质量的思政课程，提高学生的思想政治教育效果。然而，如何高效策划微课内容、设计教学脚本、制作高质量微视频，是许多辅导员面临的难题。AI 工具能够大幅提高微课竞赛的策划与制作效率，使辅导员能够快速构建课程体系、优化教学设计、提升视频制作质量，最终打造高质量的参赛作品。

一场"思政课"的挑战赛

4 月 1 日，23：00，夜深了，整个校园一片寂静，只有学工办的灯还亮着。辅导员小李盯着电脑屏幕，手指无意识地敲着桌面，心里乱成一团，想起白天微信群里置顶的一条通知："各位老师，学院推荐优秀辅导员参加全国高校思政微课竞赛，报名截止时间：4 月 30 日。"小李思索着这个消息，心跳猛地加快。这可是个难得的机会！

（由 DeepSeek 提供创意思路，即梦 AI 生成）

全国性的竞赛，不仅能提升自己的教学能力，还有机会和全国优秀辅导员同台竞技。如果能拿个奖，对职业发展绝对是加分项。但随即，一个更现实的问题扑面而来——时间紧迫！只有 30 天，她要从零开始，完成一堂高质量的微课！

4.5.1　场景痛点

1. 内容不聚焦，难以提炼核心主题

思政类微课题材广泛，从理想信念到心理健康，从职业规划到时代精神，小李难以快速筛选出具有鲜明立意和现实关照的切入点，怕做"空泛大课"。

2. 教学设计平淡，缺乏吸引力

以往微课多为"PPT 展示+理论讲解"的直线形结构，缺少情境引导、互动设计和故事张力，难以抓住评委和学生的注意力。

3. 制作能力有限，短视频剪辑吃力

微课对视频质量要求高，而小李缺乏视频拍摄与后期剪辑能力，担心技术层面拖后腿，影响整体呈现效果。

4.5.2　传统竞赛微课 vs AI 优化微课竞赛对比

传统微课竞赛与 AI 优化微课竞赛对比

对比维度	传统微课竞赛	AI 优化微课竞赛
选题策划	主题泛泛，难以形成亮点	AI 推荐竞赛热点选题，精准定位内容
教学设计	主要依赖教师个人经验，结构松散	AI 自动生成教学框架，提高逻辑性
脚本撰写	手写逐字稿，费时费力	AI 自动生成教学脚本
视频制作	依赖手动剪辑，耗时长	AI 自动配音、字幕、动画，提高制作效率
课程优化	需反复修改，优化过程烦琐	AI 智能调整脚本，快速迭代

4.5.3　操作步骤

AI 优化微课竞赛的操作步骤

操作步骤	具体内容	提示词/操作方法
STEP 1：确定微课主题与大纲	–结合竞赛要求，确定微课的主题(如青年担当、中国式现代化、文化自信等) –提炼核心知识点，确保内容符合竞赛评分标准 –设计微课逻辑结构，如引入—讲解—案例—总结	"我正在制作一堂关于[主题]的竞赛微课，目标是让[目标受众，如大学生]能够理解[核心知识点]。请帮助我制定一个详细的微课大纲，并提供适合的教学结构。"
STEP 2：生成微课脚本	–根据大纲逐步细化教学内容，确保内容流畅连贯 –适当使用故事、案例、类比等方法增强趣味性 –让 AI 优化脚本，使其更易懂、更具吸引力	"根据以下大纲[微课大纲]，请帮助我撰写一份生动、简洁的微课脚本，要求语言简练，适合[目标受众]理解，并结合案例讲解。"
STEP 3：制作 PPT 课件	–让 AI 生成 PPT 大纲内容 –使用 AI(如 Kimi、WPS AI)生成 PPT 初稿 –选择合适的主题模板，调整颜色搭配和字体	"请根据以下微课脚本制作一份 PPT 大纲[微课脚本]，需包含封面、引入、核心讲解、案例分析、总结等内容，每页 PPT 简洁明了。"

续表

操作步骤	具体内容	提示词/操作方法
STEP 4：AI 辅助生成配音和视频	使用讯飞智作、剪映等工具生成配音	"请将以下微课脚本转换成自然流畅的语音：[微课脚本]，语速适中，声音清晰，语气自然。"
	利用即梦 AI 或蝉镜等生成虚拟数字人，提高微课的表现力	根据脚本内容，在即梦 AI 等软件中创建一位虚拟数字人，进行讲解。角色形象要求：专业、亲和，适合教育场景
	使用剪映等软件合成视频	剪辑视频
STEP 5：自动字幕与后期优化	−使用剪映自动生成字幕，并调整字幕样式 −添加简单的背景音乐，使课程更具吸引力 −让 AI 优化视频内容，例如消除噪声等	在时间线上找到合适的位置，点"添加字幕"，然后点"AI 字幕"。这时候，剪映会自动开始识别语言，生成字幕
STEP 6：测试与优化	−让 AI 评估微课质量，提供优化建议 −让目标受众试学，并收集反馈调整 −调整语速、节奏、画面，让内容更加生动	"请帮我评估以下微课，并给出改进建议：[微课脚本/视频链接]。从内容完整度、表达清晰度、吸引力等方面进行评价。"

1. 动画/可视化

（1）通过 DeepSeek 生成知识点动画或者图片提示词，之后粘贴到即梦 AI，极速出图。

（2）生成图片后，用可灵将图片转为动态视频。支持自动补帧和镜头运镜。

（3）通过其他 AI 工具生成思维导图、数据可视化图表等，从而提高微课吸引力。

2. 剪映极速包装成片

（1）打开剪映导入可灵生成的视频素材。

（2）利用剪映内置功能，用 DeepSeek 生成的文案直接生成 AI 配音。

（3）根据场景添加转场特效。

3. 用蝉镜制作微课视频示例

（1）打开蝉镜数字人的网站（www.chanjing.cc），登录账号，点击创建视频。

（2）这里可以选择竖屏或横屏，我们选择横屏，点击从空白模板创建。

（3）在下面这个界面当中，有"导入 PPT/PDF"，点击此处，然后把我们的微课 PPT 上传至网站。

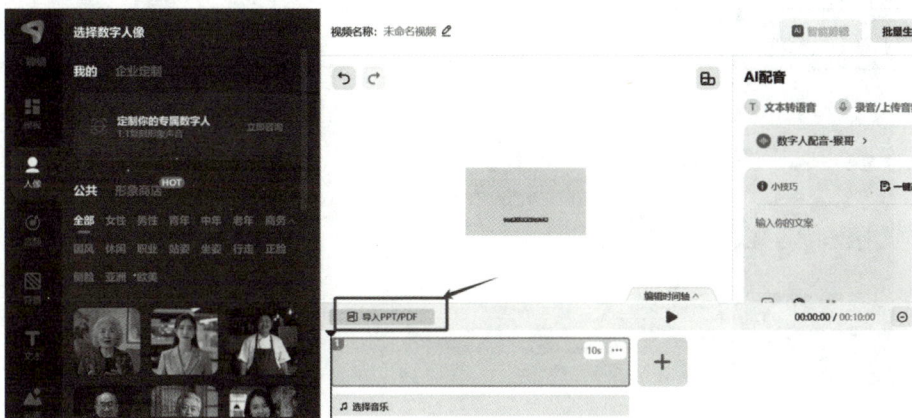

（4）上传成功以后，将前面的空白页删除。

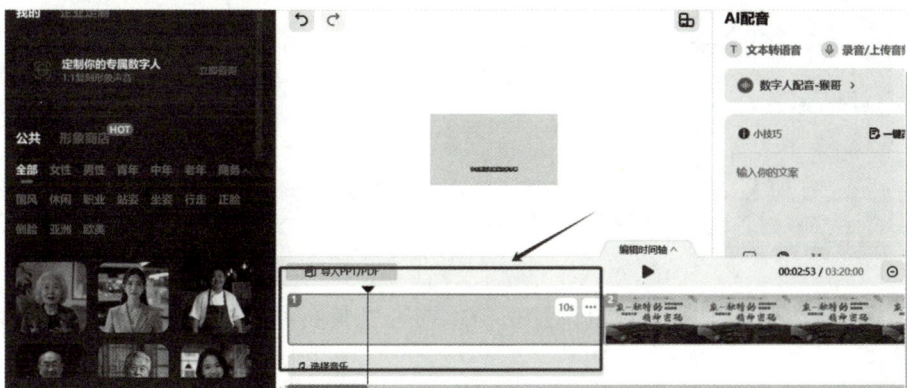

（5）接下来就要为 PPT 进行配音，这里有两种方法。一种是直接文本转语音，也就是将我们提前准备好的脚本复制粘贴到框里，然后选择合适的声音，可以调节它的速度、语调和音量，调节好以后点击生成语音包，语音成功生成。另外一种方法是，我们可以提前录制好分页的 PPT 的音频，然后直接选择上传音频，或者直接点击开始录音，直接录制。示例选择由文本转成语音。

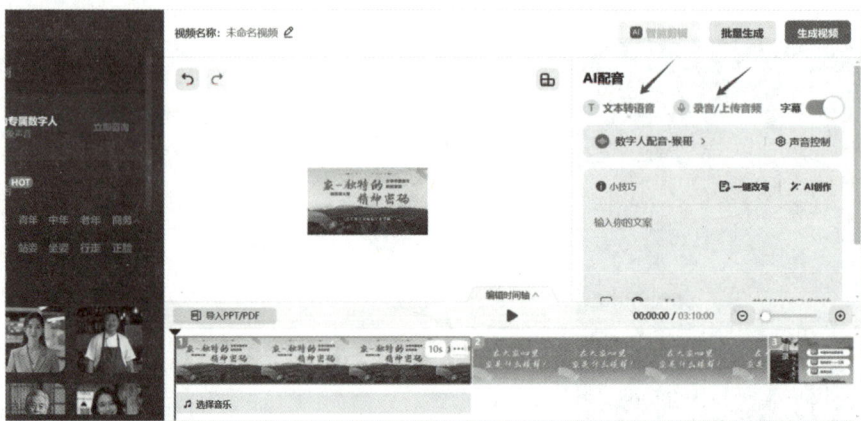

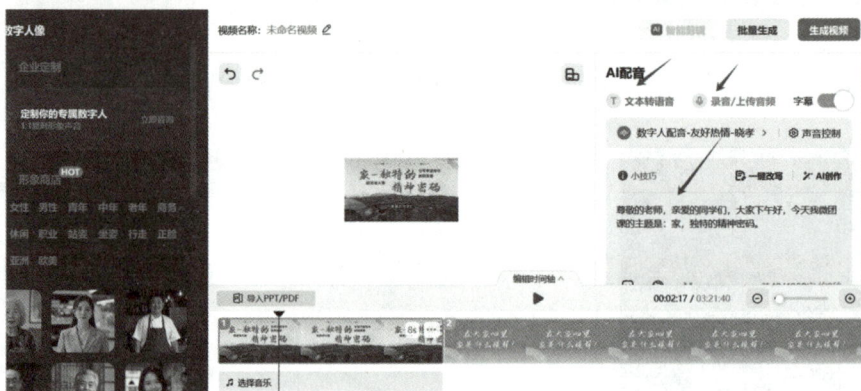

（6）语音转成以后就可以设置字幕。在这里我们可以选择打开或者关闭字幕，拖动下图所示这个框，调节字幕的位置，还可以调节字幕的大小。调节完成以后，一页的制作就已经完成了。

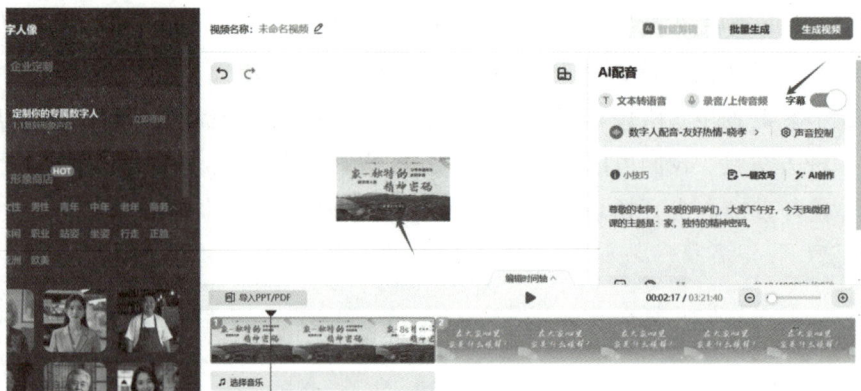

（7）接下来拖动时间轴来到第二页，为第二页进行配音。

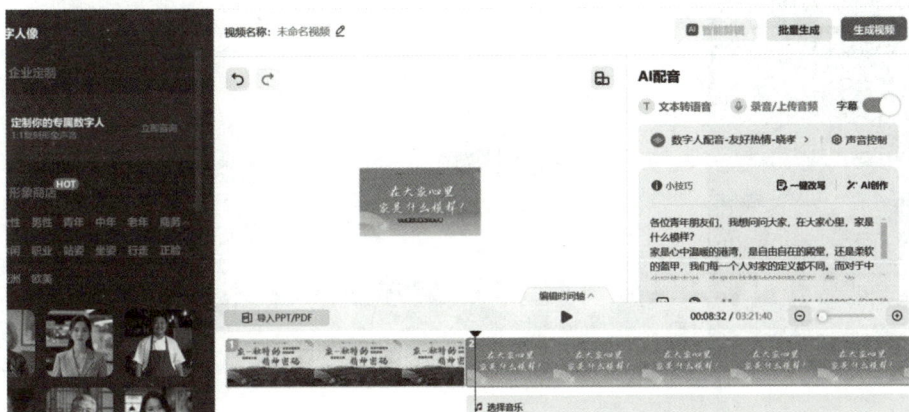

（8）如果有需要，还可以插入数字人的形象，下图这里选择人像，可以选择系统里提供的数字人形象，也可以通过定制数字人制作自己的专属数字人形象。

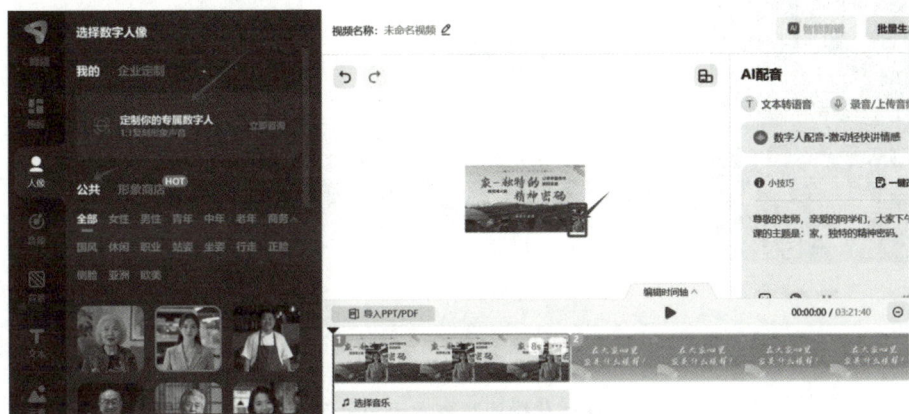

（9）在调节完成以后，点击编辑时间轴下方的播放按钮，预览我们的视频。

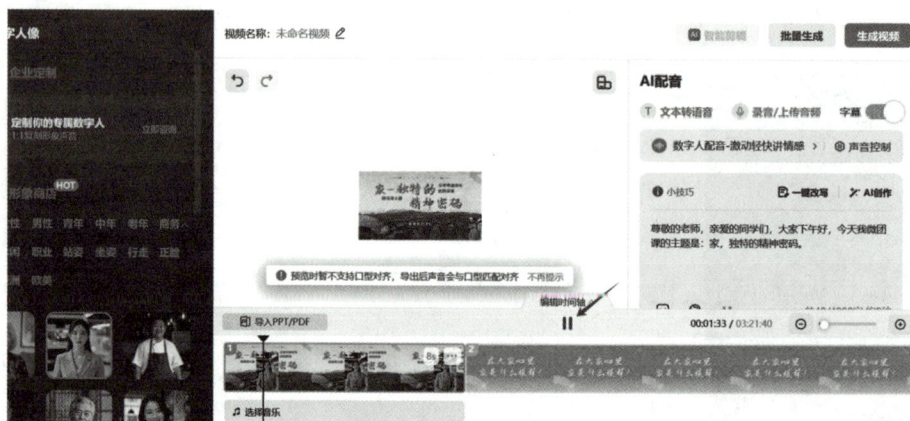

（10）预览如果没有问题，就点击生成视频，并下载视频。

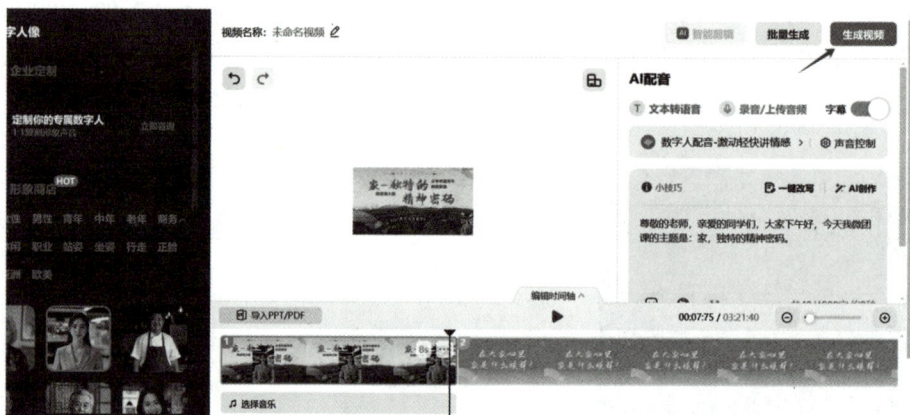

4.5.4　案例提示词示例

AI 优化微课竞赛提示词示例

选题推荐提示词	教学脚本生成提示词	互动设计优化提示词	视频制作辅助提示词
"请结合当前高校思政教育热点，推荐 3 个适合微课竞赛的主题，并简要说明选题价值。"	"请根据[主题]主题，生成一个[数字]分钟的微课教学脚本，包含案例分析、互动环节和课程总结。"	"请提供 2 种适合大学生的课堂互动方式，提高[主题]微课的参与感。"	"请将以下教学脚本转化为微课视频脚本。"

4.5.5 避坑指南

1. 脚本过度依赖 AI，缺乏教学逻辑

常见问题是直接用 AI 生成微课脚本，内容可能过于死板，缺少逻辑衔接。AI 可能生成大量信息，但未能突出重点，导致微课内容冗长、不聚焦。竞赛评委更看重教学设计，而非堆砌知识点。

解决方案是先自己梳理微课逻辑，明确目标受众、核心知识点和教学环节，然后再让 AI 优化脚本。注意提示词要精准，比如："请优化以下微课脚本，使其更加适合［目标受众］，突出重点，增强层次感，并提供一个有趣的案例。"增加人工检查+精简，确保内容清晰有逻辑，而不是 AI 自动拼接的冗长内容。

2. PPT 设计过度炫技，忽略教学可视化

常见问题是过度依赖 AI 自动生成的 PPT，导致内容密集、缺乏层次感；视觉元素花哨但不实用，比如颜色过多、动画过多、排版混乱，影响观众理解。竞赛微课更需要"直观、易懂"的 PPT，而非炫技型 PPT。

解决方案是手动调整 PPT 结构，确保每张 PPT 只传递一个核心信息，避免内容堆积。手动优化配色、字体，确保整体风格统一，提升专业度。

3. AI 配音 & 视频合成缺乏人情味，影响课堂吸引力

常见问题是 AI 配音声音单调，缺乏情感，导致课堂枯燥。虚拟讲解员（如蝉镜）表情僵硬，影响观众代入感。竞赛评委更偏好有真实情感的讲解，而不是全程机械式朗读。

解决方案是优化 AI 配音参数，选择更自然的语音，并适当调整语速和语调。结合真人讲解+AI 工具，可以用 AI 生成讲解稿，但最好真人录音或在关键部分真人讲解，增强互动感。提示 AI 增强语气，比如："请优化以下配音文本，使语气更加生动，适合在线课堂场景，增加停顿和强调。"选用更高级的 AI 配音工具（如智声云配），让声音更自然，减少 AI 感。

4.5.6　推荐工具清单

AI 优化微课竞赛推荐工具清单

工具名称	核心功能	免费版是否可用
DeepSeek	教学脚本生成、视频辅助制作	是
即梦/蝉镜	数字人主播生成	否
可灵/智声云配	生成视频	否
讯飞智作	生成配音	否
Kimi	PPT 制作	是
剪映	视频剪辑	否

4.5.7　效率对比

传统微课竞赛与 AI 优化微课竞赛的效率对比

指标	传统方式	AI 优化方式
微课策划耗时	5 小时	30 分钟
教学脚本撰写	3 小时	30 分钟
视频剪辑时间	8 小时	2 小时
微课完成时间	2~3 天	8 小时

小 结

　　借助 AI 工具，辅导员可以高效策划微课内容、优化教学设计、智能生成微课脚本，并制作高质量视频，大幅提升竞赛微课的质量与效率，让参赛作品更具竞争力！

第 5 章

学生发展支持：AI 助力学生成长

引言： 人工智能技术正以前所未有的速度渗透教育领域，为学生发展提供全方位、个性化支持。从新生入学到毕业就业，AI 工具贯穿始终。通过构建精准的新生画像，AI 为个性化教育方案的制定提供数据支撑；借助学业预警与精准指导，帮助学生优化学习策略，提升学习效率；通过智能辅助与精准干预，为学生提供及时有效的心理支持；为学生就业深造规划提供数据分析与智能推荐，助力其明确职业方向，成就美好未来。AI 技术的深度应用，将为学生发展提供更加精准、高效的支持，助力学生全面成长成才。

5.1 新生画像：AI 工具在新生信息处理中的应用
——从"表格民工"到"成长导师"的辅助利器

新生入学季，辅导员深陷数据泥潭：200 份多格式档案需 3 天人工录入，手写体识别难、隐私易泄露、标签提炼全凭直觉。AI 工具颠覆传统——智能解析 PDF/手写档案，5 分钟生成"i 人社恐但代码强悍"等精准画像，3 小时完成分班方案+经济困难学生预警。辅导员从"表格民工"变"成长导师"，用省下的 72 小时开展深度辅导，让学生感受到"比算法更懂你"的温度。

开学前 3 天的信息处理噩梦

开学前 3 天，辅导员小王望着电脑上 2022 级 200 名新生的信息表和问卷调查表发愁。3 天内要完成 200 名新生的信息整理与画像分析，包括基本信息、兴趣特长、家庭背景、心理健康评估等，为分班、宿舍分配和个性化辅导提供依据。咖啡已就绪，"表哥"小王上线，誓要和新生数据干到底。

（配图由 DeepSeek 提供创意思路，豆包 AI 生成）

5.1.1 场景痛点

1. 数据工程

学生提交的 PDF、Word、手写表格式五花八门，整合难度堪比拼图。手动收集、整理和分析大量新生的学籍档案、心理测评结果、家庭背景、兴趣爱好等 10 余类数据，传统 Excel 表格堆满屏幕，信息输到手抽筋，稍不留神就串行，整理耗时 3~5 天，这一过程不仅效率低下，还容易出现数据错误，导致对新生的了解不够全面和深入。

2. 画像玄学

想从"喜欢打篮球"和"参加过机器人竞赛"里提炼标签？全靠脑补！对于新生的画像生成粗放，缺乏精准性。传统方式依赖主观经验划分学生群体（如"学习困难生"），缺乏数据支撑，难以发现隐性需求（如社交焦虑、职业规划迷茫）。

3. 时间告急

连续加班 3 天，小王黑眼圈比熊猫还深。数据量过大，无法及时更新和整合信息，导致在新生入学初期无法提供精准的指导和服务。

5.1.2   传统 vs AI 优化对比

传统新生画像报告与 AI 优化新生画像报告对比

对比维度	传统处理	AI 优化处理
信息收集	手动整理各类文件，耗时易错	AI 自动识别多格式文件，提取关键字段
数据清洗	肉眼核对重复项，漏一个就"翻车"	AI 智能去重，自动补全缺失信息
数据脱敏	隐私保护依赖手动打码，易遗漏	自动脱敏
标签生成	凭感觉写"性格开朗""学习认真"等标签	AI 分析文本+行为数据，生成精准画像标签
可视化报告	用 PPT 手动做图表，配色丑到学生都嫌弃	AI 一键生成动态看板，支持多维数据钻取
耗时	3 天 (且错误率 15%)	3 小时 (准确率 99%)

5.1.3   操作步骤

DeepSeek 生成新生图像报告的操作步骤

应用场景	操作步骤	具体内容
生成新生画像报告	STEP 1：喂给 AI 一锅"数据乱炖"，吐出结构化表格	1. 投喂数据：上传脱敏数据 (电子档案、问卷星调查表) 至平台 2. 在 DeepSeek 输入指令："你是一名高校辅导员，请基于新生电子档案、问卷调查表等附件材料，统一提取结构化 Excel 表格，包含姓名、兴趣特长、性格特质、家庭情况关键词、特殊情况五个字段。应用于所有学生数据。" 3. 获取结果：AI 自动解析非结构化文本、问卷答案、新生电子档案、在线问卷，生成结构化表格
	STEP 2：让 AI 当"预言家"，揪出重点关照对象	1. 输入指令："基于新生数据和问卷，标注潜在重点关注学生。标注类型：学业困难、心理预警、经济困难等。提供分班、宿舍分配和个性化辅导建议。" 2. 获取分班建议 (专业能力均衡) － 宿舍分配方案 (地域分散策略) － 辅导方案优先级标注 (如心理干预)

续表

应用场景	操作步骤	具体内容
生成新生画像报告	STEP 3：生成新生画像报告，助力精准管理与服务	1. 输入指令："生成新生群体画像报告，包含兴趣聚类、心理健康雷达、分班建议、宿舍分配方案、个性化辅导建议。" 2. 获取结果：新生群体画像报告

⚙ 示例：××大学××专业××级新生画像报告

一、兴趣聚类分析

基于问卷调查中的"兴趣爱好"字段，将新生兴趣分为四大类，并统计分布如下：

新生兴趣类型统计表

兴趣类型	关键词	人数占比	典型活动建议
学术探索型	看书、旅行、音乐	22.8%	读书会、学术讲座、文化考察
社会服务型	参加志愿服务活动、演讲、主持	25.5%	志愿者团队、辩论社、社区实践
体育竞技型	踢足球、打羽毛球、打篮球、运动	21.2%	校队选拔、体育联赛、晨练小组
休闲娱乐型	逛街、吃美食、睡觉、打游戏	30.5%	美食社团、电竞俱乐部、城市探索营

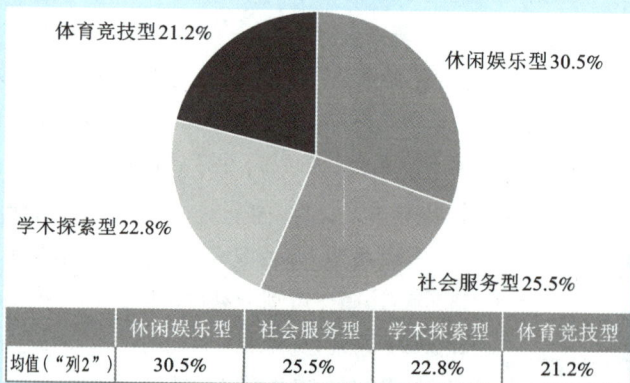

	休闲娱乐型	社会服务型	学术探索型	体育竞技型
均值（"列2"）	30.5%	25.5%	22.8%	21.2%

新生兴趣类型分布图

特点：休闲娱乐型与社会服务型占主导，可加强跨兴趣协作（如"学术+服务""体育+艺术"联合活动）。

二、心理健康雷达图表

从性格特质、特殊健康情况、家庭背景三个维度评估群体心理健康水平（满分 5 分）。

心理健康雷达图表

维度	评分	说明
社交能力	3.8	65%学生外向，5%为"社恐"
情绪稳定性	4.1	80%学生情绪积极，11%有抑郁史或睡眠障碍
压力应对能力	3.5	经济困难学生（25%）压力感知较强
家庭支持度	4.2	单亲/孤儿家庭占比 2%，部分缺乏情感支持
健康状态	4.0	99%无严重健康问题，1%有心脏病、哮喘等病史

优先干预：压力应对能力（提供减压工作坊）、家庭支持度（加强家校沟通）。

三、分班建议（××专业）

目标：平衡学术能力、兴趣分布、心理状态，每班33人左右（以报到人数为准），共6个班级。

分班建议表

核心策略	学生类型配比	优势
学术探索型+社会服务型主导	学术探索型40%、社会服务型30%、其他30%	科研潜力强，适合实验课，技能竞赛团队
体育竞技型+休闲娱乐型混合	体育竞技型35%、休闲娱乐型30%、其他35%	体能突出，适合实训操作，实践强化
均衡分配心理预警学生	每班心理预警≤3人，分散至不同班级	降低群体心理风险

执行要点：每班配置1名心理委员，定期反馈学生状态。经济困难学生均匀分配，避免资源倾斜。

四、宿舍分配方案

原则：性格互补、经济均衡、健康优先。

宿舍分配方案汇总表

宿舍类型	分配规则	示例宿舍
外向+内向混合	每个宿舍至少 1 名外向学生	A101：陈×(外向)+胡×(内向)
经济均衡型	混合不同经济背景(助学贷款生≤2 人/间)	B205：姚×(普通)+李×(贫困)
健康支持型	特殊健康学生分配至低楼层、安静区域	C101：王×(术后)+张×(腿骨折)

特殊处理：有抑郁史学生避免密集居住，优先靠窗通风床位。

五、个性化辅导建议

个性化辅导建议汇总表

学生类型	辅导策略	资源支持
学业困难型	– 晚自习小组(高年级朋辈导师带教) – 实验室优先使用权	提供线上课程权限、推荐担任实验室助理
心理预警型	– 月度心理咨询(校心理中心) – 鼓励参与社团	设立匿名树洞信箱、提供心理急救热线
经济困难型	– 勤工俭学岗位(图书馆/实验室助理) – 各类资助(奖助学金)	对接学校资助中心、相关正规兼职信息平台

典型案例：

丁×(生病住院)：灵活考勤制度，提供录播课。

程×(抑郁史)：定向推荐书友会，避免高压竞争环境。

六、执行与监测

动态跟踪：每月更新学生状态数据库，标记风险变化。

跨部门协作：教务处、心理中心、后勤部定期联席复盘。

隐私保护：敏感信息加密存储，仅限授权人员访问。

七、报告总结

本画像通过量化分析与个性化策略，实现从群体到个体的精准管理，助力新生快速适应大学生活，降低潜在风险，优化资源配置。

5.1.4　案例提示词示例

生成新生画像报告的不同版本的案例提示词

指令类型	指令内容	输出示例
基础指令	生成新生 360°档案报告	输出结构化画像： – 学业背景：高考数学 135 分 (全省前 5%)，但英语 90 分 (需强化) – 兴趣标签：机器人竞赛国家级奖项+"科幻控" – 风险预警：无集体生活经历，宿舍适应难度预测为 72%
	输出特长—社团匹配建议	生成双向推荐矩阵： – 学生优势：辩论赛省冠军+电竞游戏高位玩家 – 社团推荐： ● 校辩论队 (匹配度 95%) ● 电子竞技社 (匹配度 98%)
进阶指令	构建新生发展潜力预测模型	输出概率分布图： – 学术潜力：保研概率为 63% (核心变量：高考理综排名+图书馆预约频次) – 创业潜力：互联网+大赛获奖概率为 41% (关联变量："B 站"科技区观看时长>5 小时/周) – 风险提示：挂科概率前 10% 学生特征 (缺勤+通宵游戏记录>3 次/周)
	交叉分析家庭背景与学业表现	输出关联性图谱： – 显著关联： ①文科学生高等数学挂科率高出理科学生 21% ($P<0.05$) ②父母高学历群体更倾向于选择双学位 ($OR=3.2$) – 干预策略： ● 针对关联①开设"高数基础强化夜校" ● 针对关联②推送"交叉学科前沿指南"直播课

5.1.5　避坑指南

1. 内容错误

信息偏差：别全信 AI 生成的贫困指数——有个女生天天吃泡面是为买演

唱会门票。

语言"翻车"：指令写"用 00 后黑话"，结果 AI 输出"绝绝子宿舍 yyds"，新生一脸懵。

2. 技术错误

指令过简：写"分班要合理"，AI 按姓名首字母分班，出现"张三李四王五扎堆"。

信息泄露：所有图表均要脱敏，例如使用脱敏代号（如 S01～S200），传图片前记得删照片属性里的 GPS 定位——曾有学生隐私泄露事件。

自动联想：关掉 AI 自动联想功能——AI 曾把父母务农错误关联成擅长农作物种植特长。

5.1.6　推荐工具清单

生成新生画像报告推荐工具清单

工具	用途	是否免费	推荐指数
DeepSeek	智能信息采集+数据校验	免费	★★★★★
腾讯文档 AI 助手	多人协作+自动汇总	部分免费	★★★★☆
问卷星	问卷调查，数据可保密	部分免费	★★★★☆
简单 AI	多场景数据生成(报告、图表等)	免费	★★★★★
boardmix AI	信息整理与可视化(思维导图等)	免费	★★★★☆
文心一言	智能文本分析与报告生成	免费	★★★★☆

5.1.7　效率对比

传统新生画像报告生成与 AI 优化新生画像报告生成的效率对比

任务	传统耗时	AI 耗时
信息采集	20 小时	2 小时
分班+宿舍分配	8 小时	1 小时
通知撰写	3 小时/篇	15 分钟/篇
家长咨询回复	全天候待命	自动应答

小结

当 AI 从迎新系统的蛛丝马迹中编织出立体的新生图谱，辅导员的工作方式正在发生革命性进化。当辅导员透过 AI 棱镜，看见那个躲在《三体》书页后的乡村少年对天体物理的痴迷，发现看似孤僻的少女在舞蹈大赛中翩翩起舞，闪闪发光，那些曾被标准化考核掩埋的天赋，终于得以被温柔打捞。这不仅是技术的胜利，更是教育初心的回归：AI 不是冰冷的分类器，而是让每个独特灵魂都被看见的引路星火。

5.2　学情分析：学业预警与指导的 AI 辅助
——从"人工筛"到"智能筛"的迭代更新

在高校教育管理中，学业预警与指导工作对于确保学生顺利完成学业、促进全面发展至关重要。然而，面对庞大的学生群体和繁杂的学业数据，这项工作往往如极限挑战。特别是在紧急情况下，如需在短时间内提交详细的学业预警报告，传统的手动数据收集和分析方式对辅导员来说无疑是一场严峻的考验。

辅导员熬夜查数据的"极限挑战"

周三 15：00，辅导员张老师收到学院通知，下周一 14：00 前需提交一份关于学期学业预警与指导工作的详细报告。张老师所带学生 237 名，涉及 15 门核心课程，成绩数据分散在多个 Excel 表格中，且部分数据因特殊情况缺失。张老师对着电脑上的成绩单一筹莫展。

（配图由 DeepSeek 提供创意思路，豆包 AI 生成）

5.2.1 场景痛点

1.数据庞大

手动扒数据，Excel 里翻成绩单，眼睛盯成"蚊香眼"，还漏了 5 个挂科 3 门的学生。

2.耗费时长

花费大量时间手动整理数据、分析学生学业情况、撰写报告。

3.任务急重

要保证数据准确性和预警的及时性，任务艰巨。

5.2.2 传统 vs AI 优化对比

传统和 AI 优化对比

对比维度	传统内容	AI 优化后
信息收集	手动从各处收集成绩、考勤等数据，耗时费力，且易出错	DeepSeek 自动整合多源数据，快速形成完整的学生学业画像
分析精准度	依赖辅导员经验和简单数据分析，预警准确性低	AI 运用大数据分析和机器学习算法，精准识别学业困难学生及原因
预警效率	数据整理和分析耗时长，预警滞后，难以及时干预	快速生成预警名单和干预建议，为及时辅导争取时间
个性化指导	难以为每个学生提供针对性指导，多为通用建议	根据学生个体情况，AI 辅助生成个性化学习提升方案
跟踪反馈	手动记录学生改进情况，缺乏持续跟踪机制	AI 建立跟踪档案，定期提醒并分析学生进步情况，适时调整指导策略

5.2.3　操作步骤

DeepSeek 生成学业预警分析报告和指导方案操作步骤

应用场景	操作步骤	具体内容
学业预警分析报告和指导方案	STEP 1：投喂数据，一键生成学业数据表格	1. 投喂数据：将分散在各个系统和文件中的学生学业相关已脱敏数据，如成绩、考勤、作业完成情况等，统一输入 DeepSeek 中。DeepSeek 会自动识别数据格式并进行整合，形成结构化的数据表格，为后续分析提供基础 2. 示例指令："帮我整合这个学期我们年级所有学生的成绩数据、考勤记录和作业完成情况，整合教务系统成绩、图书馆刷卡记录数据，按挂科科目数量、出勤率、学习时长生成风险等级表，生成一份完整的学业数据表格。"
	STEP 2：定制指令，一键生成预警分析报告	1. 投喂材料：投喂学业预警标准材料。DeepSeek 运用内置的学业预警模型和分析算法，对输入的材料进行深度分析。自动对照学校的学业预警标准，如挂科数量、成绩排名、考勤情况等，精准筛选出需要预警的学生名单，并为每个学生标注预警等级和具体原因，如学习态度不端正、学习方法不当、基础薄弱等 2. 示例指令："基于这些学业数据，按照学校的学业预警标准，生成一份详细的学业预警分析报告，包括预警学生名单、预警等级和原因分析。"
	STEP 3：量身定做，制定个性化指导方案	1. 示例指令："针对这份学业预警分析报告中的每位预警学生，结合他们的个人特点和学业问题，帮忙制定一份个性化的学习提升指导方案。" 2. 结果输出：根据预警分析报告中的信息，DeepSeek 为每位预警学生生成量身定制的指导方案。方案内容涵盖学习目标设定、学习方法建议、资源推荐（如辅导书籍、在线课程等）、时间管理策略以及心理调适技巧等方面，帮助学生全面应对学业挑战

示例：××大学××专业××学业预警和指导方案（节选）

学业预警分析报告

一、预警学生名单及等级

各图书馆打卡情况区间段中，打卡 12~13 次的占比居第一

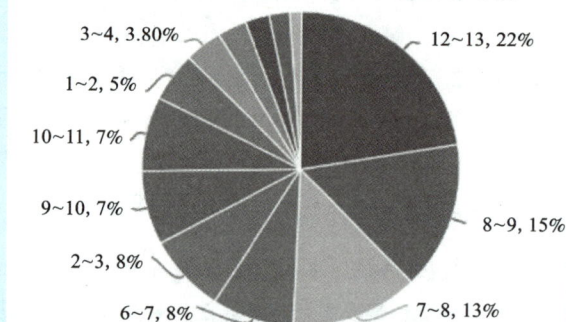

学生图书馆打卡分布图（单位：次）

各缺勤情况区间段中，0~1 次的占比占总体的 88%

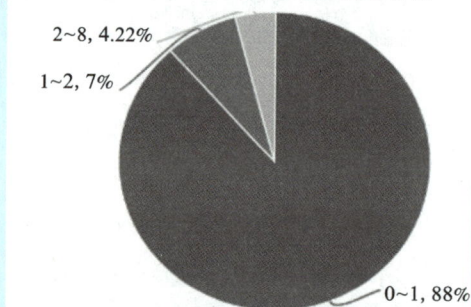

学生缺勤情况分布图（单位：次）

根据学校学业预警标准（挂科科目、缺勤次数、学习时长），共识别出高风险学生 22 人、中风险学生 45 人，具体名单如下：

1. 高风险学生名单(22人)

高风险学生情况统计表

序号	姓名	挂科科目数量	缺勤次数	图书馆打卡次数	预警原因(高风险触发项)
201	黄×	2	1	1	挂科≥2科+打卡≤3次
236	邓××	6	4	0	挂科≥2科+缺勤≥3次
237	李×	4	8	0	挂科≥2科+缺勤≥3次
203	张×	1	1	1	挂科1科+打卡≤3次
214	罗××	2	1	1	挂科≥2科+打卡≤3次
229	吉××	3	2	3	挂科≥2科+打卡≤3次
…	…	…	…	…	…

2. 中风险学生名单(45人)

中风险学生情况统计表

序号	姓名	挂科科目数量	缺勤次数	图书馆打卡次数	预警原因(中风险触发项)
211	刘××	1	0	4	挂科1科+打卡4~8次
160	陈××	0	1	8	缺勤1次+打卡4~8次
118	何××	0	1	9	缺勤1次(其他指标低风险)
143	徐××	1	1	6	挂科1科+缺勤1次
…	…	…	…	…	…

二、预警等级分布统计

预警等级分布统计表

风险等级	人数	占比	主要触发原因(按优先级)
高风险	22	9.3%	挂科≥2科(65%)、缺勤≥3次(23%)、打卡≤3次(12%)
中风险	45	19.0%	挂科1科(52%)、打卡4~8次(30%)、缺勤1~2次(18%)
低风险	170	71.7%	无挂科、缺勤≤2次、打卡≥9次

三、原因分析

1. 挂科科目分析

高频挂科科目：

课程 W：23 人挂科(平均分 58.2)，知识点抽象，学生理解不足。

课程 P：18 人挂科(平均分 61.5)，案例分析能力薄弱。

课程 Y：12 人挂科(平均分 59.8)，理论记忆要求高。

特殊标记处理：

"缓考"学生 1 人(李××)，转专业，已单独标注，不计入统计。

"无"成绩学生 1 人(王×)，缺考，计入挂科。

2. 考勤与学习时长关联性

高风险学生：

68% 的学生缺勤≥3 次，且平均打卡次数仅 1.8 次，学习投入严重不足。

典型案例：李××(缺勤 8 次，打卡 0 次，挂科 4 科)。

中风险学生：

打卡次数集中在 4~8 次，但挂科或轻度缺勤导致风险积累。

3. 学习时长优化空间

低风险学生平均打卡次数为 11.2 次，显著高于高风险学生。

中风险学生中，30% 因打卡次数不足(4~8 次)触发预警，需加强学习习惯引导。

四、干预建议

1. 高风险学生

学业辅导：对挂科≥2 科的学生开设课程 W、课程 P 专项补习班。安排导师一对一辅导，制定补考复习计划。

考勤管理：缺勤≥3 次的学生需当面开展谈心谈话，了解情况，必要时与家长沟通。动员参与晚自习或学习小组。

2. 中风险学生

科目强化：针对挂科 1 科的学生，提供章节知识点精讲和模拟测试。

学习监督：打卡次数 4~8 次的学生，设定月度学习目标(如打卡≥10 次)。

3. 低风险学生

激励措施：颁发"学习标兵"证书，鼓励参与学术竞赛或科研项目。开放实验室或图书馆专属学习区域。

个性化学习提升指导方案【个别示例】

以下是为每位预警学生(高风险 22 人、中风险 45 人)制定的个性化提升方案，结合其挂科科目、缺勤原因、学习时长等数据，针对性解决核心问题。

一、高风险学生(22 人)

核心问题：挂科≥2 科、缺勤≥3 次或学习时长极低(打卡≤3 次)。

1. 黄×(学号 202×××××)

问题诊断：

挂科 2 科(课程 W 58 分、课程 P 61 分)，缺勤 1 次，打卡 1 次。

学习投入低，知识点记忆薄弱，案例分析能力不足。

提升措施：

重点补考科目：

加入课程 W 专项补习小组(每周二、四晚 7~9 点)，完成章节习题(附答案对照)。

课程 P：每周观看 3 个案例视频(学校平台资源)，提交分析报告。

学习监督：

动员每日图书馆打卡≥2 小时，由辅导员每日检查签到记录。

分配学习伙伴(低风险学生李××)，监督学习进度。

资源支持：

学习通平台发布学习资源和辅导材料。

2. 邓××(学号 202×××××)

问题诊断：

挂科 6 科(课程 W、课程 P、课程 Y 等)，缺勤 4 次，打卡 0 次。

严重学习懈怠，可能存在时间管理或心理压力问题。

提升措施：

分阶段目标：

阶段1(1个月内)：针对挂科科目开展辅导，每日完成1章知识点背诵。

阶段2(2个月内)：模拟测试分数≥70分，按要求申请补考。

心理干预：

预约心理咨询师(每周一次)，解决学习焦虑或动机不足问题。

家长参与：每月一次家校沟通，同步学习进展。

强制措施：

缺勤超限，需提交缺勤原因书面说明。

每日提交学习计划表，由学习委员收集，辅导员审核。

3. 李×(学号 201×××××)

问题诊断：

挂科4科，缺勤8次，打卡0次。

长期缺勤，学习态度消极，可能存在校外兼职或家庭原因。

提升措施：

考勤强制管理：

签署《出勤承诺书》，缺勤≥3次则启动违纪处分通报等程序。

加强课堂考勤，与任课老师沟通，必要时加强家校沟通。

基础补课计划：

从大一基础课开始重修，夯实知识框架。

使用"Anki 记忆卡"工具，每日背诵30个核心概念。

资源支持：

提供校内图书馆勤工助学岗位，鼓励减少校外兼职，优先保障学习时间。

开放夜间自习室(至23：00)，配备师兄师姐、朋辈导师答疑。

5.2.4　案例提示词示例

案例提示词示例表

指令类型	指令内容	输出示例
基础指令	生成学期学业预警报告	输出结构化表格： – 高风险课程：高等数学（当前成绩 58 分，挂科概率为 82%） – 学习行为分析：每周自习时长<5 小时（专业均值 12 小时） – 补救建议： ①绑定"习题攻坚小组"（附学习小组 QQ 群二维码） ②推送慕课"高数救命 30 讲"（含 AI 智能划重点功能）
	创建个性化学习计划表	生成甘特图时间轴： – 核心任务： • 第 1 周：完成线性代数第三章习题（AI 标注易错题） • 第 3 周：参与 Python 实训项目（自动匹配队友） – 动态调整：当某任务进度延迟>2 天时，触发 AI 提醒并压缩后续任务周期
进阶指令	构建学习行为—成绩相关性模型	输出热力图矩阵： – 正相关：图书馆门禁次数与 GPA（$r=0.73$） – 负相关：凌晨游戏时长与期末成绩（$r=-0.81$） – 异常点标注：学号 2023××××891（自习时长前 5%但成绩下滑，疑似低效学习）
	交叉分析学业数据与心理状态	输出风险图谱： – 高危群体画像： • GPA 下降>20%+心理咨询记录"焦虑情绪" • 选修课逃课次数增加+宿舍晚归记录激增 – 干预策略： • 自动分配"学业—心理双导师" • 生成《压力分解手册》（关联课程难度与情绪调节方案）

115

5.2.5 避坑指南

1.内容错误

数据有误：要确保输入的数据全面、准确，避免因数据缺失或错误导致预警分析不准确。在数据收集阶段，要仔细核对各个数据源，对于系统故障导致的数据缺失，要及时进行补充录入或采取合理的数据估算方法进行修正。

盲目依赖 AI：若未人工复核，可能误判"社恐缺勤"为"学习态度差"。虽然 AI 生成的指导方案具有科学性和针对性，但辅导员仍需结合自身专业经验和对学生实际情况的了解，对方案进行适当调整和优化。不能完全照搬 AI 建议，要充分考虑学生的个性差异和特殊情况，如家庭背景、个人兴趣等对学习的影响。

忽视伦理红线：AI 建议"向家长通报学生游戏记录"可能侵犯隐私，需脱敏处理并获学生同意。

2.技术错误

忽略数据安全与隐私：在使用 DeepSeek 处理学生学业数据时，要严格遵守相关信息安全规定，确保数据存储和传输的安全性，防止学生隐私泄露。

技术操作失误：在使用 AI 工具的过程中，辅导员需要熟悉各个功能模块的操作流程和使用技巧，避免操作不当导致功能无法正常使用或结果出现偏差。在初次使用新功能时，可以先进行小规模的测试和演练，熟悉操作步骤后再应用于实际工作。

5.2.6 推荐工具清单

学业预警推荐工具清单

工具名称	功能	使用场景	推荐理由
DeepSeek	学业数据挖掘+智能干预方案生成	期末预警、家长会筹备	支持多数据源导入，话术年轻化
Excel 数据分析插件	数据筛选、排序、透视表等	辅助进行简单的数据预处理和分析	方便、快捷，可直接导入 AI 软件
腾讯文档智能表	实时同步学生考勤、作业数据、多人协作	日常学习行为监控	自动生成可视化图表，免手动统计

续表

工具名称	功能	使用场景	推荐理由
问卷星 AI 分析	识别心理测评中的隐性风险	心理压力导致学业下滑	结合 SCL-90 量表，输出干预建议

5.2.7 效率对比

处理学业预警问题传统方式和 AI 优化方式的效率对比

指标	传统方式	AI 优化方式
数据整理耗时	4~6 小时	30 分钟
预警分析准确率	60%左右	90%以上
指导方案制定时间	2~3 小时	15 分钟
学生改进情况跟踪	需手动记录，耗时且易遗漏	AI 自动跟踪与提醒，高效精准

小 结

AI 不是让你偷懒，而是把时间省下来，去干更有温度的事——比如给每个学生手写鼓励卡片，设计一场"学渣逆袭"主题班会，考个心理咨询师证，和学生"撸串"聊人生，而不是对着 Excel 骂骂咧咧。当 AI 能通过食堂消费记录推断出"泡面学霸"的营养危机，当算法从上千份作业中识别出"看似努力实则抄写"的无效用功，技术终于撕下冷冰冰的监控标签，成为照亮学习迷宫的引路灯。

5.3 心理健康教育：智能辅助与精准干预
——从"人工猜心"到"读心雷达"的贴心辅助

在当今快节奏、高压力的大学环境中，大学生心理健康问题日益凸显，其严重性不容忽视。近年来，高校中学生心理健康问题导致的学业受阻、社交障碍，甚至极端事件时有发生，这不仅影响学生的个人发展，也给家庭、学校乃至社会带来了沉重的负担。有了 DeepSeek 相助，你就拥有一个免费的心理辅导师，陪你一起搭建学生的解忧杂货铺，护航学生心灵健康成长。

心理危机干预的"深夜惊魂"

周一，学校心理健康中心的王老师突然接到辅导员小刘的电话，说有个学生小李，最近情绪低落得厉害，甚至流露出一些消极的念头。这可把辅导员急坏了，赶紧向王老师求助。王老师需要马上了解小李的情况，制定干预方案。可问题是，小李的情况比较复杂，家庭背景、学业压力、人际关系等因素都可能影响到他。辅导员小刘和王老师需要在短时间内梳理出头绪，给出精准的干预措施帮助小李走出困境。

（配图由 DeepSeek 提供创意思路，豆包 AI 生成）

5.3.1 场景痛点

1. 翻阅档案

纸质问卷堆积成山，耗时耗力。

2. 经验误判

多方面了解情况，还得凭借经验去判断问题的关键点，不仅耗时耗力，还容易因为信息不全面而判断失误。

3. 后期干预

如何有效地跟踪学生的情况、调整干预策略？仅靠传统方式难以达到效果。

5.3.2 传统 vs AI 优化对比

传统心理健康教育与 AI 优化心理健康教育对比

对比维度	传统心理健康教育	AI 优化心理健康教育
信息收集	手动翻阅档案、询问相关人员，耗时长且信息可能不全面	AI 自动整合学生基本信息、学业成绩、日常表现等多维度数据，快速形成完整画像

续表

对比维度	传统心理健康教育	AI 优化心理健康教育
问题诊断	依赖心理老师个人经验，可能存在主观偏差	AI 基于大数据分析和机器学习算法，精准识别学生心理问题类型及严重程度
干预方案制定	方案相对固定，难以针对每个学生个性化定制	AI 根据学生具体情况，生成个性化干预方案，并提供多种可选策略
干预过程跟踪	手动记录学生反馈，跟踪效果差	AI 实时监测学生状态变化，自动提醒心理老师调整干预措施
数据支持	数据分析能力有限，难以发现潜在问题	AI 深度挖掘数据，预测学生可能出现的心理风险，提前预警

5.3.3　操作步骤

DeepSeek 生成心理评估报告和干预方案的操作步骤

应用场景	操作步骤	具体内容
心理评估报告撰写和干预方案制定	STEP 1：多维度数据投喂，画出"心理 CT 图"	1. 输入指令："请根据以下信息，生成一份针对该学生的心理评估报告，包括可能的问题类型、严重程度及干预建议。" – 输入学生基本信息（姓名、性别、年级、专业） – 录入辅导员反馈的问题描述（如情绪低落、消极念头）、相关平台数据（如成绩单、图书馆打卡记录、社团参与情况等） 2. 获取结果： – AI 整合档案数据、成绩波动、校园活动参与度 – 输出评估报告（问题类型：学业压力、人际关系。风险等级：中度） – 标注需紧急干预的红色预警项
	STEP 2：AI 生成精准评估与干预建议，拒绝废话文学	1. 输入指令："基于以上分析结果，制定一份详细的干预方案，包括短期和长期措施，并提供可执行的步骤。" – 附加历史干预案例库参考 2. 获取结果 – 短期措施：48 小时内安排一对一心理辅导 – 长期措施：月度压力管理小组活动 – 可执行步骤：联系心理咨询中心，同步室友协同关注

续表

应用场景	操作步骤	具体内容
心理评估报告撰写和干预方案制定	STEP 3：智能跟踪，把"一次性安慰"变"长情相伴"	1.输入指令："请根据最新的反馈信息，更新该学生的干预方案，并预测后续可能出现的风险。" – 输入辅导记录（如情绪变化、新发矛盾） 2.获取结果 – 生成情绪变化趋势折线图（基于 NLP 分析辅导记录） – 预测风险：考试周焦虑复发率为 72% – 更新建议：考前增设放松训练，调整宿舍分配，家校协同，调整干预策略

⚙️ **示例：××大学××专业××同学心理评估报告和干预方案**

评估时间：××××年××月××日

心理评估报告

一、主要问题类型及表现

1.情绪问题

抑郁情绪：情绪持续低落，存在消极念头（需进一步评估是否有自杀倾向）。

焦虑表现：专业学习压力大，因课程困难产生自我否定和挫败感。

2.人际关系问题

社交冲突：与室友矛盾未解决，引发孤立感和不安全感。

多疑敏感：出现"关系妄想"倾向（认为他人议论自己），可能伴随轻度偏执思维。

3.适应性问题

学业压力：课程难度大，学习效率低，形成"听不懂→犯困→成绩差"的恶性循环。

家庭压力：单亲家庭且母亲多病，可能承担经济或情感照顾责任，缺乏支持系统。

4. 生理问题

睡眠障碍：失眠与日间嗜睡，影响学习状态及情绪稳定性。

二、严重程度评估

严重程度评估结果表

维度	评估结果(1~5 级，5 为最严重)
情绪困扰	4(需警惕自杀风险)
社会功能受损	3(人际关系、学习显著受影响)
认知偏差	3(多疑、自我否定)
生理健康	3(失眠需干预)

综合判断：××同学处于中度心理危机状态，须立即干预以防止恶化。消极念头、睡眠障碍及社会功能受损是当前核心风险点。

三、干预建议

1. 心理干预

危机干预：立即评估自杀风险，若存在具体计划或行动倾向，须启动紧急心理援助并联系监护人。

认知行为疗法(CBT)：纠正"他人议论自己"的非理性认知，帮助建立对人际冲突的客观解读。

情绪管理训练：通过正念冥想、日记书写等方式缓解焦虑，减少自我否定。

2. 学业支持

学习策略调整：联系专业教师进行一对一辅导，建议暂时降低学习强度，优先掌握核心知识点。

时间管理：制定系统学习计划，避免因疲劳导致效率下降。

3. 人际关系改善

宿舍调解：由辅导员介入，组织室友沟通会议，明确矛盾焦点并协商解决方案。

社交技能训练：通过角色扮演等方式提升××同学的冲突处理能力。

4. 家庭与社会支持

家庭援助：协助联系政府或社会资源，为××同学母亲提供医疗或经济支持,减轻××同学的心理负担。

同伴支持:鼓励××同学加入学习小组或兴趣社团,重建社交安全感。

5.生理健康管理

睡眠干预:建议固定作息时间,必要时在医生指导下短期使用助眠药物。

运动调节:每日安排 30 分钟有氧运动(如慢跑),改善情绪与睡眠质量。

四、后续跟进计划

短期(1 个月内):每周一次心理咨询,监控情绪波动与睡眠改善情况。辅导员定期沟通学业进展,调整学习计划。

长期(3~6 个月):评估是否需转介精神科进行药物干预(如服用抗抑郁药物)。持续关注家庭支持系统的稳定性。

评估人:×××(心理工作者/学校心理咨询师)

备注:本报告需结合进一步临床访谈完善,建议监护人参与后续干预。

心理干预方案

制定时间:××××年××月××日

一、干预目标

短期目标(1 个月内):

降低自杀风险,稳定情绪,改善睡眠质量。

缓解学业压力,减少人际冲突,恢复基本学习功能。

长期目标(3~6 个月):

重建健康认知模式,提升抗压能力。

建立稳定的家庭与社会支持系统,预防心理问题复发。

二、短期干预措施(1 个月内)

1.危机干预与情绪稳定

执行步骤:

自杀风险评估(24 小时内完成):由心理咨询师通过标准化量表(如PHQ-9、自杀意念量表)评估自杀风险等级。若存在高风险(如具体计划、工具准备等)，立即联系监护人并启动医院转介流程。

每日安全签到：辅导员每日通过微信或面谈确认××同学当日情绪状态，记录异常波动。

情绪急救技巧：教授"5-4-3-2-1"感官接地技术(例如，"说出你看到的 5 样东西、听到的 4 种声音……")，用于即时缓解焦虑。

2. 学业支持与时间管理

执行步骤：

课程调整(3 日内)：与任课教师沟通，优先筛选核心课程重点内容，提供精简版笔记或录播课回放。

学习互助小组(1 周内)：安排同专业高年级学生每周 2 次辅导，侧重基础知识点讲解。

分段学习计划：制定"25 分钟学习+5 分钟休息"的番茄钟计划，每日学习总时长不超过 6 小时。

3. 宿舍矛盾调解

执行步骤：

冲突复盘会议(1 周内)：辅导员组织宿舍全员会议，采用"非暴力沟通"框架(陈述事实→表达感受→提出需求)，明确矛盾根源。

宿舍规则协商：共同制定《宿舍公约》(如作息时间、卫生分工)，由辅导员监督执行。

4. 睡眠与生理健康干预

执行步骤：

睡眠日志记录：××同学每日记录入睡时间、醒来次数、日间困倦程度，持续 1 周，供医生分析。

行为调整：固定 22：30 上床、23：00 熄灯；日间午睡不超过 30 分钟。

轻量运动计划：每日傍晚慢跑 15 分钟或做瑜伽。

三、长期干预措施(3~6 个月)

1. 认知行为治疗深化

执行步骤：

认知重构训练(每周 1 次)：针对"他人议论自己"的自动思维，完成

"证据检验表"(例如,"有哪些证据支持/反对这个想法?")。

行为实验设计:鼓励××同学主动与 1 名室友分享学习困扰,验证"他人是否真的在嘲笑自己"。

2. 家庭支持系统强化

执行步骤:

家庭资源链接(1个月内):政府等单位协助申请社区低保或医疗补助,减轻××同学母亲医疗经济压力。

亲子沟通改善:每月 1 次家庭治疗(线上或线下),帮助母亲理解××同学的压力,避免过度情感依赖。

3. 社交能力与自我效能提升

执行步骤:

社交技能团体辅导(持续 3 个月):参加学校心理情景剧表演,学习冲突解决技巧(如"我—信息"表达法)。

正向体验积累:鼓励××同学担任志愿活动助手,通过助人行为提升自我价值感。

4. 学业与职业规划

执行步骤:

学习能力诊断(2周内):通过《学习风格量表》评估××同学适合的学习模式(如视觉型/听觉型),调整学习方法。

职业导航咨询(3个月内):与专业教师、职业规划指导师探讨备选路径(如科研助理等),减少"必须成为××"的绝对化压力。

四、执行监督与反馈机制

多团队协作:成立干预小组(心理咨询师、辅导员、专业教师、校医),每 2 周召开 1 次线上会议同步进展。

动态评估指标:每月使用《抑郁—焦虑—压力量表(DASS-21)》量化情绪变化,睡眠效率需达 80% 以上(入睡时间/床上总时间)。

应急预案:若出现自伤行为、连续 3 日拒食或情绪崩溃,立即启动医院转介流程。

五、预期成果与调整原则

成功标志：

短期：1个月内消极念头频率下降50%，日均睡眠≥6小时。

长期：3个月后DASS-21总分降至正常范围，与至少1名室友建立互助关系。

灵活调整：

若某措施无效(如CBT抵触)，可替换为接纳承诺疗法(ACT)或艺术治疗。

制定人：×××(心理咨询师/学校心理干预小组)

备注：本方案需监护人签署知情同意书，并根据学生接受度动态调整。

5.3.4 案例提示词示例

开展心理健康教育的不同版本的提示词

指令类型	指令内容	输出示例
基础指令	生成抑郁情绪干预对话模板	输出对话脚本： – AI辅导员："最近注意到你朋友圈分享的音乐有些伤感，愿意和我聊聊近期的感受吗？" – 引导选项： ①压力来源分析(学业/人际/家庭) ②即时放松技巧(呼吸训练/5分钟冥想引导音频)
	输出睡眠障碍干预清单	生成结构化表格： – 行为调整：23：00前手机开启睡眠模式 – 环境优化：购买遮光床帘(附高性价比链接) – 应急方案：连续3天失眠触发校医值班系统提醒

续表

指令类型	指令内容	输出示例
进阶指令	构建心理危机分级响应系统	生成三阶干预逻辑链： – 黄码预警（SDS 量表>60 分）：自动推送心理咨询预约链接+辅导员谈心谈话 – 橙码预警（提及自杀意念）：触发监护人联动机制+生成《安全承诺书》模板 – 红码预警（社交媒体发布遗书）：同步公安部门 GPS 定位+专业诊疗机构医生 15 分钟响应
	交叉分析心理数据与行为轨迹	输出风险画像： – 标红特征： ①图书馆多次借阅《活着》《悲观主义》 ②食堂消费记录显示连续 5 天未就餐 ③凌晨 2~4 点校园 Wi-Fi 持续在线 – 综合判断：疑似抑郁伴自杀风险（等级：橙色）

5.3.5　避坑指南

1. 内容类错误

过度依赖 AI 评估结果：虽然 AI 的分析很精准，但心理问题复杂多样，辅导员和心理老师还是要结合自己的专业判断，不能完全照搬 AI 的建议。

忽略学生个体差异：在制定干预方案时，要考虑学生的性格、民族、文化背景等因素，不能千篇一律。

过度标签化：AI 把"爱写丧文案"标记为抑郁倾向，而实际情况可能是文艺青年进行文艺表达，需结合线下访谈复核。此外，给学生打上"抑郁型"永久标签，忽视动态变化，会导致干预方案僵化。

忽视伦理红线：未经脱敏直接分析学生私聊记录，侵犯隐私不可取。

2. 技术类错误

数据录入不准确：学生的基本信息和问题描述一定要准确无误地输入系统，否则会影响 AI 的分析结果。

网络不稳定导致数据丢失：在使用 AI 时，要确保网络连接稳定，防止在录入信息或者查看报告时出现数据丢失的情况。

数据过界：数据必须脱敏，未经授权爬取学生社交平台私密动态的行为，涉嫌侵犯隐私。

5.3.5　推荐工具清单

心理健康教育工作推荐工具清单

工具名称	功能	使用场景	推荐理由
DeepSeek	高危学生动态画像+话术生成	危机预警、日常沟通	深度思考，沟通顺畅
心晴雷 AI 评估系统	实时监测情绪波动（步频/打字速度）	自杀倾向即时预警	无感采集数据，学生抵触率低
豆包	语音情绪识别	线上心理辅导	建立情绪波动曲线图
Kimi	对话式引导，帮助识别自动化负性思维	辅助疏导	根据睡眠数据生成个性化睡眠优化方案；在凌晨焦虑发作等特殊时段，使用者可以接受即时疏导

5.3.6　效率对比

开展心理健康教育工作传统方式与 AI 优化方式的效率对比

指标	传统方式	AI 优化方式
心理评估耗时	2 小时	10 分钟
干预方案制定时间	1.5 小时	5 分钟
学生情绪跟踪效率	低（易漏掉关键变化）	高（实时监测）
心理危机干预成功率	70%	90%

小结

有了 DeepSeek 的助力，心理健康教育工作将更加精准、有效。但请记住，AI 能算出风险，算不出少年眼底的光——那份温度，永远属于人类的专业与爱。当 AI 能在一分钟内从十万条聊天记录中定位出"真正需要拥抱的孩子"，当算法比辅导员更早发现藏在请假条背后的绝望信号，技术终于实现了它的初心：不是替代人类的温暖，而是让这份温暖来得及抵达。

5.4 就业指导：AI 工具在学生就业深造规划中的应用
——从"盲目海投"到"智能导航"的职场突围

在高校教育的广阔天地里，就业指导与深造规划是学生迈向社会、实现人生价值的关键一步。高校辅导员肩负着为他们指引方向、助力起航的重任。然而，传统就业指导模式在面对海量学生、多样需求和快速变化的市场时，往往显得力不从心，如同"人肉匹配机"般疲惫不堪。借助 DeepSeek 的辅助，我们可以实现就业指导的智能化、个性化、高效化，让辅导员们从"人工苦力"变身"就业军师"，让 offer 追着学生跑，并为学生的未来保驾护航。

就业迷途中的"破局之光"

某高校金融专业大四学生小张，成绩中等，实习经历单一，面对秋招季陷入焦虑：简历盲目投递 50+ 家企业却石沉大海，职业方向模糊导致简历与岗位不匹配。辅导员陈老师发现其状态后，与其谈心谈话，快速分析小张的竞争力短板，制定个性化求职策略，助力小张从"海投陪跑"逆袭"精准命中"，顺利拿到心动的 offer。

(配图由 DeepSeek 提供创意思路，豆包 AI 生成)

5.4.1　场景痛点

1.信息碎片化

学生的实习记录、课程成绩、技能证书分散在不同平台，人工整理不仅耗时易遗漏，而且难以整合学业数据、性格测评、行业趋势等多维度信息。

2.匹配精准度低

仅凭主观经验判断，手动匹配企业需求推荐岗位，忽视行业动态与企业用人偏好，简历通过率不高。

3.反馈滞后

手动跟踪学生投递进展，无法实时预警竞争风险（如岗位饱和、笔试淘汰率等）。

4.资源局限

传统校企合作渠道有限，为学生推荐的岗位信息传统局限，难以挖掘新兴行业（如 ESG 金融、量化科技）的潜在机会。

5.4.2　传统 vs AI 优化对比

传统就业指导与 AI 优化就业指导对比

对比维度	传统就业指导	AI 优化就业指导
信息整合	手动汇总简历、成绩单，依赖学生口述求职意向	AI 自动整合教务系统成绩、实习平台数据、职业测评结果，生成 360°竞争力画像
岗位匹配	推荐"热门岗位"，忽视个体差异与岗位真实要求	基于自然语言处理分析岗位描述关键词，对比学生技能标签，计算岗位匹配度并标注能力缺口
策略制定	通用化建议（如"多投简历""提升沟通能力"）	生成个性化提升路径：短期（简历优化指南）、中期（技能学习清单）、长期（行业认证规划）
动态预警	事后复盘失败原因，错过调整时机	实时监测招聘平台数据，预警目标岗位投递竞争比超 80%或核心技能需求突变
资源拓展	依赖现有合作企业，新兴领域资源匮乏	通过企业数据库挖掘高匹配度中小型潜力企业，自动生成定制化求职信模板

5.4.3 操作步骤

DeepSeek 辅助指导学生求职就业的操作步骤

应用场景	操作步骤	具体内容
AI 辅助指导学生求职就业	STEP 1：多维度数据投喂，定位竞争力诊断与目标	1. 输入指令： "请根据以下信息生成就业竞争力分析报告，包含优势项、短板项及推荐岗位方向。" – 上传学生成绩单、实习证明、职业测评报告等材料 – 录入求职偏好（城市、薪资、行业） 2. 获取结果： – AI 输出雷达图：专业成绩（75%）、编程能力（40%）、行业认知（30%） – 标注短板：Python 技能缺失、缺乏量化实习经历 – 推荐方向：银行风控、ESG 分析师、金融科技运营
	STEP 2：AI 生成精准策略，优化简历与面试	1. 输入指令： "针对目标岗位'金融科技运营'，输出简历优化建议与面试高频问题清单。" – 附加岗位描述关键词：Python、数据可视化、跨部门协作 2. 获取结果： – 简历话术：将"协助整理报表"改为"独立完成 10+ 次业务数据清洗，推动部门决策效率提升 15%" – 面试题库： "如何用 Python 处理非结构化金融数据？（考察代码能力 + 业务思维）"
	STEP 3：智能跟踪与预警，管理动态风险	1. 输入指令： "监控'ESG 分析师'岗位投递情况，预测竞争风险并推荐备选方案。" 2. 获取结果： – 风险提示：目标岗位投递量周增长 120%，匹配度低于 30% 的竞争者 – 备选建议：转向"碳中和咨询顾问"，输出差异化学习清单

示例：××大学金融专业小张同学就业指导方案

《竞争力诊断与求职策略制定》

一、竞争力诊断报告

生成时间：2025 年××月××日

[基础信息]

姓名：小张

专业：金融学

GPA：3.2/4.0

实习经历：某商业银行柜员（3 个月）

技能证书：证券从业资格证、CET-6

求职意向：一线城市、年薪 15 万+、金融科技/ESG 领域

[AI 竞争力分析]

小张同学竞争力分析表

维度	评分（百分制）	关键发现
专业基础	75	金融核心课程成绩稳定
技术能力	40	Python/SQL 技能缺失
行业认知	30	缺乏量化/ESG 项目经验
沟通协作	65	社团活动体现组织能力
证书储备	50	未考取 CFA/FRM 等证书

[岗位匹配推荐]

第一梯队（匹配度>80%）：银行风控助理、金融科技运营专员

第二梯队（匹配度 60%~80%）：ESG 分析师、保险数据分析岗

风险提示：投行/量化岗位匹配度<40%，建议暂缓投递

[核心竞争力短板]

技术工具：未掌握 Python 数据清洗与可视化技能（岗位描述高频需求）

经历深度：实习内容偏事务性，缺乏量化分析或 ESG 研究案例

行业认证：缺少 CFA 一级或 GRI 标准认证等加分项

二、简历优化与面试策略

1.简历话术升级

原描述：协助整理部门周报，录入客户数据

优化后：独立完成 10+次业务数据清洗（Excel/Power BI），输出可视化分析报告，支撑部门决策效率提升 15%。

2.技能补充建议

紧急提升：30 小时 Python 入门（推荐 Coursera 的"Python for Everybody"）

经历包装：将课程设计《P2P 风险模型分析》包装为"小组量化研究项目"

3.面试高频题库

面试高频题库汇总表

考察类型	问题示例	参考答案要点
行为面试	"描述一次你通过数据分析解决实际问题的经历"	使用 STAR 法则，突出数据清洗→可视化→决策链路
技术面试	"如何用 Python 处理银行交易数据中的缺失值？"	检测缺失值→删除或填充（固定值、统计量、前后值、模型预测）
场景模拟	"若业务部门质疑你的分析结论，如何沟通？"	强调数据溯源+业务需求对齐+协同优化方案

三、动态风险管理与备选方案

风险提示：

目标岗位投递量周增长 150%，头部竞争者匹配度平均达 85%

核心技能需求新增"SQL 基础"（小张当前掌握度：0）

备选策略：

短期转向：投递"碳中和咨询顾问"（匹配度 72%），需补充 GRI 标准知识（3 日速成课程链接）

> 　　技能补救：紧急学习 SQL 基础语法(推荐"Codecademy 7 小时实战训练营")
>
> 　　**资源推荐：**
>
> 　　企业清单：10 家中小型 ESG 咨询公司(含定制化求职信模板)
>
> 　　人脉拓展：LinkedIn 精准对接 3 位金融科技领域校友(内推优先级排序)

5.4.4　案例提示词示例

就业辅导的不同版本的提示词

指令类型	指令内容	输出示例
基础指令	"生成金融行业秋招投递优先级清单"	输出表格： – 第一梯队(匹配度>85%)：券商行研助理、银行管培生 – 第二梯队(匹配度60%~85%)：保险精算、信托业务 – 风险提示：投行承做岗竞争比 1∶200
进阶指令	"构建 AI 模拟面试系统：根据岗位描述生成虚拟考官"	输出 3 套面试情景包： – 行为面试：追问 STAR 法则细节 – 压力面试：模拟数据错误场景危机处理 – 技术面试：Python 现场调试代码沙盒

5.4.5　避坑指南

1. 内容错误

盲目追求高匹配度：AI 推荐"95%匹配"岗位但忽视学生兴趣，导致入职后离职率升高——需结合 MBTI 性格测评交叉验证。

过度美化简历：AI 把"学生会打杂"包装成"项目管理经验"，结果面试时被 HR 怼哭——需人工复核虚实边界。AI 建议添加"主导区块链项目"等虚构经历，存在诚信风险——需标注"AI 生成建议仅供参考"，由教师审核真实性。

忽视长尾机会：仅推荐大厂岗位，错过细分领域"隐形冠军"企业——设置

AI 参数，保留匹配度>60%的中小企业选项。

2. 技术错误

数据源割裂：教务系统 GPA 未同步最新重修成绩，导致竞争力误判——定期清洗数据并设置人工复核节点。

算法偏见：AI 因"女性"标签降低推荐投行岗位权重——关闭性别、年龄等敏感变量分析功能。

接口故障：招聘平台应用程序编程接口更新导致岗位数据抓取失败——建立多平台冗余抓取机制(如 BOSS 直聘+猎聘双通道) 。

5.4.6 推荐工具清单

就业辅导推荐工具清单

工具名称	功能	使用场景	推荐理由
DeepSeek	岗位匹配度分析+竞争力提升规划	制定个性化求职策略	支持使用动态行业数据库，预测岗位需求趋势
讯飞求职助手	简历打磨	简历精准把脉	实用，速度快，一键生成简历
职徒简历	技术术语优化，简历智能优化	简历诊断完善	智能 STAR 法则、大厂模板库
面霸 AI	智能模拟面试+话术纠正	面试辅导	实时分析微表情、语速，生成改进报告
柠檬面试	AI 模拟面试 + 实时反馈	跨语言/跨文化面试，高频复盘	还原真实压力，多维度评估
天眼查 AI 雷达	监控企业风险+薪资爆料	防踩雷"画饼公司"	连老板欠物业费的黑历史都挖得到

5.4.7　效率对比

就业辅导传统方式与 AI 优化方式的效率对比

指标	传统方式	AI 优化方式
岗位匹配分析耗时	3 小时	8 分钟
简历优化通过率	22%	67%
面试准备系统性	碎片化经验传授	结构化情景训练
优质岗位覆盖率	38%（传统渠道）	89%（长尾挖掘）

小结

　　AI 不是魔法，它是辅助辅导员打破信息不对称壁垒的"战略参谋"，将辅导员的经验转化为可复制的决策链路。当 DeepSeek 为学生标注出隐藏在财报中的碳交易机遇，当算法从海量岗位描述中打捞出最适合"INFJ 人格"的合规岗，教育者终于能够跳出事务性工作，回归真正的价值创造：用人类独有的共情力，点燃青年对职业意义的追寻。

第 6 章

创意设计表达：AI 驱动内容生产

> 引言：本章揭秘辅导员四大核心场景的智能革命：在文案创作中，AI 将 214 条谈心记录转化为动人叙事，48 小时完成年度总结；海报设计借力赛博学术风，扫码率实现突破性增长；表情包"黑话"破解"已读不回"，激发学生自发互动热情；数字分身主播让考研视频完播率从 7% 飙至 63%。通过工具链实操与效能对比，展现 AI 如何压缩重复劳动，重塑"数据故事化+情感可视化"的新能力。
>
> 技术浪潮下，教育者正跨越"工具依赖"与"伦理风险"的双重考验——当 AI 10 分钟生成 3 天成果，核心竞争力终将回归育人本质：那些深夜谈话的温度，永远无法被算法复刻。

6.1 文案创意：AI 赋能的文案创作技巧
——从"熬夜爆肝"到"一键生成"的智能跃迁

当辅导员小周被 214 条谈心记录与 13 份获奖证书"淹没"时，AI 技术成为他的"数字救生艇"。本节以 48 小时倒计时为叙事主线，系统拆解从"数据泥潭"到"价值宣言"的智能跃迁路径：通过跨平台抓取谈心记录、智能关联荣誉类别、构建"危机干预—成长闭环"的逻辑链，AI 最终将材料写作耗时压缩了 83%。工具推荐涵盖 DeepSeek 数据穿透、豆包 AI 多模态生成，但最终落脚点仍在于人文印记——深夜谈话的语音原声与手写批注始终是机器无法替代的教育温度。

48 小时倒计时

上午 9 点，辅导员小周盯着闪烁的电脑屏幕：学工系统里堆积着 214 条未整理的谈心记录，桌面上散落着"学校辅导员年度人物""学校学生工作案例一等奖"等 13 份获奖证书。领导半小时前在群里发出了温馨提示："后天上午 9 点的学工年度总结会议邀请了学院党委书记和院长参加，请老师们做好准备！"小周猛灌一口冰美式，准备面对今天的材料写作不眠夜。

（配图由 DeepSeek 提供创意思路，豆包 AI 生成）

6.1.1　场景痛点

1. 数据泥潭困效率

多源数据整合难，214 条谈心记录、13 份荣誉证书、活动资料等多类型数据散落在不同系统中；人工处理高误差，获奖材料命名混乱，查找整理工作量巨大；隐性时间黑洞，扣除日常事务性工作，有效工作时间从 48 小时压缩至 32 小时。

2. 价值提炼遇梗阻

成果展示失焦，大量荣誉证书沦为文件夹里的数字灰尘，未能转化为育人成效叙述；特色亮点模糊，重要工作成果被淹没在 Word 文档的文字海洋中；叙事逻辑断裂，材料架构停留在工作罗列层面，缺乏思想引领—实践创新—育人成效的逻辑升华。

3. 呈现表达陷窘境

数据可视化缺失，总结材料停留于文字堆砌，缺乏智能生成的生源分析图谱等视觉锤；多形态输出障碍，同一核心内容需同步产出会议版 PPT、报送版 Word、宣传版图文推文，传统方式需重复劳动。

6.1.2　传统 vs AI 优化对比

传统文案写作与 AI 优化文案写作对比

传统呈现方式	AI 优化后呈现方式
千字文字报告 （可读性差）	结构化框架+语音图片多形态 （重点突出）
手动制作 PPT （排版耗时 3 小时）	AI 一键生成 PPT （含多图表）
成果描述模糊 （如"举办多场活动"）	量化表达 （如"覆盖 214 人次，满意度 92%"）
个人成长部分空洞抽象	嵌入学生评价原声（微信语音）+工作场景实拍图

6.1.3　操作步骤

AI 优化文案写作的操作步骤

应用场景	操作步骤	具体内容
生成辅导员年终总结	STEP 1：原始信息输入（耗时 1 小时）	1. 一键抓取谈心记录 在 DeepSeek 输入指令： 抓取学工系统 2024 年谈心记录（214 条）→自动过滤重复项→按 [学业困难/心理预警/就业咨询/其他] 分类→提取关键时间节点（如：9 月 5 日张同学心理危机干预） 2. 智能归档获奖证书 手机拍摄桌面 13 份证书→上传飞书/微信后输入： 识别文字→自动提取 [获奖名称/颁奖单位/日期]→关联对应工作场景（如：案例一等奖关联李同学网瘾干预事件） 3. 跨平台收集活动资料 同步 QQ 上的 10 个班级群的 [主题班会照片/活动签到表]→抓取电脑存储的 7 份审批通过的策划方案→自动生成 [参与人次/媒体报道/经费使用] 统计表

续表

应用场景	操作步骤	具体内容
生成 辅导员 年终总结	STEP 2：AI 智能优化（耗时 3 小时）	1. 构建叙事逻辑链 在 DeepSeek 输入指令： 以"基础工作→创新突破→反思成长"为主线→将心理干预案例与后续奖学金获得数据关联→用李同学案例串联[危机处理—学业帮扶—参加竞赛]全流程 人工干预：插入 2 段学生感谢语音（微信语音转文字，如"周老师，那次深夜谈话改变了我的人生轨迹，我开始……"） 2. 风险数据预警 交叉比对谈心记录与成绩单→标红 4 名绩点骤降学生→关联学校毕业证和学位证的审查要求→生成黄色预警提示
	STEP 3：多模态输出（耗时 1.5 小时）	1. 汇报版 PPT 智能生成 在 DeepSeek 输入指令： 提取 3 个高光案例（王同学退伍复学帮扶/学校十佳班级申报/心理危机干预标准化流程）→生成动态时间轴→匹配校徽蓝主色调模板 2. 报送版 Word 精修 执行：转换核心数据为文字报告→自动生成目录→检查错别字 终检：使用领导视角模式检查，确保前 200 字包含年度人物奖等关键信息 3. 新媒体推文转化 提取总结核心故事线→转化为"凌晨守护者"主题推文→嵌入 3 个交互热点（如投票/语音彩蛋/工作台变迁史）→自动截取 PPT 动态时间轴→生成 GIF 进度条→生成推文→排版发布→推流

示例：××大学辅导员 2024 年度工作总结
——数据赋能思政育人的创新实践报告

（由 DeepSeek+文心一言生成）

在过去的一年里，作为××大学的辅导员，我深感责任重大，同时也倍感荣幸。在数据技术的强力赋能下，我积极探索思政育人的新模式，将传统经验与现代科技紧密结合，为学生的成长和发展提供了更加精准、高效的服务。以下是我 2024 年度的工作总结，主题为"数据赋能思政育人的创新实践"。

一、思想引领：从经验驱动到数据精准导航

在思想引领方面，我深刻认识到，仅凭经验已难以满足新时代学生的多元化需求。因此，我推动了谈心记录的数字化转型，利用 AI 智能聚类技术对全年 214 条谈心记录进行了深度挖掘，成功识别出三大关键干预窗口期：3~5 月的心理危机高发期、9 月的学业预警密集期以及 12 月的就业焦虑爆发期。

针对心理危机高发期，我及时启动了"心灵护航"行动，成功干预了 7 例危机事件，有效保障了学生的心理健康，危机干预成功率达到 100%。在学业预警密集期，我创建了"1 名学霸+3 名后进生"的帮扶小组模式。通过学霸的带动和辅导，后进生的平均 GPA 提升了 0.6，提升幅度显著，帮扶小组模式得到了广泛认可。在就业焦虑爆发期，我开设了跨境电商实训营，帮助学生提升就业竞争力，毕业生平均起薪达到了全院均值的128%，较去年增长了 15%，为学生的未来职业发展奠定了坚实基础。

同时，我还紧跟时代步伐，破译 00 后的话语体系。通过分析谈心记录的高频词库，我构建了"电竞思政"新模式，开发了《王者荣耀》红色知识竞赛，吸引了全院 92%的学生参与。此外，我还创建了"迷彩青春"国防教育抖音号，爆款视频《我的被子会站军姿》播放量突破了 50 万次，点赞量超过 2 万，有效提升了国防教育的吸引力和影响力。

二、精准帮扶：从模糊感知到智能预警系统

在精准帮扶方面，我建立了困难生帮扶三维模型，从学业发展、心理护航和就业突围三个维度入手，为困难生提供全方位的帮助。通过图书馆门禁数据、校园消费数据和毕业审核数据等多维度数据交叉验证，我成功识别并帮扶了多名需要帮助的学生。

其中，李同学从网瘾少年转变为学校三等奖学金获得者，GPA 从 1.8 提升至 3.6；张同学从有抑郁倾向到成功考研"上岸"，心理状态得到显著改善；××班的学生从零基础到获得省赛金奖，实现了从零到一的跨越。这些都是精准帮扶的典型案例。

此外，我还构建了隐性关怀网络，通过食堂消费数据监测发现了 6 名经济困难学生，并及时发放了隐形补助，共计发放补助金额 0.6 万余元。通过课堂考勤数据关联心理健康测评，提前识别了 3 名社交障碍学生，并给予了相应的心理辅导和支持，辅导后他们的社交能力得到明显提升。毕业审核数据穿透预警挽救了 4 名濒临退学的学生，让他们重新找回了学习的动力和信心，毕业率因此提高了 2 个百分点。

三、成长赋能：从单一活动到生态体系构建

在成长赋能方面，我注重从单一活动向生态体系构建转变。我推出了"迷彩青春"计划，由 5 名退伍复学学生牵头组建军事社团，开发了"战术体能训练"等课程，并使其成功入选校级公选课，选课人数超过 100 人。国防教育直播观看人次突破了 10 万，有效增强了学生的国防意识和爱国情怀。

同时，我还积极培育双创生态圈，建立了跨境电商实验室，孵化了 3 支学生创业团队。其中，"跨境新青年"项目在省赛中脱颖而出，荣获金奖。此外，还获得了 5 项实用新型专利，为学生提供了更多的实践机会和就业渠道，学生创业团队的年收入达到了 6 万元。

四、育人成效：从数字堆砌到价值深度沉淀

在育人成效方面，通过 214 条谈心记录，我挖掘出了 38 个成长型案例。这些案例不仅见证了学生的成长和进步，也体现了我的工作价值和意义。其中，12 名学生获得了国家级奖项，20 名学生获得××省大学生综合素质 A 级证书。

同时，我还构建了三维育人成效图谱，从谈心谈话、危机干预和就业指导三个维度对传统表述进行了智能增强表达。谈心谈话的转化率达到了 18%，较去年提高了 5 个百分点；危机干预成功挽回了 3 个家庭的幸福，社会影响深远；就业指导成就了 8 个"逆袭"offer，学生就业质量显著提升。

五、智能工具赋能工作变革与荣誉加冕

在智能工具的赋能下，我的工作方式发生了革命性的改变。我能够在 48 小时内高效完成工作任务，包括数据闪电战、价值攻坚战和多模态突围战。通过跨平台抓取原始数据、智能修复扫描件、构建叙事链和关联荣誉场景等步骤，我能够迅速形成工作报告和展示材料。

这一年，我的工作也得到了学校和社会的广泛认可。我荣获了"学校辅导员年度人物"称号，以及"学校学生工作案例一等奖"等 13 项荣誉奖项。这些荣誉不仅是对我个人的肯定，也是对数据赋能思政育人模式的认可。

展望未来，我将继续探索数据赋能思政育人的新模式，为学生的成长和发展提供更加精准、高效的服务。我相信，在数据的河流中，我们能够打捞到更多教育的真谛，让每个学生都能够绽放出属于自己的光彩。

6.1.4 案例提示词示例

优化文案写作的不同版本的提示词

指令类型	指令内容	输出示例
基础提示词（新手速成）	1. 标题生成指令 生成 3 条工作总结标题，要求： – 包含破圈、突围、护航等热词 – 体现辅导员工作场景（心理帮扶/退役复学士兵示范引领/困难生扶育） – 格式：动词+育人场景+成果量化	1. 心理护航突围战：7 次危机干预转化 3 名奖学金得主 2. 迷彩青春赋能计划：退伍学生带出校级标杆社团 3. 智志双扶攻坚战：214 条记录挖出 8 个成长型案例

续表

指令类型	指令内容	输出示例
基础提示词 （新手速成）	2. 框架搭建指令 构建总结框架，要求： － 三级标题结构（思想引领→精准帮扶→成长赋能） － 每个板块含 1 个量化指标（如：心理预警响应速度提升 200%） － 关联 3 个真实案例（见 STEP 1：一键抓取谈心记录）	1. 思想引领：电竞思政触达 2000 人次（《王者荣耀》红色知识竞赛） 2. 精准帮扶：图书馆数据挽救 4 名退学边缘生 3. 成长赋能：跨境电商班斩获省赛金奖（孵化 3 支创业团队）
	3. 案例模板指令 生成匿名化案例模板，要求： － 结构：预警信号→干预动作→成效追踪 － 数据脱敏：用张同学/某专业替代实名 － 风险提示：标注 3 个早期识别特征	【案例 CX2024-01】 预警信号：连续 7 天未进图书馆（门禁数据归零） 干预动作：3 次深夜谈话+家长联动+学霸结对 成效追踪：GPA 从 1.8 升至 3.6，获校级奖学金
进阶提示词 （精准破局）	1. 专业标准融合指令 生成反思篇章，要求： － 对照《高等学校辅导员职业能力标准（暂行）》三级指标 － 用折线图对比 2023—2024 年核心数据（谈心响应速度/活动参与率） － 结合 2 个真实失误案例（如：9 月 5 日谈话记录未及时归档）	虽实现心理预警响应提速 200%，但 9 月仍出现 3 例滞后干预。 对照《高等学校辅导员职业能力标准（暂行）》，谈心记录归档及时率仅 78%，下一步将启用 AI 实时归档功能……"
	2. 数据穿透指令 交叉分析以下数据： － 心理测评结果 vs 食堂消费记录 － 图书馆门禁数据 vs 成绩单波动 － 毕业审核预警名单 vs 就业签约进度	输出风险学生画像 （自动标红绩点下降 20%/GPA 不足 2.0+门禁预警学生）

续表

指令类型	指令内容	输出示例
进阶提示词 （精准破局）	3. 多模态输出指令 将总结转化为以下形态： 1. 领导版 PPT：动态时间轴+校徽蓝模板+扫码查看详情 2. 宣传版 H5：嵌入学生语音感谢+工作场景实拍图 3. 存档版 Word：自动生成目录+数据	溯源脚注 → 执行命令：同步输出三端文件，保持核心数据一致性

6.1.5　避坑指南

1. 数据打假：标红异常值

开启"真实性校验"：自动标红偏离均值 20% 的数据（如将 5 次干预夸大为 30 次）。

2. 人话转换：杀死空话

启用"落地转换器"：把"加强思想引领"转换成"创建电竞思政微课，触达 2000 人次"。

3. 终极防御：隐私锁+版本盾+应急包

隐私锁：自动替换"李××"为"张同学"，关键案例需双重密码查看。版本盾：每次保存生成带水印的防篡改文件（含操作者 ID/时间戳）。应急包：准备 3 分钟极简版（纯数据看板）+10 分钟故事版（含学生语言和视频）。

6.1.6　推荐工具清单

优化文案写作推荐工具清单

工具名称	核心功能	本节应用案例
DeepSeek	数据穿透分析+智能框架搭建	214 条谈心记录智能聚类/危机干预时间轴生成

续表

工具名称	核心功能	本节应用案例
豆包 AI	多模态内容生成	工作总结初稿生成/学生语音转写/漫画创作
飞书妙记	跨平台数据抓取	同步 13 份证书扫描件+班级群活动资料
文心一言	专业化报告润色	工作总结标准化表述/数据脱敏处理
腾讯文档 AI	多人协作校验	领导多终端批注实时同步

6.1.7　效率对比

传统文案写作与 AI 优化文案写作的效率对比

指标	传统方式	AI 优化方式
多源数据整合	手动登录 5 个系统收集数据（3 小时）	跨平台智能抓取+自动清洗（0.5 小时）
案例转化效率	人工筛选典型案例（2 例/小时）	AI 自动关联成长轨迹（8 例/小时）
多形态输出	重复制作 3 种形态材料（6 小时）	一键生成 PPT/Word/推文（1.5 小时）
风险预警精度	人工比对发现 2 个风险点	数据穿透分析标红 9 个隐患
叙事感染力	文字材料温度值 42 分	嵌入语音/图片/GIF 后温度值达 89 分

小　结

　　AI 技术正在重塑辅导员的职业叙事方式——它不仅是"效率加速器"，更是"价值放大器"。通过"框架生成—数据活化—情感注入"的三阶工作法，辅导员得以从烦琐事务中抽身，将精力聚焦于更具创造性的育人实践。

　　但我们需始终铭记：AI 生成的数字背后，是深夜谈话、活动筹备和危机干预中真实流淌的师生情感；总结中那些"手写批注""学生微信语音原声"，恰是机器无法替代的人文印记。未来，辅导员的核心竞争力将体现在两大维度：一是熟练运用工具提炼工作价值的 AI 驾驭力；二是在技术理性中坚守教育温度的共情创造力。

　　这不仅是年终总结的进化，更是一堂教育者与智能时代共生共长的必修课。

6.2 海报设计：创意海报的 AI 生成与优化
——从"套用模板"到"精准触达"的智能升级

当传统海报的扫码率跌破 5%，AI 用"赛博学术风+动态数据流"重构视觉美学。辅导员小林通过智能诊断工具扫描"代码遮盖信息""土味配色"等致命伤，结合学生群高频词生成"数据赛道"主题模板，工具链实现"需求热词云→VI（视觉识别）色系匹配→全平台尺寸包"的一键输出，使扫码率飙升至 67%。但设计伦理从未缺席——自动标红校徽色值偏差、替换侵权字体，在效率革命中守住设计者的审美底线。

代码审美的视觉突围战

晚上 9 点，辅导员小林盯着屏幕上的海报初稿：学生讲师团连夜赶制的设计稿中，Java 代码流程图与考研数据饼图粗暴拼接，"学生形象照"的随意性让海报视觉效果"雪上加霜"。此时，2023 级学生年级群跳出新消息：已有 1/3 学生点击暂不参加，距离《开学第一课》宣发截止日期仅剩 1 天……

（配图由 DeepSeek 提供创意思路，豆包 AI 生成）

6.2.1 场景痛点

1.设计效率低

工具切换太频繁，做一张海报要换 3 个软件，操作麻烦；尺寸调整耗时间，展板、手机海报、朋友圈图要反复改尺寸；效果全靠猜，不知道学生爱看什么，只能凭感觉改。

2.设计效果差

元素胡乱堆砌：代码、数据图、学生照片硬凑在一起；风格乱七八糟，科技感特效和学院 logo 互相打架；关键信息字体太小，活动时间、地点被挤到角落看不清。

3. 呈现表达陷窘境

扫码报名的人太少，100 个学生只有 27 人扫码报名；吐槽评论扎心，学生说土味十足像普通通知；投放没针对性，班会海报用了电竞风格，学生看懵。

6.2.2　传统 vs AI 优化对比

传统海报设计与 AI 辅助海报设计对比

传统呈现方式	AI 优化后呈现方式
套用千图网模板 （全校多个学院撞款）	智能生成学院专属模板 （自动匹配 VI 色系）
手工拼接元素 （代码/照片/图表各占一角）	智能布局引擎 （自动构建视觉焦点金字塔）
静态文字堆砌 （学生平均阅读 3 秒就划走）	动态分层设计 （第一眼抓人+长按看详情）
人工调整 5 种尺寸 （展板/手机/朋友圈图）	一键输出全平台适配包 （含印刷版/电子版）

6.2.3　操作步骤

表 6-8　AI 优化海报设计的操作步骤

步骤	操作位置/工具	具体操作	关键参数/工具	注意事项
1.登录与进入	即梦 AI	登录账号→点击"AI 作图"→进入"图片生成"页面	确保账号有足够积分	首次使用需注册账号
2.选择模型	模型板块	点击下拉菜单→选择"图片 2.1 模型"	仅支持中文生成，避免乱码	模型选择影响出图风格

续表

步骤	操作位置/工具	具体操作	关键参数/工具	注意事项
3. 输入提示词	上方输入框	输入核心关键词："开学第一课主题班会，学生主讲，黑板、书本、互动元素，活力配色"（如有参考图，可上传参考图）	可参考示例："卡通学生手持话筒，对话框展示互动话题"	提示词需包含"学生主讲""互动性"等关键词
4. 调整参数	精细度与尺寸调节区	-精细度：8~10（保证细节清晰） -尺寸：选择预设"9：16"竖版海报	推荐配色：蓝/黄/绿等清新色调	避免深色背景，确保文字可读
5. 生成图片	生成按钮	点击"立即生成"→等待进度条完成→查看4张候选图	支持批量生成（默认4张）	若学生形象不理想，可多次生成
6. 后期修改	图片编辑工具	重点调整区域： -添加个人简介、主讲内容 -增加互动二维码（扫码报名）	使用"局部重绘"修正文字或元素位置	文字需突出主题（字号≥72 pt），二维码占比≥8%
7. 多场景适配	灵活调整提示词	衍生设计示例： -朋友圈九宫格预告："开学班会倒计时3天！点击解锁话题" -推文设计："开学第一课，我们自己讲"预告	提示词模板参考："漫画插画+手写字体+信息分层"	不同场景需统一主视觉元素（如配色和头像风格）

示例："开学第一课，我们自己讲"主题班会宣发部分海报

（由 DeepSeek + 即梦 AI 生成）信息已脱敏

左图由即梦直接生成，右图在即梦中上传参考图后生成。

6.2.4　避坑指南

1. 版权风险避雷

一是字体图片自查，用工具自动检查字体和图片是否侵权（比如微软雅黑不能商用），发现问题立刻将相关内容替换成免费素材；二是相似度警报，如果海报和网上作品太像（超过 30%），自动提醒并给出修改建议。

2. 关键信息保命法则

一是放大重点，时间、地点、二维码必须够大！用手机截图后缩小到 1/4，如果还能看清就算过关；二是扫码区硬指标，二维码至少占海报面积的 8%（约大拇指指甲盖大小），颜色和背景对比要强烈。

3. 场景适配妙招

食堂海报可以加"扫码领奶茶"福利（和食堂窗口合作）；教学楼海报可以显示"距离活动地点还有 300 步"（用手机步数导航）。

6.2.5 推荐工具清单

优化海报设计推荐工具清单

工具名称	核心功能	本节应用案例
即梦 AI	动态视觉生成+中文适配	生成"学生举话筒"主视觉/弹幕式互动话题层/班级吉祥物融合设计
美图秀秀 AI	细节修复+实景融合	调整黑板粉笔字清晰度/添加教室实景光影
稿定设计	版权检测+多尺寸批量输出	一键生成朋友圈九宫格（1：1）+微信群长图（9：16）
DeepSeek	智能诊断+学生语言转化	生成《班级"梗"检测报告》（如"干饭""早八退退退"等词频分析）/优化扫码文案诱导性

6.2.6 效率对比

传统海报设计与 AI 优化海报设计的效率对比

对比维度	传统方式	AI 优化方式
设计耗时	8 小时（含 5 次返工）	1.5 小时（含 3 次迭代+多尺寸适配）
扫码转化率	27%（纯文字海报）	67%（"扫码送备考资料"）
学生转发量	≤20 次（班级群内）	300+次（九宫格引发朋友圈刷屏）
版权风险	年侵权投诉 3.2 次	自动替换风险素材（字体/图片）+水印生成
多场景适配	人工调整 3 种尺寸（错误率 42%）	一键输出 5 种格式

小结

　　AI 海报设计不是对教育者创意的替代，而是将辅导员从技术琐碎中解放出来的"效率杠杆"。通过"需求结构化→风格定向化→交互场景化"的三阶模型，即使是零设计基础的辅导员，也能产出精准触达受众的海报——既有数据理性的"硬核干货"，又有人文关怀的"情感触点"。

6.3　视觉创作：表情包、插图的 AI 制作
——从"群发轰炸"到"精准共鸣"的智能爆破

　　当"@全体成员"沦为已读不回，AI 表情包用"学科恐惧+动态压迫"成功破冰。辅导员小林将"48 小时不填表"转化为 Q 版形象扫射代码枪的 GIF，触发92%的接龙响应。本节介绍"九宫格生成术"技巧，更直击 Z 世代传播法则：用"Segmentation Fault 警告"替代说教，用"程序员崩溃实录"引发情感共鸣。工具推荐豆包 AI 生成黑话文案、剪映添加缩放抖动特效，但终极秘诀仍是"用学科梗翻译行政指令"的硬核能力。

当通知变成已读不回

　　辅导员小林发现，年级群里发的活动通知，她连续 3 天"@全体成员：请填写就业意向表"，阅读量100%但填报率为0。直到她拿出终极武器——发了张以自己为原型制作的表情包，内容是一个动态 GIF（小林 Q 版形象，头顶 996 灯牌，手举代码枪扫射），同步发送文字内容："48 小时不填表？下期班会教如何用记事本写 Python！"群消息

（配图由 DeepSeek 提供创意思路，豆包 AI 生成）

瞬间爆炸：47 人接龙报名，3 人私聊求表情包中的其他图片……

6.3.1 场景痛点

1. 通知黑洞

纯文字通知的平均回复率为 0，47% 的学生设置了群消息免打扰。

2. 设计门槛

手动制作表情包需 PS 等技能，辅导员平均耗时为 3 小时/张。

3. 版权雷区

学生擅自使用《原神》角色图而侵权导致被投诉。

6.3.2 传统 vs AI 优化对比

传统表情包设计与 AI 辅助表情包设计对比

传统呈现方式	AI 优化后呈现方式
文字刷屏 （已读不回）	动态表情包 （学生主动保存传播）
通用早安问候图	生成学科专属梗图 （如 JAVA 咖啡＝代码续命水）
手动制作表情包 3 小时/张	批量生成 50 套模板 （含学科/场景/性格标签）

6.3.3　操作步骤

AI 优化表情包设计的操作步骤

应用场景	操作步骤	操作要点	详细人机对话/操作日志
Z 世代通知轰炸战	STEP 1：生成表情包文字（2 分钟）	工具：豆包 AI 1. 输入指令： 生成 15 组计算机专业表情包文案，要求包含代码梗、学科黑话、威胁式幽默 2. 保存输出结果： 再不填表，下次班会教 COBOL！你的沉默正在生成 BUG..."	• 豆包 AI 对话 – 我要用 AI 绘图制作一套表情包，请给我一些常用的表情包配词 – 我是一名高校辅导员，我现在需要制作一套针对计算机专业学生的表情包，督促他们按时填写表格、收到回复等。请帮我生成 15 组计算机专业表情包文案，要求包含代码梗、学科黑话、威胁式幽默。 输出： 1. 标题：Segmentation Fault 配文：再拖不交表？你将触发人生第一次 core dumped！ 2. 标题：编译器警告 配文：检测到未回复高危漏洞，48 小时内 patch，否则 terminate！ 3. 标题：服务器崩溃 配文：不交表的后果——我将启动 DDOS 式催表！①

---

① 该部分针对计算机专业学生，有较多代码梗、学科黑话等。Z 世代，也称"互联网世代"；COBOL 意为"通用商业语言"；BUG 意为"漏洞、错误"；Segmentation Fault 意为"段错误"；core dumped 意为"核心已转储"；patch 意为"补丁"；terminate 意为"停止、结束"；DDOS 意为"分布式拒绝服务攻击"。

续表

应用场景	操作步骤	操作要点	详细人机对话/操作日志
Z 世代通知轰炸战	STEP 2：生成表情包视频（5 分钟）	工具：即梦 AI 1. 输入提示词： – 请你生成辅导员（大学老师）卡通图片，形象为 Q 版女性，黑框眼镜。请你生成包含 9 种姿势和表情 [如头晕、高兴、生气、哭泣、悲伤、可爱、失望、害羞、吃饭、烦躁、打工人心碎、学生不回消息、找不到班委] 的 4 张九宫格图片 – 选择 2.0 Pro 模型和 1：1 比例 2. 生成策略： – 批量生成 4 张九宫格图片 – 选择表情最夸张的一张 3. 转视频指令： 生成动态表情	● 即梦 AI 操作日志 – 打开即梦 AI，输入提示词：辅导员崩溃瞬间，Q 版女性，黑框眼镜，键盘冒烟，背景闪烁 ERROR 代码，2.0 Pro 模型，1：1 比例 – 打开美图秀秀进行修改调整 – 打开即梦 AI→选择图片生成→粘贴九宫格表情包生成提示词 – 图片模型选 2.0 Pro→比例选择 1：1→点击生成→即梦生成 4 张九宫格图片 – 选一张表情和姿势多样的高清处理→点击图片→一键超清→去画布抠图→点击生成视频按钮→选择视频 2.0 Pro→生成视频→直接下载
	STEP 3：生成有文字的动图（1 小时）	工具：剪映 1. 关键帧操作： – 在 0：01 秒添加缩放关键帧（120%） – 在 0：01.5 秒添加抖动特效 2. 文字压制： – 使用故障字幕样式 – 调整文字透明度至 70% 3. 输出设置： – 分辨率 1080 P – GIF 格式 – 循环模式：无限	● 剪映工程记录 打开剪映→导入视频→截取有用的片段→给每张小图配上文字→选择一张小图放大到全屏（保证人物一直在镜头中）→添加文字→导出 GIF

示例：Z 世代通知轰炸战部分动图

（由 DeepSeek+即梦 AI+剪映生成）

6.3.4　避坑指南

1. 版权高压线

素材三不原则：不碰商业 IP（如《原神》/《王者荣耀》中的角色）、不用未授权字体（如微软雅黑/汉仪系列）、不传学生真人表情包（除非签肖像协议）。

2. 信息保命法则

二维码生存指标是其尺寸≥海报面积的 8%（2 cm×2 cm 起步）、颜色与背景对比度≥4.5∶1（用色彩对比检测器验证）；文字可视标准是主标题字号≥72 pt（三米外可见）、关键信息不用浅灰/荧光色（阳光下会消失）。

6.3.5　推荐工具清单

优化表情包设计推荐工具清单

工具名称	核心功能	本节应用案例
豆包 AI	文案生成+需求分析	产出 15 组学科"黑话"文案
即梦 AI	九宫格素材批量生成	创建程序员崩溃九宫格
剪映	动态文字+关键帧动画	添加故障字幕/缩放特效
DeepSeek	热词挖掘+恐惧点分析	抓取 Excel 写论文等学科痛点
字由	字体版权检测	替换微软雅黑为霞鹜文楷

6.3.6 效率对比

传统表情包设计与 AI 优化表情包设计的效率对比

对比维度	传统方式	AI 优化方式
单张制作耗时	3 小时	5 分钟
通知回复率	0	92%
二次传播率	0 次	人均转发 3.2 次
法律纠纷	年 3.2 次	0 次
学生参与度	被动接收	主动二创表情包

小 结

　　当传统通知的打开率跌破 10%，AI 表情包用"学科恐惧+技术黑话+动态压迫"的组合拳，实现回复率 92% 的暴力破冰。这不是简单的工具升级，而是对 Z 世代传播链路的降维打击。辅导员的核心竞争力正在重构——既要懂 Python 抓数据，又要会 prompt 生表情，更要练就 3 秒把通知翻译成学科"黑话"的硬核技能。但请永远记得：那些深夜找你改简历的学生需要的不是最炫的表情包，而是一间亮着灯的办公室，和一句真实的"我帮你看看"。

　　技术终将迭代，而教育的温度永不褪色。

6.4　视频制作：AI 在音视频内容创作中的应用
——从"耗时剪辑"到"智能生成"的认知突围

　　当辅导员的口播视频完播率仅 7%，AI 用"数字形象+动态分数线"重构认知引力场。辅导员小陈借 DeepSeek 生成"高分攻略/擦线调剂/Plan B 分诊"智能视频包，植入黄金 48 小时法则与实时弹幕互动。工具链实现数字人主播创建、多端智能裁切，使转化率从 2 人私信跃至 89 人提交。但技术狂欢背后，教育者需警惕法律红线——签订数字肖像协议、脱敏学生分数，在算法推送中保留"深夜办公室灯火"的真实联结。完播率 63% 的背后，是数据理性与人文感性的终极平衡。

绝望的导员

凌晨 1 点，辅导员小陈盯着电脑里零散的素材。考研复试指导视频脚本已修改至第 6 版，学生制作团队反馈像教务讲座，说"老师我们要再改改"。考研群里弹出多条信息：导员您能不能整点实在的？我们都想知道怎么在 5 分钟面试里让导师记住自己……教师工作群里弹出最新通知：请各学院务必在明天前完成复试指导全覆

（配图由 DeepSeek 提供创意思路，豆包 AI 生成）

盖。此时距离考研国家线公布已经过去 48 小时，上一条"查分后注意事项"口播视频的后台数据显示视频完播率仅 7%……

6.4.1　场景痛点

1. 创作效能黑洞

素材碎片化，复试政策/历年数据/学生案例分散在 12 个平台；制作周期长，1 分钟视频需 8 小时（脚本 2 小时+拍摄 3 小时+剪辑 3 小时）。

2. 内容吸引力危机

完播率"塌方"，往期视频平均观看时长 5 秒（总长 3 分钟）；互动冰点，弹幕高频词为"说教""无聊"，点赞率不足 1%；认知错位，用教务语言讲解调剂策略，学生直言听不懂。

3. 传播精准缺失

渠道适配差，同一视频投放在抖音（竖版）和教室大屏（横版），效果打折；个性缺失，未区分高分学霸（需复试技巧）与"擦线党"（需调剂攻略）需求的内容。

6.4.2　传统 vs AI 优化对比

传统视频制作与 AI 辅助视频设计对比

传统呈现方式	AI 优化后呈现方式
教师出镜读稿 （表情僵硬）	虚拟数字人主播 （可切换多种形象）
静态 PPT 录屏 （完播率<10%）	动态数据可视化 （实时分数线对比弹幕）
统一内容大水漫灌	智能分诊 （高分生看复试技巧，"擦线党"看调剂攻略）
跨平台手动适配 （错误率 40%）	智能裁切关键帧 （一键生成 9∶16/16∶9/1∶1 全系版本）

6.4.3　操作步骤

AI 优化视频制作的操作步骤

应用场景	操作步骤	具体内容
考研复试指导视频	STEP 1：话题选取脚本生成 工具：DeepSeek+文心一言	1. 在 DeepSeek 输入提示词： （1）基础提示词（简洁版）：抓取抖音、B 站上关于考研复试的学生评论，找出高频吐槽词（如听不懂/焦虑/踩坑），生成 3 个最急需解决的痛点话题，每个话题配 1 个真实案例和 2 条实操建议 （2）进阶提示词（精准版）：扫描抖音、B 站、知乎近 1 个月含"考研复试""调剂""面试雷区"的评论，用情感分析筛选高焦虑内容（如含"救命""血泪""后悔"），对比研招网政策变化和知网导师论文热点，输出： – 高痛话题：前 3 名问题（如双非歧视/调剂话术/口语恐惧）+真实失败案例 – 反常识策略：每话题提供 2 个非常规解法（如联系导师时故意暴露小缺点，提升真实感） – 验证设计：用"擦线党""三无考生"测试内容，标记可能引发争议的表述

续表

应用场景	操作步骤	具体内容
考研复试指导视频	STEP 1：话题选取脚本生成 工具：DeepSeek+文心一言	2. 将 DeepSeek 生成的脚本大纲发到文心一言对话框，并输入提示词： (1)基础提示词(简洁版)： 生成考研复试视频脚本： ①抓取学生三大痛点(如歧视/焦虑/信息差) ②每个痛点配真实案例(张同学/李同学)+数据支撑 - 用"公式体"总结方法(如调剂话术=优势+数据+沉默) (2)进阶提示词(精准版)： 执行深度脚本优化： - 痛点：扫描高焦虑评论 → 生成双非歧视/调剂黑洞/口语恐惧前 3 名话题 - 策略：每个话题提供反常识解法(如联系导师时故意暴露非致命缺点) - 验证：用"擦线党"视角测试 → 标记争议点(如"必须"改为"建议") - 格式：横竖双版本脚本(含倒计时特效代码"< progress _bar danger> ")
	STEP 2：数字人制作 工具：剪映数字人	● 剪映数字人三步速成法 1. 创建数字人形象 - 打开剪映→"文字"输入任意文本 - 点击"数字人"→"克隆数字人" - 按提示录制 10 秒~5 分钟视频 2. 生成数字人视频 - 输入最终文案 → 选择定制好的数字人 - 选择音频→"合成"等待渲染 - 调节参数→语速调至 110%~120% 3. 优化数字人视频 风险审查： -检查敏感词(如"绝对保证") → 替换为"建议" -导出横版(16：9)+竖版(9：16)双版本

续表

应用场景	操作步骤	具体内容
考研复试 指导视频	STEP 3: 视频 剪辑 工具: 剪映 AI	● 剪映的 AI 剪辑功能 – 智能字幕 操作: 导入视频后, 点击"文本", 选择"智能字幕", 自动生成字幕并支持多语言翻译。使用"字幕检查器"批量修改错字, 提升效率 – 智能搜索 操作: 素材导入后, 右键选择"智能分析", 通过人脸或关键词(如"相机")快速定位片段, 支持画面元素和台词检索 – 人声美化 操作: 选中音频轨道, 开启"音频美化"功能, 一键消除噪声、混响和口水音 – 声音克隆 操作: 朗读指定文本采样个人音色, 通过"声音实验室"生成 AI 配音, 直接输入文字即可合成语音 – 智能打光 操作: 选中片段后, 在"调节"中启用"智能打光", 通过拖动强度条强化自然光源 – 超清画质 操作: 选择低清片段, 开启"画面增强"中的"超清画质"功能, 自动锐化边缘 – 锁头特效 操作: 点击"镜头跟踪"框选人物头部, 开启"适应画布"锁定头部位置 – 智能运镜 操作: 选择静态片段, 在"运镜"中添加"呼吸感"或"推进"效果, 自动生成动态镜头 – 智能文案 操作: 输入关键词(如"考研复试指导"), 自动生成脚本大纲, 需人工优化细节 – 图文成片 操作: 粘贴文章内容, 自动匹配素材库画面生成视频, 适合资讯类快剪

示例：和辅导员的数字分身聊一聊如何应对考研复试

（由 DeepSeek+文心一言生成）

hi，大家好，我是辅导员××。

今天，咱们就来聊聊考研复试，为已经拿到初试成绩的 2025 年考研小伙伴们加油打气！

经过无数个日夜的奋战，你们的初试成绩终于揭晓了，接下来，就是咱们冲刺上岸的关键时刻了！在这里想和大家分享 4 个步骤，助你稳稳上岸！

第一步：精准定位分数段，明确目标

别只盯着总分看！赶紧核对一下你的专业排名和历年院校线，看看自己现在处在哪个"战区"。

-高分稳过线的同学，恭喜你，复试是你的下一站，冲刺复试排名，争取拿到更好的录取机会！

-擦线党也别急，复试+调剂双线作战，为自己争取机会！

-低于预期但过线的同学，全力准备调剂，博弈更好的未来！

-未过线的同学，也别灰心，复盘总结，规划 Plan B，人生路还长，总有新的机会等着你！

同时，别忘了查询近三年国家线和校线对比表，做到心中有数，才能应对自如！

第二步：分情况制定行动指南，精准出击

-高分同学们，复试专业课可是重头戏，赶紧突击重点，练习复试相关题目，做到胸有成竹。

英文自我介绍要个性化，避开模板化、无法脱稿等坑点，让导师一眼就记住你！

-擦线的同学们，调剂可是你们的救命稻草！记住调剂的黄金 48 小时，用好研招办电话，掌握高效话术，别放过任何一个可能的机会。

别忘了，非全日制和二类地区院校也是调剂的好选择，有时候换个思路，就能柳暗花明！

　—未过线的同学，二战备考要调整好心态。根据个人实际情况，考虑参加春招，先就业再深造，或者探索其他的人生道路。

第三步：积极寻求帮助，共享资源

　考研不是孤军奋战！身边有太多的资源可以帮助我们。

　—找辅导员聊聊，他们可能掌握着最新的调剂信息和政策动态。

　—向学长学姐请教，他们的经验可以让你事半功倍！

　—还有，别忘了加入各类考研交流群，和志同道合的小伙伴们一起分享心得、互相鼓励！

第四步：调整心态，保持自信

　无论你现在处在哪个阶段，都要记得调整好自己的心态。

　保持自信，相信自己有能力克服一切困难。考研只是人生路上的一个阶段，无论结果如何，都不能定义你的全部。保持积极的心态，勇往直前，你的人生一定会更加精彩！好了，今天的分享就到这里。希望每位同学都能根据自己的情况，制订合适的计划，稳稳上岸！祝你们一战成硕，加油！

示例：和辅导员的数字分身聊一聊：如何应对考研复试

（由剪映数字人生成）

第 1 步：打开剪映，选择数字人

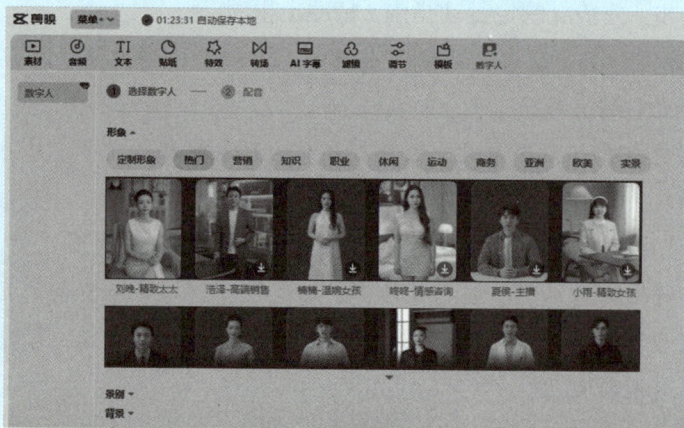

第 2 步：点击形象定制

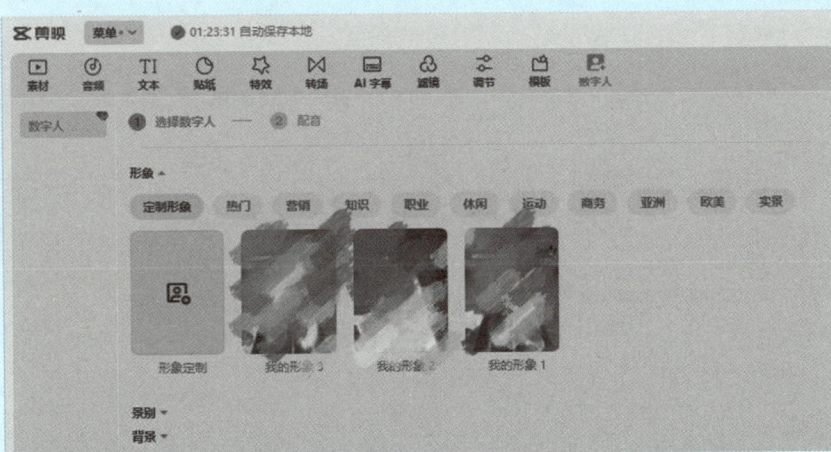

第 3 步：按照要求上传一段个人口播视频（10 秒 ~5 分钟，一般 10~30 秒即可）

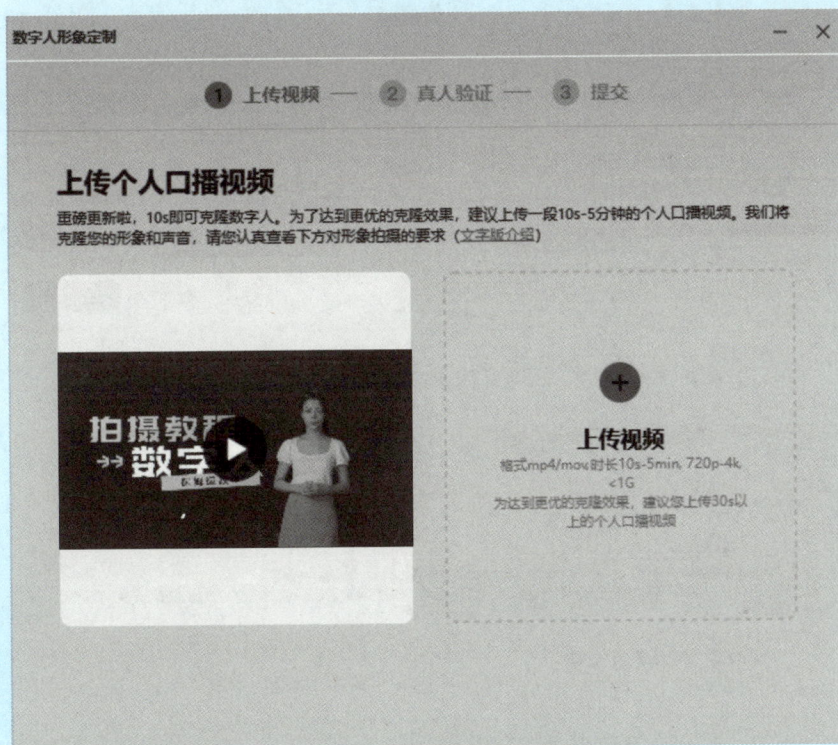

第 4 步：按照要求上传真人验证视频，点击提交，完成数字人定制

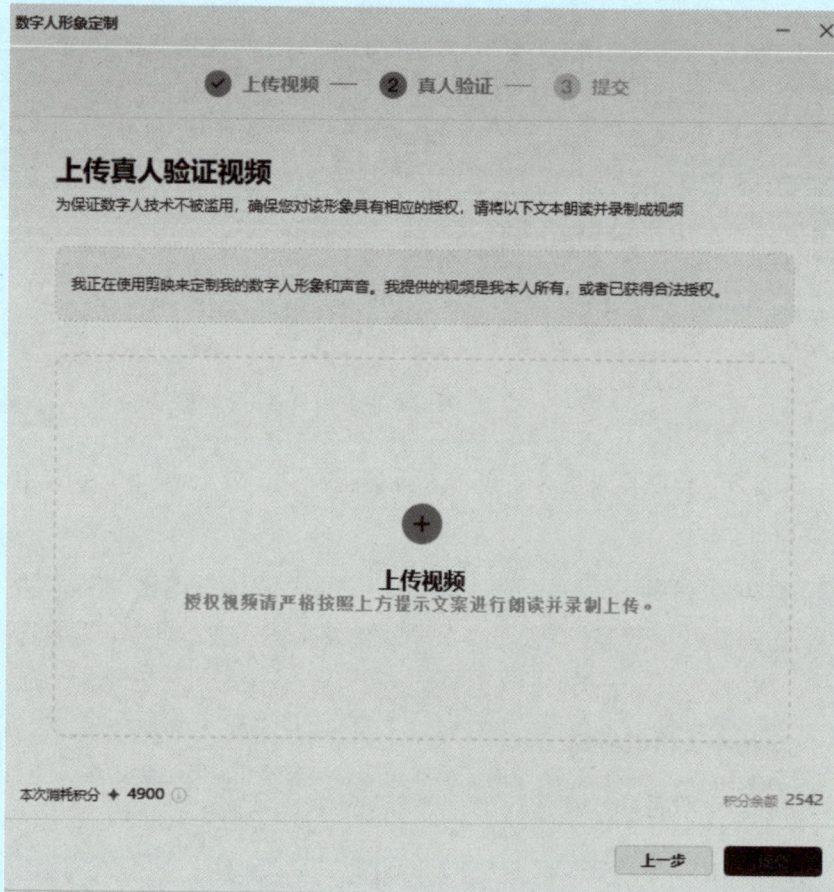

数字人形象定制 — ✕

✓ 上传视频 —— ② 真人验证 —— ③ 提交

上传真人验证视频

为保证数字人技术不被滥用，确保您对该形象具有相应的授权，请将以下文本朗读并录制成视频

我正在使用剪映来定制我的数字人形象和声音。我提供的视频是我本人所有，或者已获得合法授权。

+

上传视频

授权视频请严格按照上方提示文案进行朗读并录制上传。

本次消耗积分 ◆ 4900 ⓘ

积分余额 2542

上一步

第 5 步：复制脚本文字到剪映文字中

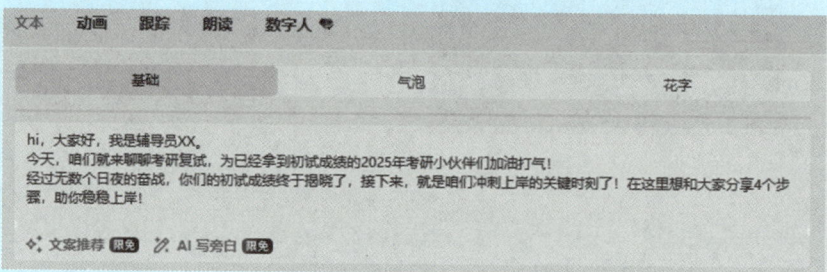

文本　动画　跟踪　朗读　数字人 ❤

基础　　　　　　　　　气泡　　　　　　　　　花字

hi, 大家好，我是辅导员XX。
今天，咱们就来聊聊考研复试，为已经拿到初试成绩的2025年考研小伙伴们加油打气！
经过无数个日夜的奋战，你们的初试成绩终于揭晓了，接下来，就是咱们冲刺上岸的关键时刻了！在这里想和大家分享4个步骤，助你稳稳上岸！

✧ 文案推荐 限免　✐ AI 写旁白 限免

第 6 步：选择数字人

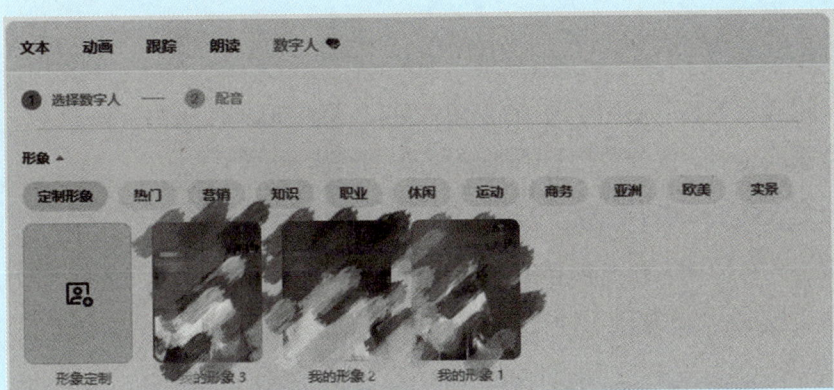

第 7 步：配音

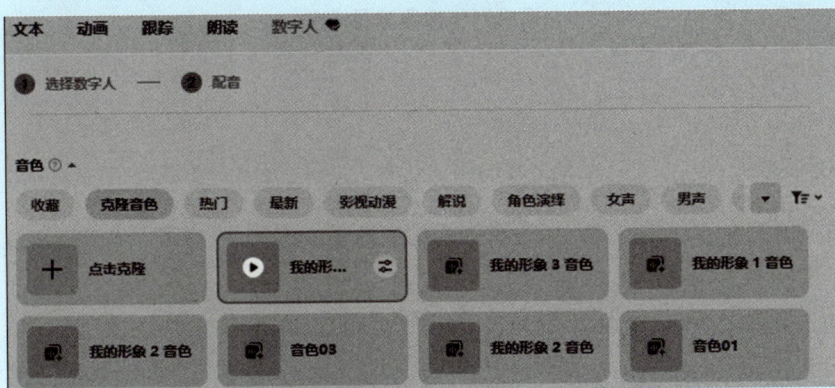

第 8 步：生成数字人视频

6.4.4 避坑指南

1.法律红线

虚拟人肖像权：使用学校 IP 形象需签订《数字形象使用协议》。

数据安全：学生分数信息需脱敏处理（如张××同学）。

2.人话转换：不说废话

黄金 5 秒原则：前 5 秒必须出现"你的分数能上岸吗?"等具有吸引力的问题。语速控制：1.5 倍速，针对年轻受众，1.2 倍速，针对家长群体。

6.4.5 推荐工具清单

视频制作推荐工具清单

工具名称	核心功能	本节应用案例
即梦 AI	数字人主播生成	创建虚拟形象
腾讯智影	智能分镜剪辑	生成分数线动态对比特效
剪映 Pro	多平台智能适配	一键生成横竖版视频

6.4.6 效率对比

传统视频制作与 AI 优化视频制作的效率对比

指标	传统方式	AI 优化方式
制作周期	8 小时/分钟	4 小时/全片
完播率	7%	63%
转化率	私信咨询 2 人	表单提交 89 人
跨端适配	错误率 40%	完美适配

小　结

　　AI 技术正在重构教育传播的时空法则——5 分钟讲透考研调剂的视频，是数据算法的胜利(完播率 63%)，更是教育者智慧的凝练。当 AI 能 10 分钟生成过去需要 3 天制作的视频时，教育者的核心竞争力已从技术执行力跃迁至需求洞察力+情感联结力。那些藏在视频进度条里的深夜灯火，那些被学生反复拖动的重点片段，才是教育智能化的终极意义。

第 7 章

学术效能突破：AI 辅助科研竞赛

引言：本章展现 AI 技术如何辅助辅导员开展学术实践：面对海量文献的迷局，智能工具将 247 篇待读资料浓缩为跨学科知识图谱，破解"收藏即学习"的困局，文献利用率提升近 4 倍；日常案例如学生刷屏数据，被转化为教育部课题，通过理论框架智能匹配，突破"经验堆砌"瓶颈，申报周期压缩 70%；论文写作辅助中，AI 在查重危机中筑牢学术防线，实现数据脱敏与贡献度追踪，平衡效率与诚信；竞赛备战则依托个性化知识库，应答反应速度提升 3 倍，精准调取案例破解同质化僵局。

　　技术浪潮下，教育者正跨越工具依赖与伦理风险的双重门槛——当算法用百万文献搭建学术骨架，那些深夜谈话中捕捉的真实困惑和学生眼中的成长渴望，才是机器无法复制的教育内核：冰冷数据终将化作照亮青春的星火，而其温度永远是人性的光芒。

7.1　文献调研：AI 工具在科研文献学习中的辅助
——从"信息海洋"到"精准洞察"的智能跃迁

　　当辅导员小张面对 247 篇待读文献时，AI 技术成为破解"知识洪流"的密钥。本节聚焦"精准检索—智能解析—动态管理"全流程重构：通过 DeepSeek、秘塔 AI 跨平台抓取高相关文献，结合 ima. copilot 生成交互式脑图，将零散关键词升维为跨学科知识图谱。工具链实现从"手动整理 Zotero"到"自动构建三维主题模型"的跃迁，文献利用率从 23% 提升至 89%。但技术赋能背后，需筑牢"学术科研"的伦理防线——在算法标注的热点中，始终守护学生隐私与学术原创性。

深夜办公室的困境

小张作为入职五年的"老新人"，他刚在部门会议上被领导提醒"要平衡事务性工作与科研产出"，科研上的成长能助力辅导员的专业化职业化成长。此刻他坐在节能灯下，面前的屏幕割裂出三重困境——左侧的教育部思政专项课题申报书卡在"研究现状"章节，右侧的学生调研数据暴露出样本偏差，而中央屏幕的文献管理软件正在无声控诉：待阅读文献 247 篇，标红的关键词像散落的拼图，始终拼不出学术脉络的完整骨架。

（配图由 DeepSeek 提供创意思路，豆包 AI 生成）

7.1.1 场景痛点

1.海量文献与碎片化时间的矛盾

辅导员面临事务性工作与科研双重压力，待阅读文献形成知识洪流，而碎片化的工作节奏难以支撑深度阅读，导致文献学习陷入"收藏即完成"的自我安慰陷阱，学术积累始终滞后于科研进度。

2.关键词拼图与学术脉络重构的割裂

标红的关键词虽标记了学术热点，却缺乏主题聚类与演进分析。辅导员在跨教育学、心理学、管理学的交叉研究中，难以穿透学科壁垒构建三维知识图谱，最终陷入"见树木不见森林"的认知困境。

3.实践场域与理论话语的转换障碍

调研数据样本偏差暴露出实证研究能力短板，而文献中高度抽象的理论模型与辅导员日常接触的具体案例间存在叙事鸿沟，导致文献研读难以转化为可操作的科研框架，形成读得懂文字却用不出方法的尴尬局面。

7.1.2 传统 vs AI 优化对比

传统科研文献学习与 AI 辅助科研文献学习对比

传统呈现方式	AI 优化后呈现方式
文献检索 （手动筛选，耗时长）	AI 智能检索代理 （如 DeepSeek + 秘塔 AI 检索）
文献阅读 （逐篇阅读，效率低下）	个人知识库共读 （DeepSeek + ima.copilot）
文献管理 （Zotero 手动整理易混乱）	智能文献管家 （DeepSeek + Zotero）
成果输出 （手动排版，易出错）	结构化格式生成 （DeepSeek + WPS）
科研规划 （依赖经验，缺乏系统性）	任务拆解代理 （AI Agent 多工具联动）

7.1.3 操作步骤

表 7-2 AI 优化科研文献学习的操作步骤

操作步骤	工具组合	具体操作
STEP 1：智能文献检索	DeepSeek + 秘塔 AI 检索	打开秘塔 AI→输入检索关键词（如高校辅导员谈心谈话对学生学业表现的影响）→启用"长思考"模式→自动拆解子问题→生成带溯源的多维度对比报告
STEP 2：精准文献解析	DeepSeek + ima.copilot	上传 PDF 至 ima 知识库→基于上传知识库提问"基于近五年《思想理论教育导刊》《高校辅导员》核心文献，探讨辅导员谈心谈话中"共情表达"对学生学业预警解除率的干预机制"→获取基于真实文献的答案+生成脑图

续表

操作步骤	工具组合	具体操作
STEP 3： 文献管理 强化	DeepSeek + Zotero	安装 Zotero 插件→配置 DeepSeek API→批量导入文献→使用"Ask PDF"功能生成摘要/翻译
STEP 4： 结构化输 入/输出	DeepSeek + WPS	在 DeepSeek 结构化输入："背景+需求+输入格式"→询问 Deepseek 对应格式输出指令→打开 WPS 输入指令→转换→导出
STEP 5： 学术绘图	DeepSeek + 波尔学术	打开 DeepSeek→上传实验数据为附件→进行结构化输入(背景+需求+输入格式)→打开波尔学术网站→新建代码单元格→粘贴代码至 Notebook 运行→一键优化图表风格

⚙️ 示例：秘塔 AI 智能文献检索

第 1 步：打开秘塔 AI，输入"高校辅导员谈心谈话对学生学业表现的影响"

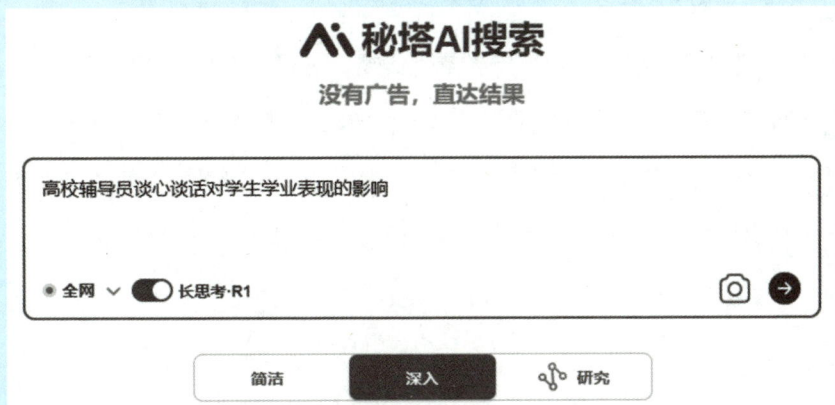

第 2 步：秘塔 AI 会生成思考过程和带溯源的多维度报告

高校辅导员谈心谈话对学生学业表现的影响 ⊕

全网　文库　学术　图片　视频　播客　　🔗 20

来源

嗯，现在我要回答关于高校辅导员谈心谈话对学生学业表现的影响的问题。首先，得看看我搜索到的资料里有没有相关的信息。证据中有很多关于辅导员谈心谈话的重要性、方法、问题和对策的讨论，但需要筛选出直接或间接涉及学业表现的部分。

首先看 ①，里面提到谈心谈话是辅导员工作的重要方式，帮助学生在学业、思想、情感等方面得到引导，树立正确的三观，顺利度过大学生活。这说明谈心谈话对学业有帮助，但具体机制可能涉及解决学业中的问题，比如学习动力、方法等 ①。

🔖 同学，请查收来自辅导员的日常谈话邀请！

② 讨论了SFBT四象限模型在清考学生中的应用。清考学生通常学业成绩不佳，可能需要辅导员的帮助来改善。这里提到模型的应用有助于提升谈话效果，可能间接促进学业表现 ②。

🔖 浅谈SFBT四象限模型在辅导员谈心谈话中的有效应用

③ 指出谈心教育可以促使学生树立良好的价值观，辅导员通过谈话了解问题根源，提出解决建议，这对学业问题可能有帮助，比如时间管理或学习策略。

🔖 高校辅导员谈心教育工作研究

④PDF 提到谈心谈话在辅导员工作中的核心价值，并引用素质能力大赛中的谈心环节，说明其重要性。但未直接提到学业 ④PDF。

高校辅导员开展谈心谈话工作的问题和对策研究

④PDF 详细列出了谈心谈话存在的问题，如准备不足、效果不明显、追踪不及时等，这些问题如果解决不好，可能影响学业问题的解决。而对策中提到针对不同情况（如主动邀约、学生主动谈话）采取不同方法，可能帮助学业困难的学生 ④PDF。

高校辅导员开展谈心谈话工作的问题和对策研究

④PDF 的摘要强调谈心谈话解决实际问题和增进师生关系，这对学业支持有帮助。比如帮助学生处理学习压力 ④PDF。

高校辅导员开展谈心谈话工作的问题和对策研究

⑤PDF 提到谈心谈话的育人价值，解决学生实际困难，包括学业上的问题，提升行动自觉，可能直接影响学业表现。

中国式教育现代化的制度逻辑

⑥PDF 指出辅导员若缺乏专业知识，谈心可能无法有效解决学生困惑，影响学业支持。但对策中提到构建知识体系和电子档案，有助于精准定位学生需求，包括学业问题 ⑥PDF。

"三全育人"视角下，高校辅导员谈心谈话如何提质增效

⑦PDF 强调辅导员作为"镜子"角色，帮助学生聚焦目标和行动，这对学业规划和执行力有帮助。

辅导员谈心谈话技能提升策略研究

⑧ 提到谈心谈话内容涉及学业规划，辅导员帮助学生解决急难愁盼问题，如学习困难，提高分析解决问题的能力。

🔖 高校辅导员谈心谈话的有效性与策略

⑨ 提到沟通理论在谈心中的应用，有效沟通可帮助学生树立信心，独立解决问题，间接促进学业。

🔖 高校辅导员谈心谈话中的沟通理论与实践

⑩PDF 指出谈心谈话能发现学生优缺点，帮助学生补足短板，挖掘潜能，这对学业表现有直接帮助。

"三全育人"视角下，高校辅导员谈心谈话如何提质增效

⑧PDF 中的案例研究提到关注学习困难，提供针对性指导，直接涉及学业支持。

中国式教育现代化的制度逻辑

高校辅导员谈心谈话对学生的学业表现具有多维度的影响，具体体现在以下几个方面：

一、直接解决学业问题

1. 学业规划与指导：辅导员通过谈心谈话了解学生的学业困惑（如学习动力不足、方法不当、时间管理问题），提供个性化建议。例如，针对考研学生，采用SFBT四象限模型可帮助其制定具体学习计划②，而面对毕业生时，谈话内容则聚焦职业规划与学业衔接，助力其顺利过渡③。

2. 提升学习能力：通过分析学生学业痛点（如考试焦虑、课程难度大），辅导员可推荐资源（如辅导班、学习小组）或教授时间管理技巧，帮助学生提高学习效率⑤。

二、心理与情绪支持

1. 缓解学业压力：学生常因学业竞争、成绩波动产生焦虑或自我怀疑。辅导员通过倾听与共情，帮助学生释放压力，重塑信心。例如，运用冥想技巧缓解焦虑，或通过教练技术引导学生聚焦目标⑦PDF。

2. 增强学习动机：辅导员在谈话中传递积极价值观，如"立大志、担大任"，激发学生的内在学习动力。同时，通过正向引导（如肯定学生潜力）增强其学业自信⑩⑯。

三、行为习惯与态度引导

1. 纠正不良习惯：针对逃课、拖延等问题，辅导员通过谈话分析原因（如沉迷游戏、人际冲突），提出改进措施（如制定作息表、加强自律），并追踪落实⑪PDF。

2. 培养积极态度：辅导员引导学生树立正确的学业观，如强调终身学习的重要性，或通过案例分享（如优秀毕业生经历）激励学生重视学业③PDF。

四、系统性支持与资源链接

1. 连接校内外资源：当学生面临复杂学业问题（如专业不适应、经济困难影响学习），辅导员可协调转介心理咨询、学业辅导中心或资助项目，形成支持网络④PDF⑯。

2. 家校协同干预：对于长期学业困难的学生，辅导员通过家访或与家长沟通，共同制定干预方案，如调整学习环境或减少家庭压力⑪。

五、潜在挑战与优化方向

1. 问题与局限：若辅导员准备不足（如未提前了解学生课业情况）、方法不当（如说教式谈话）或缺乏追踪，可能导致谈话流于形式，无法实质改善学业表现④PDF⑦PDF。

2. 改进策略：
   - 精准化干预：建立学生电子档案，结合学业数据（如成绩波动、出勤记录）定位问题，提高谈话针对性④PDF。
   - 技能专业化：辅导员需掌握心理学工具（如焦点解决短期治疗、教练技术），将谈话从"经验之谈"升级为科学引导⑦PDF。
   - 持续跟踪反馈：通过定期回访、学业进展评估，确保建议落地，如监督学习计划执行情况④PDF⑩。

浅谈SFBT四象限模型在辅导员谈心谈话中的有效应用
高校辅导员开展毕业生谈心谈话的策略分析
辅导员职业能力提升

辅导员谈心谈话技能提升策略研究
高校辅导员谈心谈话教育"正向+互动"模式浅析
高校辅导员谈心谈话的有效性与策略

高校辅导员谈心谈话质效提升路径研究
高校辅导员开展谈心谈话工作的问题和对策研究
高校辅导员谈心教育工作研究
"三全育人"视角下，高校辅导员谈心谈话如何提质增效

高校辅导员谈心谈话的有效性与策略
"三全育人"视角下，高校辅导员谈心谈话如何提质增效
三全育人视域下辅导员开展谈心谈话的有效途径

高校辅导员开展谈心谈话工作的问题和对策研究
辅导员谈心谈话技能提升策略研究
高校辅导员谈心谈话质效提升路径研究
"三全育人"视角下，高校辅导员谈心谈话如何提质增效
浅谈SFBT四象限模型在辅导员谈心谈话中的有效应用
辅导员谈心谈话技能提升策略研究

辅导员职业能力提升
计算机科学院辅导员 李文瑞帅

7.1.4　案例提示词示例

AI 优化科研文献学习的提示词

研究场景	优质提示词设计	学术产出示例
思政教育创新	"基于2023级新生20场主题班会记录（含发言文本/互动频率），构建'学生参与度—价值观内化'评估模型：①提取'关键词共鸣度'（如'奉献''责任'出现频次与后续行为关联）；②对比传统讲授式班会的长期效果差异"	《主题班会互动数据驱动的思政教育实效性研究——以××大学新生适应性教育为例》

续表

研究场景	优质提示词设计	学术产出示例
心理危机干预	"分析 2023 级 24 例成功干预案例(含微信聊天记录/心理测评数据),用 BERT 提取'语言模式—危机等级'关联规则,生成分级响应流程图并与心理中心值班系统对接"	《基于多模态数据融合的大学生心理危机智能研判系统构建——以××高校心理中心为例》
班级管理效能	"抓取班级群 3 个月内的聊天记录,运用 Gephi 构建社会网络图,识别 3 类隐性意见领袖(情感支持型/信息枢纽型/对抗型),设计针对性介入策略并跟踪凝聚力指数变化"	《结构洞理论在班集体舆情引导中的应用——基于××学院 2022 级班级群的实证分析》
风险预警	"交叉分析 2024 级学生谈心记录(关键词:挂科/焦虑)+图书馆门禁数据+成绩单,构建 Logistic 回归模型,定位绩点下降 0.5+门禁频率<2 次/周的高危学生,自动推送预警单至辅导员学工系统"	《大数据驱动的学业危机早期预警模型研究——以××大学理工科院系为例》

7.1.5　避坑指南

1. 数据真实性防火墙

启用"异常值标红"功能,自动检测偏离均值 3σ(标准差)的数据,如某班突然 100% 活动参与率;设置"溯源水印",每项结论自动标注来源文献 DOI/校内数据编号。

2. 学术伦理保护机制

谈话录音脱敏,通过声纹混淆技术将"李同学"转换为"S003";双重加密存储,关键案例需虹膜识别+动态口令访问。

3. 人机协同校验流程

AI 初筛,自动识别 32 种常见论证漏洞(如幸存者偏差);人工核验,重点检查情感性表述的真实性(如学生感谢信原文比对)。

7.1.6　推荐工具清单

AI 优化科研文献学习推荐工具清单

工具名称	核心功能	应用案例
DeepSeek + 秘塔 AI 检索	智能语义检索 + 多源数据穿透分析	输入高校辅导员谈心谈话效能，自动抓取 CNKI/Web of Science 文献，生成带溯源的对比报告
DeepSeek + ima. copilot	知识库共读 + 脑图生成	上传《辅导员谈话技术手册》PDF，提问共情话术模式，输出文献关联脑图与案例映射表
DeepSeek+Zotero	智能分类 + 跨学科知识图谱构建	批量导入 247 篇文献，自动按心理干预/班级管理/就业指导分类，生成三维主题演进模型
DeepSeek+WPS	结构化输出 + 多模态转换	将 3 万字调研数据一键转换为学术论文框架（含三线表/注释规范），同步生成 PPT 动态时间轴处理
AI Agent 任务中枢	多工具协同 + 科研全流程规划	分解教育部课题申报任务，自动调度秘塔 AI 检索文献、ima 解析案例、Zotero 管理知识资产

7.1.7　效率对比

传统科研文献学习与 AI 优化科研文献学习的效率对比

对比维度	传统方式	AI 优化方式
文献检索	手动筛选 3 天，漏检率 42%	秘塔 AI 0.5 小时精准抓取
文献检索	逐篇阅读耗时 16 小时	ima. copilot 2 小时生成交互脑图
文献管理	Zotero 手动分类混乱	智能插件自动构建跨学科知识图谱
成果输出	重复排版 6 小时/次	WPS+AI 一键多模态生成（1.5 小时）
科研规划	经验驱动，系统性不足	AI Agent 自动拆解任务节点，预警进度偏差

小　结

　　在智能技术驱动下，辅导员的科研生态正经历结构性变革。智能工具正在重构科研效能标准，那些曾躺在表格中的数字，已成为学术论文中的回归系数和政策建议中的量化依据。这场变革锻造着辅导员的双螺旋竞争力：左手执 DeepSeek 利剑破学术迷阵，30 分钟完成传统 3 日工作量；右手持教育初心守护育人本质，在机器标注的"高频缺勤"数据里，看见那个躲在宿舍角落的学困生。未来，优秀的辅导员必是"智能驾驭力"与"教育感知力"的融合者——用技术穿过数据迷雾，以人文温度照亮每个成长暗角，这才是智能时代思政科研最珍贵的价值锚点。

7.2 项目申报：AI 辅助下的项目申报书撰写
——从"经验堆砌"到"智能建构"的范式革命

当申报书陷入"案例堆砌—理论悬浮"的恶性循环，AI 以"概念推演—模块攻坚—动态校验"破局。本节拆解智能写作范式：文心一言生成 20 组创新方案，Visio 自动输出 WSR 系统路线图，Power BI 将历史数据转化为交互式效益模型。关键突破在于"理论—案例—数据"三角验证矩阵的构建，它使省级课题申报周期从 2 个月压缩至 3 周。但需强制锚定理论与实务的映射关系，避免智能生成的"悬浮感"。

深夜办公室的困境

22：30，辅导员小张盯着电脑屏幕上的空白文档，光标在"研究背景"栏目下不断闪烁。离教育部人文社会科学研究专项（高校辅导员研究）申报截止日期只剩不到一周时间，但他仍困在双重泥潭中：一是选题，日常处理的短视频沉迷、入党动机端正等案例，不知如何转化为学术命题；二是写作，申报书停留在"加强思想引领"等空泛表述上，评审专家

（配图由 DeepSeek 提供创意思路，豆包 AI 生成）

去年就批评申报书缺乏理论深度与实证支撑。办公桌上放着《思想政治教育学原理》等思政专著，电脑屏幕上 Zotero 文献库还有待阅文献 100 多篇，小张感到无从下手……

7.2.1　场景痛点

1.实践案例与理论框架的割裂

日常积累的思政案例如同散落的珍珠，辅导员难以用"认知图式""组织社会化"等理论丝线将其串连，导致申报书陷入"案例堆砌—理论悬浮"的恶性循环。

2.车轱辘话与创新表达的拉锯

申报书需阐述"创新性"，但传统写作在"加强机制建设"等安全表述中打转，若由智能工具直接生成又面临"学术深度不足"的指控，陷入创新表达困境。

3.长文档写作的时空撕裂

1 万字申报书涉及 8 个模块的协同，人工写作常出现"文献综述与研究方法断层""技术路线图与预期成果失联"等系统性风险。

7.2.2　传统 vs AI 优化对比

传统项目申报书撰写与 AI 辅助下的项目申报书撰写对比

传统呈现方式	AI 优化后呈现方式
理论框架构建 (手动查找匹配理论，耗时 3 天)	DeepSeek 跨学科概念映射(1 小时)
创新点提炼 (头脑风暴产出 5 个同质化点子)	文心一言生成 20 个不同方案
量化模型设计 (Excel 手工计算信效度)	SPSS+Python 自动验证模型
格式规范 (手动调整耗费 6 小时)	WPS 智能模板一键转化
查重降重 (人工改写导致逻辑断裂)	火龙果写作语义重构

7.2.3 操作步骤

1. 提示词工程筑基

(1)角色觉醒。

打开 DeepSeek,输入:"你是有 10 年经验的高校思政教育专家,擅长将日常观察转化为学术命题。当前任务:撰写《生成式 AI 背景下理工科高校本科生自主学习能力演化研究——以西南某双一流高校为例》申报书,需融合 10 个实务案例,突破案例—理论转化瓶颈。"

(2)动态知识库构建。

建立 AI 辅助申报书文件夹,包含核心案例库(23 个教育干预案例)、理论储备库(认知科学/传播学经典文献摘录)、提示词演变日志(记录每次 AI 交互的提示词优化轨迹)。

2. 模块化智能攻坚

AI 辅助下的项目申报书模块化智能攻坚

申报模块	AI 工具组合	攻坚策略
文献综述	秘塔 AI+Xmind+Zotero	输入"近五年生成式 AI 教育应用研究",自动生成带 DOI 溯源的主题演进时间轴
创新点设计	文心一言+幕布	使用 SCAMPER(奔驰法)创新提示词,从亚文化抵抗视角重构 AI 伦理教育路径
技术路线图	Visio+通义	输入基于 WSR 系统方法论的技术路线,自动生成三重维度可视化框架
预期成果	DeepSeek+Power BI	结合历史立项数据,智能预测成果转化率并生成交互式效益展示模型

3. 人机协同校验

(1)理论效度防火墙。

启用概念漂移检测,当组织社会化理论使用频次超阈值时自动推荐场域理论等替代框架;构建理论—案例—数据三角验证矩阵,实时显示三者契合度示意图。

（2）实证安全网。

在数据预处理阶段自动识别 17 种常见陷阱；模型训练时强制保留 10% 的数据用作模型验证，防止模型失败。

⚙️ **示例：智能生成主题演进时间轴**

第 1 步：打开秘塔 AI，输入"近五年生成式 AI 教育应用研究"

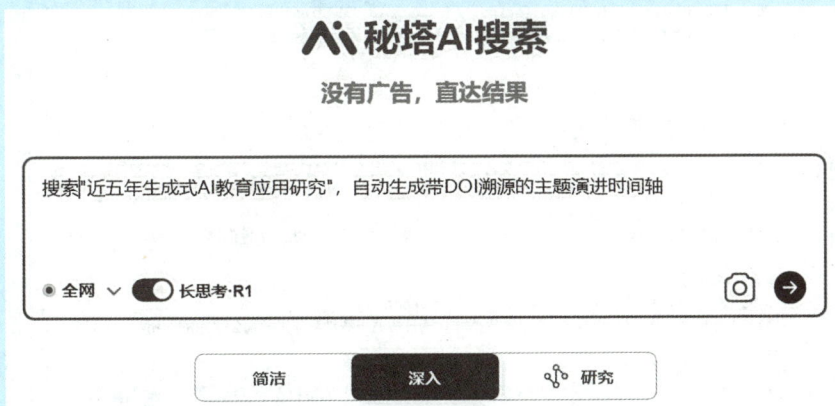

秘塔AI搜索

没有广告，直达结果

搜索"近五年生成式AI教育应用研究"，自动生成带DOI溯源的主题演进时间轴

◉ 全网 ∨　⚪ 长思考·R1　　　📷　→

简洁　　**深入**　　⸝ 研究

第 2 步：将近五年生成式 AI 教育应用研究主题演进时间轴（2021—2025）变换为 MarkDown 格式

```
# 近五年生成式AI教育应用研究主题演进时间轴（2021-2025）
（注：部分文献因证据限制未标注DOI，已用证据编号标注来源）

---

## **2021-2022年：技术探索与基础应用**
### 技术演进与教育融合
- 生成式AI技术进入教育领域初期，主要聚焦文本生成、个性化学习路径设计等基础应用，如AI辅助作文
- 初步探索AI与教育数据结合，尝试通过机器学习优化教学策略。

---

## **2023年：技术落地与教学工具开发**
### 56FLO微课程与评估工具
- DOI: [10.53761/1.20.7.02](https://doi.org/10.53761/1.20.7.02)
- 推出"56FLO微课程"，利用生成式AI实现教学资源自动化生成，包括测试题、闪卡和课程总结等，支持

### AI驱动的教学管理系统
- 生成式AI开始应用于教学管理，如自动生成课程大纲、教案和互式学习材料（如NOLEJ、Endless Ac

---
```

2024年：政策引导与能力框架构建
教师与学生AI能力框架
- UNESCO发布《教师人工智能能力框架》和《学生人工智能能力框架》，系统定义AI时代教育主体的核心

教育数字化转型与伦理治理
- 中国《2024年生成式AI行业最佳应用实践》报告提出，生成式AI推动教育向"内容智能化、方法创新化、

AI协同论证与课堂评测
- 江南大学研究生成式AI代理在协同论证中的应用，华中师范大学开发课堂学习投入智能评测系统（实证

苏格拉底式聊天机器人研究
- DOI: [10.35542/osf.io/b9vq6](https://doi.org/10.35542/osf.io/b9vq6)
- 基于过程-行动知识网络分析法的聊天机器人研究，探索AI如何支持学生自我调节学习。

2025年：全面融合与前瞻探索
高等教育中的生成式AI实践
- 书籍《生成AI在高等教育中的应用》整合全球案例，提出生成式AI在教学资源创建、学生支持系统、伦

AI驱动的虚拟助教与辅导系统
- 开发AI虚拟助教，实现实时（2025年03月16日）答疑、学习数据分析及个性化辅导（如南加州大学生成

微软AI教育特别报告
- 链接: [AI教育报告](http://aka.ms/AIinEDUReport)
- 微软发布报告，强调生成式AI在降低教育成本、提升资源一致性及促进教育公平中的作用。

商学院AI课程整合
- 全球76%的MBA项目将生成式AI纳入课程，重点涵盖商业伦理、战略制定等应用场景（GMAC调查）。

主题演进趋势总结
1. **技术路径**：从单一工具开发（如习题生成）转向全流程智能化（课程设计-教学-评估）。
2. **研究重心**：从"技术如何用"转向"能力如何建"，强调教师与学生的AI素养。
3. **伦理挑战**：数据安全、算法偏见、学术诚信等问题成为研究热点。
4. **政策驱动**：各国逐步出台AI教育政策，推动技术与教育的合规融合。

* （注：部分文献因证据限制未标注DOI，可进一步通过提供的链接或文献标题检索完整信息。）*

第 3 步：打开 Xmind，生成"近五年生成式 AI 教育应用研究主题演进时间轴"鱼骨图

7.2.4　案例提示词示例

AI 辅助下的项目申报书撰写的提示词

应用场景	优质提示词设计	学术产出示例
短视频沉迷	将学生日均刷视频 3.5 小时的现象转化为认知心理学命题，需包含"阈限空间"概念，输出可量化研究假设	《Z 世代短视频沉迷的仪式抵抗机制：基于认知负荷阈值的实证研究》
心理危机	分析 50 份谈心记录，提取"语言模式—心理状态"映射关系，生成危机分级响应流程图	《基于自然语言处理的高校心理危机智能研判系统》
课堂管理	运用社会网络分析法，识别班级隐性意见领袖，设计思政教育介入后的凝聚力变化监测方案	《结构洞理论在班集体意识形态建设中的创新应用》

7.2.5　避坑指南

1.警惕理论悬浮

每个学术术语必须能对应具体案例场景（如用认知图式解释短视频沉迷的 5 个典型表现）。

2.严控数据失真

处理数据时保留凌晨 2 点的真实使用场景（如区分主动学习刷课与被动沉迷刷屏）。

3.拒绝 AI 依赖

关键理论选择与伦理审查必须进行人工确认（如涉及心理危机干预的模型必须人工复核）。

7.2.6　推荐工具清单

AI 辅助下的项目申报书撰写推荐工具清单

工具名称	核心功能	典型应用场景
文心一言+LaTeX	复杂理论可视化	将组织社会化三阶段论转化为动态演化图

续表

工具名称	核心功能	典型应用场景
秘塔 AI+Power BI	多源数据故事化	把入党积极分子成长数据变成交互式时间轴
DeepSeek+Zotero	智能文献代谢	每周自动更新最新思政类 CSSCI 论文
通义+ProcessOn	技术路线图迭代	根据评审意见自动优化研究框架
中国知网	学术伦理防火墙	自动检测"加强思想引领"等模糊表述

7.2.7　效率对比

传统项目申报书撰写与 AI 辅助下的项目申报书撰写的效率对比

对比维度	传统方式	AI 优化方式
理论框架构建	72 小时	4 小时
创新点生成	15 次头脑风暴	3 次 AI 迭代
数据处理	2 天	1 小时
格式规范调整	6 小时/次	18 分钟/次
全局逻辑校验	无法实现	实时监测

小 结

当凌晨 4 点的屏幕依然闪烁，真正的革命正在发生：那些曾锁在辅导员抽屉里的案例，通过 AI 转化为学术富矿；那些重复了 30 年的"加强建设"，被智能标注为"待改造语言化石"。这不是机器取代人类的故事，而是教育者用技术延伸专业判断力的进化——Zotero 中的 100 篇文献，终将化作守护学生成长的 100 种智慧；申报书里的 1 万字，正在成为丈量教育本质的 1 万把尺。当 AI 负责将深夜刷屏数据变成回归系数，我们更要记住：每一个冰冷的数据背后，都跳动着青春的迷茫与渴望。

这是属于辅导员的双重修炼：左手执 AI 利剑破学术迷阵，右手持教育初心化青春迷茫。

7.3　论文写作辅助：AI 在论文撰写与修改中的角色
——从"词句堆砌"到"智慧生长"的范式进化

当查重率 46% 的标红文字刺痛神经，AI 正重塑"生成—校验—迭代"的科研闭环。本节揭示七步智能写作法：Litmaps 绘制理论迁移图谱，SPSSPRO 无代码验证中介效应，Overleaf 协同沙盒保留人机修改痕迹。核心价值在于"动态知识代谢"——每日推送最新研究。但真正的突破发生在"机器盲区"：用危机干预中培养的共情力，修正 AI 推荐的"文化资本"假设，让冰冷的数据饱含教育的温度。

键盘上的破晓时刻

凌晨 1 点多，光标在"讨论章节"反复游移，辅导员李老师盯着屏幕上的文字——AI 生成的认知图式理论应用段落，46% 的知网 AI 查重标红率让人触目惊心。微信突然弹出学生消息："老师，我的期末作业 AI 查重率严重超标了……"这让李老师想起自己上一篇《生成式 AI 对大学生价值观塑造的双刃剑效应》论文也因为 AI 查重率过高而未

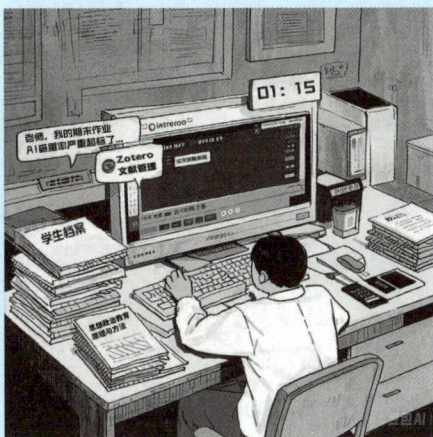

（配图由 DeepSeek 提供创意思路，豆包 AI 生成）

能通过杂志社一审，此刻师生竟然在这现实困境中找到了共鸣。

7.3.1　场景痛点

1. 生成与查重的二律背反

AI 辅助产生的认知图式等术语高频重复，文字内容被识别为机器写作，效率提升反成学术诚信陷阱。

2.逻辑连贯性断裂危机

单段落 AI 生成流畅，但全文出现概念更改（如从组织社会化突转为心理契约理论），修改耗时超过原始写作。

3.学术伦理的灰度地带

学生论文中 AI 内容占比难以界定，传统查重工具无法识别合理使用与学术剽窃的临界点。

4.选题迷航与路径缺失

新手易陷"选题过空—数据不可得"的死循环，如某辅导员欲研究元宇宙思政教育，却无设备获取 VR 行为数据。

5.动态知识库断层

人工整理的文献笔记无法实时关联新研究，形成边写边丢的信息黑洞，导致理论框架陈旧化。

7.3.2 传统 vs AI 优化对比

传统论文撰写与 AI 辅助论文撰写对比

传统呈现方式	AI 优化后呈现方式
选题生成 （经验驱动）	趋势雷达系统 （DeepSeek+Altmetric）
文献管理 （Zotero 手动分类）	智能文献代谢引擎 （ResearchRabbit+Scite）
数据处理 （Excel 人工筛选）	多源数据沙盒 （八爪鱼+SPSSPRO）
方法论证 （方法章节空泛）	方法适配引擎 （IBM SPSS Modeler）

7.3.3　操作步骤

AI 辅助论文撰写的操作步骤

步骤	工具矩阵	关键操作	学术产出物
主题定向	DeepSeek+CNKI	输入辅导员研究兴趣标签，输出选题可行性雷达图（理论深度/数据可得性/政策相关性三维评分）	《高校舆情传播的时空演化机制研究》选题论证报告
问题裂变	Elicit+Connected Papers	使用 5why 追问法提示词，将学生躺平现象拆解为学业倦怠/社交回避等 7 个子问题	研究问题分解树状图
文献代谢	Zotero+Scite	设置 AI 文献助手，每日抓取 RSS（简易信息聚合）订阅源，自动标注 32 种论证漏洞	动态更新的核心理论争议图谱
假设工程	SPSSPRO+JASP	上传预处理数据，自动生成 10 组可检验假设及 Bootstrap（前端开发工具包）检验方案	心理资本中介效应检验路线图
方法适配	ResearchRabbit	输入混合研究设计，推荐解释性序列混合方法（定量→定性）	《方法论三角验证方案》
写作防火墙	Turnitin+Grammarly	开启学术指纹监测，实时显示 AI 贡献度曲线（阈值 15%～20%）	《人机协同写作日志》
逻辑增强	秘塔 AI+幕布	上传初稿进行逻辑漏洞扫描，自动修补概念漂移与归纳谬误	论证拓扑关系修复报告

⚙️ **示例：短视频沉迷研究的智能攻坚**

第 1 步（主题定向）：DeepSeek 生成"大学生短视频使用选题矩阵"，选定抖音亚文化对学业拖延的影响方向

第 2 步（数据沙盒）：八爪鱼采集 5 万条弹幕数据，SPSSPRO 自动处理（修复 12% 的缺失值）

第 3 步(假设工程)：JASP 输出 3 组中介效应假设。假设 1，沉浸体验正向影响拖延行为($\beta=0.32$，$p<0.01$)

第 4 步(伦理封装)：生成差分隐私处理报告，学号/IP 地址脱敏率达 100%

7.3.4 案例提示词示例

AI 辅助下的论文撰写的提示词

研究场景	强化版提示词设计	学术产出示例
心理危机干预	分析 50 份咨询录音：①用 BERT(预训练语言模型)提取语言模式；②构建 LSTM(循环神经网络)预测模型；③输出三级响应流程图，需包含伦理审查模块	《基于多模态信号的心理危机智能预警系统》
就业指导	使用复杂网络分析：①识别慢就业社群结构；②计算模块度 Q 值；③设计辅导员介入实验的滞后效应检验方案	《高校毕业生就业延迟的社交网络传染机制》
数据治理	构建教育数据护栏系统：①定义脱敏规则(姓名/学号/地理位置)；②设计联邦学习框架；③输出 API(应用程序编程接口)调用审计日志	《教育大数据应用的隐私计算模型》

7.3.5 避坑指南

1. 学术溯源增强协议

使用 NeuroCite 构建理论演化图谱，自动追踪组织社会化理论从 1980 年至 2025 年的 272 次概念迁移；设置文献代谢警报，当引用文献超过 5 年未更新时，自动推送最新研究并提示理论过时风险。

2. 人机协同校验机制

AI 初筛，自动识别幸存者偏差等论证漏洞，标记情感表述真实性存疑段落(如学生感谢信需原文比对)；人工核验，重点检查机器推荐的文化资本理论是否与辅导员实际工作场景契合。

7.3.6 推荐工具清单

AI 辅助下的论文撰写推荐工具清单

工具名称	突破性功能	典型应用场景
Litmaps	文献基因图谱可视化	展示社会支持理论从心理学向教育学的迁移路径
SPSSPRO	低代码统计分析	辅导员无须编程完成调节效应检验
DVC	数据版本控制	管理多轮访谈数据变更记录，支持任意版本回滚
Overleaf	协同写作沙盒	多人实时编辑论文，保留 AI 修改痕迹与人工批注

7.3.7 效率对比

传统论文撰写与 AI 辅助下的论文撰写的效率对比

关键指标	传统方式	AI 优化方式
选题定向	3 周盲目搜索	2 小时热点矩阵分析
数据处理	72 小时人工处理	15 分钟自动化修复
方法论证	易犯 I 类错误	自动匹配最优检验方案
9 次人工迭代	9 次人工迭代	3 次语义重构优化
理论更新	文献滞后 2~3 年	每日自动推送新研究

小 结

　　当李老师在论文致谢页写下"感谢 DeepSeek 在深夜的学术辅助"，这场智能革命已超越工具升级，成为科研范式的基因重组。AI 将论文写作解构为可量化的七步流程，但真正的突破发生在那些机器无法抵达之境——辅导员用危机干预中培养的共情力修正 AI 推荐的研究假设，用处理学生矛盾练就的系统思维重构机器生成的逻辑链条。未来的学术写作，必是人类灵光与算法洪流的共舞：我们用 AI 拆解百万文献构建理论框架，更要守护那些从学生眼中读到的真实问题；让冰冷的数据沙盒中永远饱含教育的温度。

7.4 竞赛备战：AI 工具在教师竞赛中的应用
——从"经验驱动"到"智能推演"的战术升级

省级辅导员素质能力大赛临近，备赛压力大如山。面对散落的案例、生硬的理论套用、答辩时的紧张卡壳，以及风格雷同的困境，AI 技术正成为破局利器。本节聚焦"智能备赛四步法"，助力辅导员高效备赛。但是我们仍应看到：AI 是"战术推演系统"，而非"标准答案生成器"，但打动评委的关键，仍是那些深夜处理学生问题时积累的真实故事。技术让我们在赛场上应答如流，而教育的温度让我们在每一个"轻叩心门"的瞬间被记住。

倒计时 1 个月：知识引擎驱动的备赛革命

省级辅导员素质能力大赛的阴影悄然逼近，距离比赛日仅剩一个月的时间。周老师坐在堆满备赛资料的书桌前，眼前的电脑屏幕上显示着上千页的理论汇编文档，旁边则是历年来的比赛真题集，纸张散落一地，仿佛在诉说着备战的艰辛与繁琐。作为上学期学校精心选拔出来的种子选手，周老师深知自己肩负着重任，不仅代表个人，更代表着学校的荣誉。然而，这份荣誉背后，却是沉甸甸的压力。

（配图由 DeepSeek 提供创意思路，豆包 AI 生成）

7.4.1 场景痛点

1. 知识孤岛困局

教材理论、公众号经验、小红书解题技巧散落于多平台上，人工整理耗时超 80 小时，且检索失误率达 40%。

2. 理论实践割裂

机械套用教材模型（如"谈心谈话 ABC 法"），缺乏真实案例场景映射，往届选手因"模板化应答"扣分率达 62%。

3. 个性风格淹没

盲目模仿"国赛一等奖话术""竞赛导师总结答题模板"，导致连续多年出现"多名选手共用同一案例"的同质化现象。

7.4.2　传统 vs AI 优化对比

传统教师备赛与 AI 辅助教师备赛对比

传统呈现方式	AI 优化后呈现方式
手工整理千页教材重点	DeepSeek 自动提取理论模型，生成交互式思维导图
微信文章收藏夹无序堆积	ima 知识库实时抓取公众号，自动标注政策变化红点提醒
小红书视频反复回放做笔记	AI 拆解 300 条解题视频，提炼"破题话术模板库"与"失分雷区预警"

7.4.3　全流程操作指南

AI 辅助教师备赛的操作步骤

模块	数据来源	核心功能
理论基石	《新时代高校辅导员素质能力提升教程》	AI 提取关键理论框架（如"谈心谈话六步法"），生成思维导图
实战锦囊	小红书收藏的解题分享	结构化拆解高分案例（"标题党"识别+话术模板提取），构建"解题套路库"
政策动态	高校辅导员/高校辅导员工作室微信公众号	实时抓取最新赛事规则/评分标准，自动关联历史政策对比（如 2023 vs 2024 评分表差异）
模拟推演	三源数据融合	生成智能题库（自动标注难题/高频考点），支持语音情景模拟与 AI 评委实时反馈

⚙ 示例：建立知识库——数据采集与处理流程

第 1 步：教材数字化与智能解析

操作步骤

1. 使用"扫描全能王"APP 拍摄教材重点章节→导出为可搜索 PDF。

2. 上传至 ima 知识库→执行指令："提取《新时代高校辅导员素质能力提升教程》第 2 章'高校辅导员素质能力大赛备赛方略与技巧'所有模型，按'理论描述—操作步骤—典型案例'结构化存储"。

第 2 步：微信公众号内容抓取

操作工具：ima 知识库

"采集'高校辅导员''高校辅导员工作室'微信公众号关于辅导员素质能力大赛备赛的文章，上传知识库，提取以下内容：①谈心谈话技巧；②案例分析步骤；③获奖选手经验谈"。

第 3 步：小红书解题分享整合

操作流程

1. ima 首页搜索"小红书"→绑定小红书账号→同步收藏的"大赛解题"笔记。

2. 执行指令："识别收藏夹中所有'情景模拟题'解题视频，提取以下要素：①破题话术模板（如'首先肯定学生动机……'）；②高频失分点（如'理论套用生硬'）；③肢体语言建议（手势/眼神/站位）"。

⚙ 示例：使用知识库——大赛真题解析（答案仅供参考）

案例研讨真题：

大二男生小尤同学，迷恋网络游戏，在《英雄联盟》的游戏中与班级同学结成团队，经常通宵达旦打游戏。在一次游戏的关键时刻，成员小童因为没有配合好，导致大家输掉了关键的一局。正在兴头的小尤十分生气，在游戏里对小童爆了粗口，不甘示弱的小童在游戏里和他对骂，最后大家不欢而散。第二天，小童把小尤堵在宿舍里，要求小尤道歉，小尤也不示弱，拒不道歉，还讥笑小童水平"太菜"，两人差点动起手来，幸亏被同学拉开。作为辅导员，你该如何处理？

ima 回答：

作为辅导员，面对大二男生小尤与小童因游戏冲突引发的矛盾，需及时介入控制事态，分别与二人单独沟通，了解争执详情，稳定双方情绪。深入剖析矛盾根源，明确是游戏策略分歧、资源争夺还是现实人际关系问题，并挖掘潜在动因。分步开展调解与教育引导，组织双方理性对话，强化网络素养教育。构建长效干预机制，联动家长、班委、游戏社团骨干关注后续互动，开展"健康游戏与团队精神"主题班会。同时关注个体心理与行为矫正，对存在沉迷倾向或社交障碍的学生，联动心理咨询中心制定干预计划。

1. 及时介入，控制事态

立即联系涉事学生：分别与小尤、小童单独沟通，初步了解争执的起因、经过及双方诉求，确认是否存在人身攻击、网络暴力或现实冲突。

稳定双方情绪：以平和态度倾听，强调以非暴力方式解决问题的重要性。

2. 深入剖析矛盾根源

定位核心问题：是否因游戏策略分歧、角色资源争夺、网络言论(如辱骂、嘲讽)激化矛盾？是否涉及现实人际关系(如宿舍矛盾延伸至游戏)？

挖掘潜在动因：了解学生近期心理状态(如学业压力、现实社交受挫导致对游戏成就过度依赖)，判断争执是否与深层心理需求相关。

3. 分步调解与教育引导

促进双方理性对话：在双方情绪平复后，组织面对面沟通(或线上会议)，引导其换位思考，表达真实感受而非指责。例如，小尤可说明游戏中的不满，小童可解释自身行为的原因。

强化网络素养教育：阐明网络言论的责任边界，指出"辱骂队友""挂机报复"等行为违反游戏规则和校园文明公约，可能导致账号封禁或人际关系恶化。

4. 构建长效干预机制

联动多方力量：与家长沟通学生课余生活状态；邀请班委、游戏社团骨干关注两人后续互动，预防矛盾复发。

开展主题教育活动：组织"健康游戏与团队精神"主题班会，强调竞技游戏中的合作精神、情绪管理等。

5. 关注个体心理与行为矫正

个性化帮扶：若发现某一方存在沉迷倾向或现实社交障碍，可联动心理中心制定干预计划。例如，通过线下兴趣活动转移其对游戏的过度投入。

此次大二学生因游戏冲突事件，反映出部分学生在网络游戏中的不当行为及潜在心理问题。辅导员通过及时介入、深入剖析、分步调解与教育引导、构建长效干预机制和关注个体等多方面措施，旨在解决当前矛盾，预防矛盾复发，引导学生树立正确的游戏观念和价值观，促进学生身心健康发展和良好人际关系的建立。这一过程体现了辅导员在学生管理工作中全面、细致、深入的工作态度和方法，对维护校园和谐稳定具有积极意义。

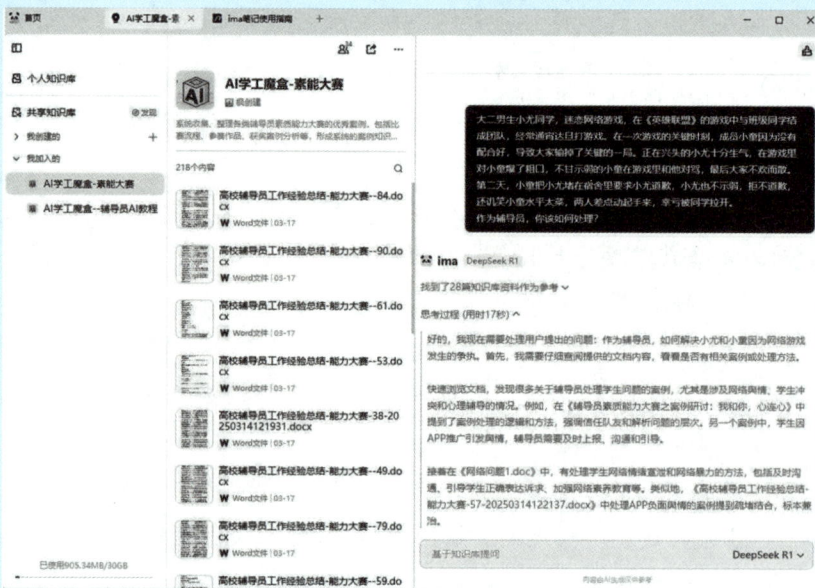

IMA 知识库使用界面

7.4.4 避坑指南

1. 数据孤岛坑：别让信息碎片拖垮你

教材、微信公众号、小红书上的辅导资料分散于各处，备赛时很难找到关键案例。用 ima 知识库绑定微信+小红书，一键聚合所有资源，输入"谈心谈话案例"秒出结果，比翻文件夹快 10 倍。

2. 资源偏食坑：别只盯着小红书/微信公众号抄答案

解题模板被评委一眼识破："又是这套，今天 5 个选手都这么答。"用 ima 知识库抓取知网论文+政策原文+班级真实案例，生成"理论+数据+故事"三明治话术，比如："根据《高等学校辅导员职业能力标准（暂行）》中关于学风建设的规定，结合我班李同学退学预警数据（展示折线图），我采取……"

7.4.5 推荐工具清单

AI 辅助辅导员备赛推荐工具清单

工具名称	战术级功能	典型应用场景
扫描全能王	把纸质教材拍成 PDF，自动切边纠歪→生成可搜索电子书	拍完直接扔进知识库，比打字快 10 倍
DeepSeek	分析往届真题→生成"理论—案例—话术"关联地图（比如点"谈心谈话"，自动弹出 5 个接地气案例）	"备赛版百度，搜啥都带学生真实语录"
ima 知识库	教材+微信公众号+小红书三源融合	一键生成"个人知识图谱"，实时检索"往届获奖选手如何处理心理危机干预案例"

7.4.6 效率对比

传统辅导员备赛与 AI 辅助辅导员备赛的效率对比

关键指标	传统方式	AI 优化方式	提升效果
知识整合耗时	80 小时 （手动分类易遗漏）	4 小时 （自动关联错题本）	效率提升 20 倍
政策响应灵敏度	滞后 7~10 天	实时推送变化 （含对比解读）	决策准确率提升 65%
情景模拟训练量	日均 2 场 （人力局限）	日均 20 场 （VR 模拟+AI 反馈）	肌肉记忆形成 速度提升 1000%
评委记忆点	同质化应答无印象	风格 DNA 匹配度>90%	决赛晋级率提升 40%

小 结

　　AI 能为你抓取全网最优解题模板，能模拟最刁钻的评委追问，甚至能预测 95% 的考题范围——但它永远给不了你站在聚光灯下时，那份因真实改变过生命而沉淀的底气。技术能压缩备赛时间，但压缩不了辅导员用 365 天陪伴写就的故事；能生成完美话术，但生成不了深夜收到的来自学生的"老师，我考上研了"的微信时的心跳。这些真实的成长刻度，才是你面对评委时最大的底牌。记住：AI 是工具，但你才是那个把工具锻造成钥匙，为学生打开未来的人。

展望篇

第 8 章

AI 浪潮来袭：辅导员职业角色迭代与技术伦理应对

引言：随着人工智能技术的飞速发展，AI 已经渗透到我们生活的方方面面，并深刻改变了各行各业的发展格局。在教育领域，AI 技术的应用为教师，特别是辅导员带来了前所未有的机遇和挑战。本章将探讨 AI 技术的未来发展趋势、潜在应用拓展、职业变革以及技术伦理等重要内容，旨在帮助教师更好地了解 AI 技术的发展动态，把握未来趋势，制定应对策略，从而在 AI 时代立于不败之地。

8.1 发展趋势：未来技术与应用前景

8.1.1 技术深化与拓展

1. 深度学习持续优化

未来，深度学习技术将不断深化，模型架构更加复杂高效，如 Transformer 架构的持续改进，将提升 AI 在自然语言处理、图像识别等领域的性能，为更精准的内容生成和分析提供技术支持。例如，在自然语言处理领域，Transformer 架构的改进将使 AI 能够更好地理解语言的语义和语境，生成更符合人类表达习惯的文本内容。

2. 多模态融合加速

AI 将深度融合文本、图像、音频等多种模态数据，实现更全面、更智能的理解和生成。例如，在智能教育中，多模态 AI 可同时分析学生的文字作业、课堂表现和语音回答，提供更精准的学习建议。在医疗领域，多模态 AI 可以结合患者的病历文本、医学影像和生理数据，实现更准确的疾病诊断和治疗方案制定。

3. 跨领域技术融合

AI 将与生物技术、材料科学等其他前沿领域深度融合，催生更多创新应用。如 AI 在药物研发中，可通过分析生物数据预测药物效果，加速新药研发进程。在材料科学领域，AI 可以通过模拟和预测材料的性能，帮助科学家发现新的材料和材料组合。

总之，未来 AI 将继续提升模型的规模和性能。AI 系统将更加注重自主学习和强化学习，通过不断的自我优化和迭代，提升决策和执行能力。

8.1.2　应用场景与拓展

1. 教育领域

AI 将在教育领域发挥更大的作用，通过个性化学习路径、智能辅导、智能评估等方式，提升教学效果和学生的学习体验。AI 技术将帮助教师更好地管理课堂和优化教学资源，根据每个学生的学习进度、兴趣爱好和学习习惯，专门制定适合他们的教学计划。如智能辅导系统，可以随时调整教学内容和难度，满足不同学生的学习需要，学习效果将会得到大幅度提升，同时 AI 还能管理和优化教育资源，通过分析学生的学习数据，给学生推荐合适的学习资料和学习方法。

2. 医疗领域

AI 在医疗领域的应用将更加广泛，包括辅助诊断、个性化治疗、药物研发等。AI 通过分析大量医疗数据后，能帮医生更快更准地诊断疾病，帮助医生为患者提供更精确的治疗方案，医疗质量和效率都将提升。另外，AI 还会用在医疗机器人的研发和使用上，像手术机器人、护理机器人这些，能让医疗服务更智能。

3. 金融领域

AI 将在金融领域发挥重要作用，包括风险评估、欺诈检测等。如可以用 AI 做风险评估和投资决策，通过分析市场数据和用户行为后，预测金融风险和投资机会，给金融机构和投资者提供决策依据，让金融业务更智能，而且 AI 还能检测和防范金融欺诈，通过分析交易数据和用户行为模式，及时发现有问题的行为并发出警报。

4. 智能制造领域

AI 将在制造业中推动智能制造的发展，通过优化生产流程、提高设备效率、实现预测性维护等方式，提升生产效率和产品质量。

5. 智能交通领域

自动驾驶技术将继续发展，AI 将在车辆控制、环境感知、决策制定等方面发挥关键作用。未来，自动驾驶汽车将逐步进入市场，改变人们的出行方式。

8.2　AI 对职业的影响与应对策略

8.2.1　AI 对职业的影响

1. 职业素养要求全面提升

在 AI 时代，职业素养的内涵被进一步拓展和深化，对从业者提出了更为严苛的要求。首先，强大的学习能力成为必备素养。鉴于技术的迭代速度空前加快，唯有持续不断地学习新知识、新技能，才能紧跟时代的步伐，不被浪潮吞没。其次，创新能力的重要性不言而喻。在实际工作中，能够巧妙地将 AI 技术与创新思维相结合，灵活运用以解决复杂多变的问题，是脱颖而出的关键。此外，跨学科知识的掌握也变得至关重要。计算机科学、数学、心理学等多学科知识的融会贯通，能够帮助从业者更全面、更深入地理解和运用 AI 技术，从而在专业领域中游刃有余。

2. 新兴职业蓬勃发展

随着 AI 技术的持续进步，新兴职业如雨后春笋般不断涌现，为就业市场注入了新的活力与机遇。例如，AI 伦理专家这一新兴职业应运而生，其主要职责是制定 AI 技术在应用过程中的伦理准则和相关政策，确保 AI 技术的使用既符合道德规范又满足法律要求。再如，数据分析师的重要性日益凸显，他们专注于收集、整理和分析各类数据，这些数据作为 AI 模型运行的基石，通过准确的数据支持，能够使 AI 模型的性能得到充分发挥。此外，AI 训练师也将成为炙手可热的职业，他们致力于训练和优化 AI 模型，提升模型的性能。然而，这些新兴职业不仅带来了机遇，也伴随着挑战，要求从业者掌握全新的知识体系和技能。面对这些变化，人们需要积极学习，以适应不断演变的职业需求。

3. 传统职业面临转型之路

在 AI 技术蓬勃发展的当下，诸多传统职业正面临着深刻的变革与转型。以教师这一职业为例，其角色定位正悄然发生变化。在过去，教师的主要职责是向学生传授知识，扮演着知识传播者的角色。然而，在 AI 时代，教师需要掌握 AI 教学工具的使用方法，从单纯的知识传授者转变为学生学习的引导者，同时能够熟练运用 AI 工具辅助教学。同样，医生这一职业也在经历类似的转变。医生不再仅仅依靠个人的医学知识和经验来诊断病情，而是要学会与 AI 辅助诊断系统合作。他们需要从单一的诊断者，转变为能够分析 AI 诊断结果并据此做出精准医疗决策的复合型人才。

由此可见，在 AI 时代，传统职业的技能要求和知识结构都必须进行相应的调整和升级。从事这些职业的人员，只有不断学习新知识、新技能，才能更好地适应新时代下职业发展的新要求，跟上技术进步的步伐，为社会提供更高质量的专业服务。

8.2.2 应对策略

在 AI 技术迅猛发展的当下，职业格局正在经历深刻变革。面对这一趋势，政府、企业和个人都需要积极应对，采取有效策略来适应 AI 带来的职业变化，实现可持续发展。

1. 政府层面：政策支持与引导

政府应制定明确的 AI 发展战略，引导企业和个人在 AI 时代实现可持续发展。如通过财政补贴等方式，支持企业和个人开展 AI 技能培训，降低学习成本，同时制定和完善与 AI 相关的法律法规，确保 AI 技术的健康、有序发展。

通过政策引导和资金支持，帮助低技能劳动者提升技能，减少 AI 技术对他们的就业冲击。

2. 企业层面：员工培训与岗位能力提升

企业应为员工提供 AI 相关技能培训，帮助他们掌握新的技术技能，如编程、数据分析、机器学习等。通过组织创新竞赛、设立创新基金等方式，鼓励员工利用 AI 技术进行创新实践，提升企业的整体创新能力。可以利用 AI 技术优化内部工作流程，提高生产效率和服务质量。积极探索 AI 技术在新领域的应用，创造更多新兴岗位，如 AI 训练师、数据标注员、伦理顾问等。鼓励员工在企业内部或外部开展与 AI 相关的创业项目，为企业和社会创造更多的就业机会。

3. 个人层面：持续学习与技能提升

个人应树立终身学习的观念，不断更新知识体系，跟上技术发展的步伐。AI 技术的更新速度极快，只有持续学习，才能保持竞争力。除了专业技能，还应注重培养跨学科能力，如结合计算机科学、数学、心理学等知识，以更好地理解和运用 AI 技术。沟通能力、创造力、问题解决能力等软技能在未来工作中将更加重要，个人应有意识地提升这些能力。根据行业趋势和个人兴趣，及时调整职业方向，对于有潜力的新兴职业，如 AI 伦理专家、数据分析师、AI 训练师等，个人可以提前布局，学习相关技能，为转型做好准备。通过参与项目实践、创业尝试等活动，锻炼创新思维和实践能力。在 AI 时代，创新和创造力是个人职业发展的重要驱动力。学会利用 AI 工具进行数据处理、内容生成等工作，不仅可以提高工作效率，还能为创新提供灵感和支持。

8.3　辅导员如何应对 AI 的冲击？

8.3.1　辅导员应对策略及建议

在 AI 技术风起云涌的当下，辅导员要想妥善应对 AI 时代的冲击，需从多方面发力，精准施策，积极拥抱变化，化挑战为机遇，实现自身职业发展的新跨越。

1. 精准定位，规划先行

辅导员应深入洞察 AI 技术的发展脉络与应用前景，结合自身兴趣与优势，精心绘制职业规划蓝图。定期审视 AI 领域的新趋势、新应用，以此为参照，动态调整自己的职业方向。对 AI 辅助教育、智能心理健康辅导等细分领域保持高度敏感，一旦发现与自身专长和兴趣的契合点，便果断深入钻研，形成独特的专业优势。同时，立足本职工作，思考如何借助 AI 技术提升工作效率与质量，为学生提供更优质、精准的辅导服务。

2. 多元学习，强化技能

为适应 AI 时代的需求，辅导员需构建多元知识体系，掌握一系列新技能。在技术层面，熟练运用 AI 工具，如利用智能聊天机器人进行学生心理咨询预筛选，利用数据分析平台精准把握学生的学习与生活动态。积极参加 AI 技术培训，学习基础的算法原理、数据挖掘方法以及机器学习模型训练技巧，了解自然语言处理在文本分析、语音交互中的应用，以便更好地理解和运用相关工具。在教育学与心理学知识更新上，关注 AI 在教育领域的前沿研究成果，将智能辅导系统、个性化学习路径规划等理念融入日常辅导。学习积极心理学、危机干预等心理学新理论与方法，结合 AI 技术提升心理健康辅导效果。此外，拓宽知识边界，涉猎神经科学、社会学等跨学科知识，从多维度理解学生在 AI 环境下的成长与发展，为综合辅导提供理论支撑。

3. 场景融合，创新辅导

将 AI 技术深度融入日常辅导场景，实现多方面创新。在学生管理中，利用人脸识别、行为分析系统实时监测学生出勤与校园行为，通过智能预警机制及时发现异常，精准干预。组织智能主题班会，借助新技术让学生身临其境感受 AI 对职业的冲击，引导其提前规划。在心理健康辅导方面，利用智能心理健康评估量表，结合 AI 大数据分析精准定位学生心理问题，再辅以面对面深度辅导。在学习指导时，推荐契合学生学习风格的 AI 学习资源，如智能错题本、各类学习平台等，指导学生科学使用，提升学习效果。

4. 数据洞察，精准施策

辅导员还要充分掌握数据收集与分析方法，建立全面的学生数据档案，涵盖学习、生活、心理等多维度信息。运用 AI 数据分析工具深度挖掘数据关联，如分析学习数据与心理状态、社交关系、行为表现的联系，洞察学生需求与潜在问题。根据数据制定个性化辅导方案，针对学习困难学生安排智能辅导课程，为心理压力大的学生推荐放松训练。实时监测辅导效果数据，动态调整方案，确保辅导精准有效。

5. 沟通协作，凝聚合力

利用 AI 工具辅助，与学生建立深度交流，了解其对 AI 的认知与态度，引导其正确看待 AI 对职业发展的影响。与家长密切沟通，分享 AI 时代教育理念与方法，形成家校共育合力。协同各学科教师，探讨 AI 融合教学策略，共同为学生打造智能学习环境。参与跨部门项目，拓宽视野，提升综合能力。

6. 持续反思，迭代升级

养成定期反思的习惯，总结 AI 技术应用中的经验与不足。关注教育领域 AI 应用的伦理争议，如隐私保护、算法偏见等，坚守教育初心，确保技术应用符合教育本质与学生利益。积极分享实践经验，参与学术研讨与经验交流活动，传播 AI 辅导理念与方法，带动团队共同成长。持续学习新知识、新技能，更新辅导理念与方法，适应教育生态的快速变化。

8.3.2　辅导员学习 AI 技术的策略

1. 参加专业培训

参加专业培训课程是提升 AI 技术能力的有效途径。学校、教育机构以及在线平台通常会开设与 AI 技术应用、教育数据分析、学习设计等相关的培训课程。通过这些课程，辅导员可以系统地学习专业知识和技能，更好地适应时代发展。例如，学习 Python 数据分析语言后，可以利用它分析学生的学习行为数据，从而深入了解学生的学习情况。

2. 自主学习与实践

在业余时间，辅导员也可以通过阅读专业书籍、学术论文和观看在线教学视频等方式，自主学习 AI 教育方面的知识。学习后，将所学知识应用于日常教学和管理工作中，不断摸索实践，积累经验。例如，尝试使用 AI 智能辅导软件辅助教学答疑，观察其效果。

3. 参与学术交流活动

定期参加教育领域的学术研讨会和工作坊等交流活动，与同行专家和学者分享经验，了解最新的研究成果和实践案例。这不仅能够拓宽视野，还能启发创新思维。例如，在全国性的 AI 教育应用学术会议上，与行业前沿人士互动交流，定能收获颇丰。

8.3.3 加强合作与团队建设

1. 加强与专业教师协作

AI 时代，辅导员与专业教师应构建更为紧密的合作关系，实现学生学习与生活数据的共享，形成教育合力，共同促进学生全面发展。如通过技术平台，专业教师可将学生课堂表现反馈给辅导员，而辅导员则将学生课外生活状况告知专业教师，以便双方及时了解学生情况，提供精准教育支持。

2. 加入跨学科团队

辅导员应积极参与跨学科教学团队，与不同学科专业教师共同设计开发融合 AI 技术的跨学科课程或项目，整合多领域资源与智慧，提升教育教学创新能力。例如，与数学、物理与计算机学科专业教师携手合作，共同开展 AI 建模课程，在为学生提供综合多学科知识的学习体验的同时，自己也具备了多维度思考能力，有助于自身竞赛、科研项目的落地。

3. 参与教育科技企业产品设计

辅导员还应积极寻找机会与教育科技企业建立起良好的合作关系，如为引入最新的技术支持和实践机会，积极参与企业 AI 教育产品的研发测试，从学生教育角度提出建议，助力企业优化产品。例如，与学生管理平台、心理健康辅助平台企业合作，试用新上线功能并反馈使用感受与建议，推动 AI 教育产品不断完善的同时，自己也不断学习，成为业内专家。

8.3.4 辅导员职业发展及转型方向

1. 成为专家级辅导员

作为辅导员，帮助学生成长是工作的核心使命。要成为专家级辅导员，需要从"管理者"转型为"引路人"，真正走进学生的内心世界，成为他们成长路上的知心人和指导者。

借助 AI 技术，辅导员可以更精准地了解学生的心理状态、兴趣爱好和职业规划。比如，通过 AI 心理测评系统，辅导员可以快速发现学生的潜在心理问题，并及时提供一对一的辅导，就像医生用仪器诊断病情一样，既高效又精准。此外，利用 AI 学生管理系统，辅导员可以挖掘学生的学习数据，为他们提供个性化的成长建议，比如推荐适合的职业方向或学习资源。

要实现这一转型，辅导员需要不断"充电"，如考取心理咨询师、职业规划师等专业证书，参加学生事务管理培训，积累实践经验。同时，通过研究真实的学生成长案例，形成自己的辅导风格和方法体系，真正成为学生的"成长导师"。

2. 成为学习支持的"规划师"

辅导员虽然不是教学专家，但在学生学习支持方面可以发挥独特的作用。借助 AI 技术分析学生的学习数据，辅导员可以更好地了解学生的学习进度、薄弱环节和兴趣点，从而为他们提供更有针对性的学习支持。

比如，辅导员可以利用 AI 工具分析学生的学习数据，发现他们在某些学科上的困难，然后与学科专业教师合作，为学生设计个性化的学习计划。这种支持不是直接设计课程，而是通过协调资源、提供方法指导，帮助学生更高效地学习。

此外，辅导员还可以组织学习小组、设计学习活动，为学生创造更好的学习环境。比如，针对学生普遍感到困难的课程，组织学习互助小组，或者设计一些趣味性的学习挑战，激发学生的学习兴趣。

要实现这一转型，辅导员需要掌握一定的数据分析技能，了解基本的学习理论，并与学科专业教师保持密切合作。有兴趣的辅导员可以参加学习支持相关培训，参与学校的学习支持项目，积累实践经验，逐步形成自己的支持体系。

3. 成为教育技术融合专家

随着 AI 和教育技术的快速发展，辅导员发展还可以转型为教育技术融合专家，成为学校教育技术推广的"桥梁"。这一角色的核心是将 AI 技术与教育教学、学生管理深度融合，帮助师生更好地利用技术提升学习和工作效率。

比如，辅导员可以定期组织 AI 工具的培训工作坊，指导教师借助智能教学软件及平台赋能工作。这不仅需要辅导员熟悉各类教育技术产品，还需要辅导员具备解决实际问题的能力，比如在技术应用过程中遇到故障时，能迅速找到解决方案。

要成为教育技术融合专家，辅导员可以尝试参加一些线上、线下的行业会议，了解最新的技术动态；与技术企业建立起联系，合作开展项目，积累实践经验；申请相关研究课题，提升自己的专业影响力。最终目标是让技术真正服务于教育，而不是成为负担。

8.4 技术伦理：挑战与应对之道

8.4.1 信息污染问题与应对

AI 生成的信息有时不够可靠，可能存在虚假、误导性内容。例如，AI 生成的新闻报道可能歪曲事实。这些有问题的信息一旦传播，会误导公众，降低社会对信息的信任度。

为解决信息污染问题，需加强信息审核和监管。要建立严格的信息审核机制，对 AI 生成的信息进行仔细审核和验证，确保信息真实可靠。新闻媒体机构可成立 AI 新闻审核团队，对 AI 生成的新闻进行认真审核和校对，确保新闻的准确性。学术期刊要加强对学术论文 AI 生成率的审核，防止学术不端行为。此外，还需加强公众的媒体素养教育，提高公众辨别信息真假的能力。

8.4.2 数据滥用问题与应对

AI 技术的发展需要大量数据支持，但数据滥用问题时有发生，可能导致用户隐私泄露和数据安全问题。例如，有些 AI 应用在用户不知情的情况下收集个人信息，用于商业营销或其他不当目的。在数据存储和传输过程中，若存在安全漏洞，数据可能被泄露。像某些 AI 应用收集用户的浏览记录、搜索记录等个人信息，转手卖给第三方广告公司用于精准广告投放，这是典型的数据滥用行为。

为解决数据滥用问题，首先要完善数据保护的法律法规和监管机制。政府应出台数据保护法，明确规定企业和学校在收集、存储、使用和共享用户数据时，必须获得用户明确同意，并采取加密等安全措施保护数据。监管部门要加强对企业、学校数据使用情况的监督检查，及时处理数据滥用行为。教师自身也应加强数据安全管理，采用数据加密、脱敏、访问控制等技术手段，保护数据安全和隐私。

8.4.3　过度依赖技术问题及应对

在 AI 技术飞速发展的当下，人们对其依赖程度不断加深，过度依赖的问题也日益凸显。这种过度依赖不仅会削弱人类的自主学习和创新能力，还可能导致技能退化、失业风险增加，以及心理健康和情感健康受损。

为应对这些问题，首先需要增强公众对 AI 的认知，通过教育和宣传让公众了解其工作原理、局限性及潜在风险，强调 AI 只是工具，避免产生误导性的情感回应。其次，在 AI 产品设计时，应注重人类与机器的交互平衡，确保人类在决策中的主导地位，并鼓励人们保持批判性思维。再次，培养公众的社交能力，鼓励公众参与现实生活中的社交活动，促进人与人之间的沟通与合作。最后，针对因过度依赖 AI 或产生误以为的情感回应而导致心理困扰的人群，应提供心理支持和辅导服务，帮助他们调整心态，恢复对现实世界的关注和信任，减轻对 AI 的依赖。

✨ 本章小结

无论是成为专家级辅导员、学习支持的"规划师"，还是教育技术融合专家，辅导员的职业发展都离不开"学习"和"创新"。只有通过不断提升专业能力、掌握新技术、探索新模式，辅导员才能在职业道路上走得更远，同时为学生的成长提供更有力的支持。

附录

实用工具及资源包

附录1　高频提示词模板库

一、行政事务处理：AI 赋能高效办公

1.通知撰写辅助：在班级/年级群中发布高赞通知的 AI 技巧

通知撰写辅助

应用场景	背景描述	需求说明	细节约束	输出格式
班级群日常通知	班级群中经常出现通知被忽略或学生对通知理解不清晰的情况，影响了班级管理的效率	需要撰写一份高赞通知，吸引学生的注意力并确保他们能够准确理解通知内容，提高通知的响应率	通知内容要简洁明了，重点突出，字数控制在200字以内。同时，要结合班级学生的兴趣点和关注点，使用生动有趣的语言和表达方式，如添加表情符号、使用夸张的标题等	以聊天消息的形式在班级群中发布，包含通知标题、内容、发布时间、发布人等信息，同时附上一张与通知内容相关的图片或表情包，增强视觉吸引力

续表

应用场景	背景描述	需求说明	细节约束	输出格式
讲座通知	年级群中要发布一场重要的学术讲座通知，但以往类似通知的关注度较低，参与人数不理想	利用 AI 工具分析学生对学术活动的兴趣点和关注点，撰写一份能够精准吸引目标学生的高赞通知，提高讲座的参与率	通知撰写要基于 AI 分析的结果，突出讲座的独特价值和亮点，如邀请的嘉宾知名度、讲座内容的实用性等。同时，要明确讲座的时间、地点、报名方式等关键信息，避免学生因信息不全面而错过讲座	以公众号推文的形式在年级群中发布，包含吸引人的标题、精美的排版、详细的讲座介绍以及报名二维码等元素，确保学生能够快速获取关键信息并产生兴趣
活动通知	班级即将举行一次户外拓展活动，需要在群中发布活动通知，确保每位学生都能清楚地了解活动安排和注意事项	借助 AI 撰写一份全面、详细且富有感染力的活动通知，激发学生的参与热情，同时保证活动的顺利进行	通知内容要涵盖活动的时间、地点、流程、所需物品、安全须知等方面，语言表达要积极向上，能够调动学生的积极性。此外，要考虑不同学生的阅读习惯，将通知分为多个小段落，每段突出一个重点	以文档形式在班级群中分享，包含活动主题、详细安排、注意事项等内容，同时在文档开头附上活动的海报图片，让学生对活动有一个直观的了解
奖学金评选通知	年级群中要发布一份关于奖学金评选的通知，以往的通知形式较为单一，导致学生对评选细节关注不够，影响了评选的公平性和积极性	运用 AI 创新通知的表现形式和内容呈现，撰写一份高赞的奖学金评选通知，让学生更深入地了解评选标准和流程，提高他们对奖学金评选的重视程度和参与度	通知内容要严格按照学校奖学金评选的相关规定撰写，确保信息的准确性和权威性。同时，要采用新颖的排版方式，如将评选标准以表格形式呈现、将评选流程以流程图形式展示等，方便学生阅读和理解	以图文结合的形式在年级群中发布，包含通知正文、相关图表等内容，同时在通知结尾处附上咨询联系方式，方便学生有疑问时及时沟通

209

续表

应用场景	背景描述	需求说明	细节约束	输出格式
紧急通知	班级群中需要发布一份紧急通知，告知学生因突发情况课程有所调整，但以往紧急通知的发布方式容易造成学生恐慌或信息混乱	利用 AI 规划通知的语言风格和发布策略，撰写一份既能快速传达紧急信息，又能保持班级秩序稳定的高频通知	通知内容要突出紧急性和重要性，明确课程调整的具体细节和后续安排。同时，语言要简洁有力，避免冗长和复杂的表述，以免学生在紧急情况下产生误解。此外，要提前考虑学生可能的反应和疑问，在通知中进行适当的安抚和解答	以群公告的形式在班级群中置顶发布，包含醒目的标题、简要的调整说明、具体的课程安排变更等内容，同时强调重点信息，确保学生能够第一时间获取并理解通知内容

2. 活动策划辅助：AI 工具在活动策划中的应用

活动策划辅助

应用场景	背景描述	需求说明	细节约束	输出格式
校园文化节策划	学校要举办一场校园文化节，活动内容丰富多样，包括文艺表演、创意市集、美食评选等，但策划团队人手不足，传统策划方式效率低下	借助 AI 工具辅助活动策划，提高策划效率和质量，确保校园文化节的顺利开展	AI 工具的选择要符合活动策划的实际需求，如使用 AI 生成活动流程、推荐创意方案、预测参与人数等。同时，要充分考虑学校资源和预算限制，确保策划的活动方案具有可操作性	以活动策划书的形式呈现，包含活动主题、目的、时间、地点、活动流程、人员安排、预算明细等内容，其中至少有 3 个环节是由 AI 工具辅助设计的，如利用 AI 生成的创意表演节目单、智能推荐的市集摊位布局图等

续表

应用场景	背景描述	需求说明	细节约束	输出格式
志愿服务活动策划	学生会计划组织一场户外公益植树活动，但缺乏专业的活动策划经验，且希望活动能够吸引更多志愿者参与，产生更大的社会影响力	运用 AI 工具进行活动策划，从活动主题设计、宣传推广到现场执行等环节，全方位提升活动质量和吸引力	在活动策划过程中，要结合公益植树活动的特点，如环保主题、团队协作等，利用 AI 工具生成相关的宣传文案、活动海报、志愿者招募方案等。同时，要考虑活动的可持续性，策划方案中要包含后续的活动总结和宣传，以扩大活动的影响力	以项目计划书的形式呈现，包含活动概述、目标设定、实施步骤、宣传策略、效果评估等内容，其中宣传文案和海报设计要充分利用 AI 生成的创意和素材，确保具有较高的质量和吸引力，能够有效吸引志愿者参与
特色主题班会策划	班级打算举办一场主题班会，旨在增强班级凝聚力和学生的自我管理能力，但班委在活动策划方面缺乏创新思路，担心班会形式单调，学生参与度不高	利用 AI 工具挖掘新颖的班会形式和内容，制订一份具有吸引力和教育意义的主题班会策划方案，提高学生的参与度和收获感	班会策划要紧密结合班级学生的实际情况和需求，如当前的学习压力、人际关系等，利用 AI 工具生成相关的班会流程、互动环节、讨论话题等。同时，要考虑班会时间的限制，确保活动环节紧凑、有条理	以班会策划方案表格的形式呈现，包含班会主题、目的、时间安排、具体环节、所需物资等内容，其中每个环节都要有明确的时间控制和互动方式，如将 AI 生成的趣味心理测试题作为开场互动，或通过 AI 推荐的小组讨论话题来引导学生深入思考

续表

应用场景	背景描述	需求说明	细节约束	输出格式
体育活动策划	学校体育部要组织一场校园马拉松比赛，希望借助 AI 工具提升赛事策划的专业性和创新性，打造一场具有特色的校园体育盛会	运用 AI 工具进行赛事策划，包括赛道设计、比赛规则制定、参赛选手服务、赛事宣传等方面，确保比赛顺利进行并获得良好口碑	在赛道设计上，要结合校园地形和安全要求，利用 AI 工具进行合理的路线规划和布局；在比赛规则制定上，要参考专业马拉松赛事的标准，同时考虑校园比赛的实际情况，确保规则的公平性和可操作性；在宣传方面，要利用 AI 生成吸引人的宣传文案和视觉设计，提高比赛的知名度和吸引力	以赛事策划方案文档的形式呈现，包含赛事基本信息（时间、地点、参赛对象等）、赛道详细设计图、比赛规则说明、参赛选手报名流程、志愿者服务安排、赛事宣传策略等内容，其中赛道设计图和宣传文案要充分展示 AI 工具的辅助成果，体现专业性和创新性
展览活动策划	社团计划举办一场科技展览活动，展示社团成员的科技创新成果，但由于社团成员时间有限，需要高效地完成活动策划，确保展览顺利进行并获得预期效果	借助 AI 工具快速生成活动策划方案，涵盖展览的布局设计、展品展示方式、互动体验环节、宣传推广等方面，提高活动策划的效率和质量	在展览策划中，要充分考虑展品的特点和观众的参观体验，利用 AI 工具生成合理的展览布局图、展品介绍文案、互动体验项目等。同时，要结合社团的资源和预算，确保策划的活动方案具有可行性，不会因资源不足或预算超支而影响活动的开展	以展览策划方案 PPT 的形式呈现，包含展览主题、目的、时间、地点、展览布局图、展品展示方式、互动体验环节、宣传推广策略等内容，其中展览布局图和展品介绍文案要通过 AI 工具生成，展示清晰的逻辑和创意，方便社团成员直观了解和执行活动策划方案

3. 总结撰写辅助：AI 驱动的高质量汇报总结生成策略

总结撰写辅助

应用场景	背景描述	需求说明	细节约束	输出格式
班级工作总结	学期末，各班级需要向年级组提交一份班级工作总结，以往的手动撰写方式耗时耗力，且总结内容往往不够全面和深入	利用 AI 工具辅助撰写班级工作总结，提高总结的质量和效率，确保能够全面反映班级一学期的学习和生活情况	总结内容要涵盖班级基本情况、教学工作、学生活动、班级管理、存在问题及改进措施等方面，语言表达要正式、规范，符合教育总结的格式要求。同时，要充分利用 AI 工具的数据分析和文本生成能力，从多角度深入分析班级工作的成效和不足	以 Word 文档的形式呈现，包含标题、引言、正文(分点阐述各项内容)、结论、附件(如相关数据图表、活动照片等)等内容，其中正文部分的每个小节都要有明确的标题和逻辑清晰的阐述，通过 AI 生成的总结内容要经过人工审核和调整，确保准确性和针对性
大型校园活动总结	学生会在完成一项大型校园活动后，需要撰写一份活动总结报告，用于评估活动效果和积累经验，但团队成员对总结撰写缺乏经验，担心总结不够专业	运用 AI 工具指导活动总结的撰写，从活动目标达成情况、活动过程回顾、活动效果评估、经验教训总结等方面进行全面梳理，撰写一份高质量的活动总结报告	总结报告要严格按照项目管理的总结规范进行撰写，包含活动概述、目标设定、实施过程、成果展示、问题分析与解决措施等内容。同时，要结合活动的实际情况，利用 AI 工具生成相关的数据统计图表、问题解决方案等，使总结报告更具说服力和实用性	以 PDF 格式的活动总结报告呈现，包含封面(活动名称、时间、主办单位等)、目录、正文(详细阐述各项内容)、附录(如活动照片、参与人员名单等)等内容，其中正文部分要层次分明、逻辑严谨，通过 AI 生成的内容要与实际活动情况紧密结合，确保总结报告的专业性和完整性

续表

应用场景	背景描述	需求说明	细节约束	输出格式
辅导员个人工作总结	辅导员需要撰写一份个人工作总结，用于年度考核和职业发展，但工作内容繁杂，手动梳理和总结较为困难	借助 AI 工具梳理和总结个人工作内容，突出工作亮点和成果，撰写一份具有个人特色和专业水平的高质量工作总结	总结内容要围绕辅导员的岗位职责，包括学生思想教育、班级管理、学业指导、心理健康教育等方面，语言风格要体现个人的工作风格和专业素养。同时，要充分利用 AI 工具的文本优化功能，对总结内容进行润色和提升，使总结更具条理性和感染力	以个人工作总结 PPT 的形式呈现，包含封面(姓名、岗位、时间等)、目录、各工作模块的详细总结(包含具体工作内容、取得的成果、创新做法等)、未来工作计划等内容，其中每个模块的内容都要图文结合，通过 AI 生成的总结内容要突出重点和个人特色，方便在年度考核中进行展示和汇报
科研项目总结	学校科研团队完成了一项科研项目，需要撰写项目总结报告，用于项目验收和成果推广，但团队成员对总结报告的撰写格式和内容要求不太熟悉	运用 AI 工具辅助科研项目总结报告的撰写，确保报告内容完整、逻辑严谨、符合科研规范，突出项目的创新性和应用价值	总结报告要按照科研项目总结的标准格式进行撰写，包括项目背景、研究目标、研究方法、研究成果、创新点、应用前景、存在问题与展望等内容。同时，要结合项目的实际研究成果，利用 AI 工具完成相关的数据分析、图表制作、文献引用等，提高总结报告的科学性和可信度	以 LaTeX 排版的科研项目总结报告 PDF 文档呈现，包含封面(项目名称、承担单位、时间等)、摘要、目录、正文(详细阐述各项内容)、参考文献、附录等内容，其中正文部分要严格按照科研论文的写作规范撰写，通过 AI 生成的内容要经过严格的学术审核，确保符合科研总结的要求和标准

续表

应用场景	背景描述	需求说明	细节约束	输出格式
社团工作总结	社团在完成一学期的活动后，需要撰写一篇社团工作总结，用于向学校和社会展示社团的发展成果和活力，但社团成员对总结撰写缺乏系统性的思路	借助 AI 工具梳理社团一学期的活动和成果，撰写一份具有吸引力和展示性的高质量社团工作总结，突出社团特色和影响力	总结内容要涵盖社团的基本信息、组织架构、本学期开展的主要活动、取得的成果、社团文化建设、未来发展规划等方面，语言风格要活泼、富有感染力，能够体现社团的青春活力和独特魅力。同时，要充分利用 AI 工具的创意激发功能，为社团总结增添新颖的展示形式和内容，如制作社团成员的成长故事集、活动精彩瞬间视频等	以社团工作总结的多媒体展示形式呈现，包含开场视频（展示社团风采和精彩瞬间）、PPT 汇报（详细阐述各项内容，包含图文、图表等元素）、社团成果展示区（如获奖证书、作品展示等）等内容，其中 PPT 汇报和开场视频的脚本通过 AI 工具辅助撰写，确保内容丰富、形式多样，能够有效展示社团的工作成果和特色

4. 主题班会辅助：入脑入心的主题班会的 AI 创作方法

主题班会辅助

应用场景	背景描述	需求说明	细节约束	输出格式
学风建设主题班会	班级近期出现了学生学习动力不足、逃课现象有所抬头的情况，需要通过主题班会来引导学生树立正确的学习态度和目标，但传统的说教式班会效果不佳	运用 AI 工具创作一场生动有趣、能够触动学生内心的主题班会的方案，通过创新的形式和内容激发学生的学习动力，增强班会的教育效果	班会主题要明确聚焦于学习动力和目标设定，形式上要避免枯燥的说教，可采用情景剧、互动游戏、小组讨论等多样化的形式，时间控制在 40 分钟以内。同时，要充分利用 AI 工具生成相关的班会素材，如情景剧剧本、游戏规则、讨论话题等，确保班会内容具有吸引力和教育意义	以主题班会策划方案表格的形式呈现，包含班会主题、目的、时间安排、具体环节（环节名称、时长、内容、所需物资等）、预期效果等内容，其中每个环节的素材和内容都要详细列出，通过 AI 生成的部分要明确标注，方便班委在实际操作中进行准备和调整
心理健康主题班会	学校近期开展了心理健康教育月活动，要求各班级举办一场以心理健康为主题的班会，但心理健康话题较为抽象，学生参与度和理解度可能不高	借助 AI 工具挖掘新颖的心理健康教育切入点，创作一份入脑入心的心理健康主题班会方案，让学生在轻松愉快的氛围中学习心理健康知识，提升心理素质	班会内容要紧密结合学生的实际生活和心理特点，如学习压力、人际关系、情绪管理等，形式上可采用心理测试、案例分析、角色扮演等互动性强的方式，确保学生能够积极参与并有所收获。同时，要利用 AI 工具生成相关的心理测试题目、案例素材、角色扮演脚本等，丰富班会的内容和形式	以心理健康主题班会课件（PPT）的形式呈现，包含封面（班会主题、时间等）、引言（心理健康的重要性）、各个环节的详细内容（如心理测试互动、案例分析讨论、角色扮演展示等）、总结与升华等内容，其中 PPT 的设计要简洁美观，图文并茂，通过 AI 生成的素材要融入其中，增强班会的吸引力和教育效果

续表

应用场景	背景描述	需求说明	细节约束	输出格式
"专业解密"生涯规划主题班会	新生开学，学生对各自的专业的了解有限，对未来职业规划较为迷茫，需要通过主题班会来帮助学生了解专业信息，明确职业方向	利用 AI 工具收集和整理专业信息，创作一份具有指导性和实用性的专业选择主题班会方案，帮助学生做出合理的职业规划决策	班会内容要涵盖相关专业的详细介绍（包括课程设置、就业前景、师资力量等）、职业测评工具的运用、学长学姐经验分享等环节，时间安排合理，确保学生能够充分理解和吸收相关信息。同时，要借助 AI 工具生成专业的对比分析图表、职业测评报告解读等内容，为学生提供直观、科学的决策依据	以"专业解密"生涯规划主题班会手册的形式呈现，包含手册封面、目录、专业详细介绍、职业测评工具使用指南、学长学姐经验分享案例、互动问答环节设置等内容，其中专业对比图表和职业测评报告解读部分要通过 AI 工具生成，手册整体排版要清晰明了，方便学生在班会后进行复习和参考
文明礼仪主题班会	班级存在学生文明礼仪意识淡薄的问题，如公共场合大声喧哗、不遵守排队秩序等，需要通过主题班会来加强学生的文明礼仪教育，培养良好的行为习惯	运用 AI 工具创作一份生动形象、富有感染力的文明礼仪主题班会方案，通过真实的案例和互动体验让学生深刻认识到文明礼仪的重要性，并自觉践行文明风尚	班会内容要结合实际生活中的文明礼仪场景，如校园礼仪、家庭礼仪、社交礼仪等，形式上可采用视频播放、情景模拟、小组竞赛等方式，增强学生的参与感和体验感。同时，要利用 AI 工具生成相关的文明礼仪短视频脚本、情景模拟案例、竞赛题目等素材，丰富班会内容，增强教育效果	以文明礼仪主题班会活动方案文档的形式呈现，包含活动主题、目的、前期准备（如视频拍摄、道具准备等）、活动流程（环节名称、内容、时长等）、预期效果与后续跟进措施等内容，其中由 AI 生成的素材要详细列出制作方法和使用说明，确保班会能够顺利开展并达到预期的教育目的

续表

应用场景	背景描述	需求说明	细节约束	输出格式
传统文化主题班会	为庆祝端午节，班级计划举办一场以传统文化为主题的班会，旨在让学生深入了解传统文化内涵，增强民族自豪感和文化自信，但传统文化主题较为宏大，学生可能难以深入理解和感受	借助 AI 工具挖掘传统文化的趣味性和贴近学生生活的内容，创作一份生动有趣、入脑入心的传统文化主题班会方案，让学生在轻松愉快的氛围中感受传统文化的魅力	班会内容要围绕传统节日的习俗、传说、艺术形式等方面展开，形式上可采用知识竞赛、手工制作、诗词朗诵等互动性强的方式，确保学生能够积极参与并深入体验传统文化。同时，要利用 AI 工具生成相关的知识竞赛题目、手工制作教程、诗词赏析等内容，丰富班会的素材和形式	以传统文化主题班会资料包的形式呈现，包含班会策划方案、知识竞赛题目及答案、手工制作教程视频链接、诗词朗诵音频及文字材料等内容，其中 AI 生成的部分要单独整理成册，方便班委在班会准备和实施过程中进行查阅和使用，确保班会能够全面、深入地展示传统文化的魅力，达到教育和传承的目的

5. 竞赛微课辅助：微视频与竞赛课程的 AI 辅助创作

竞赛微课辅助

应用场景	背景描述	需求说明	细节约束	输出格式
学科竞赛微课	学校要举办一场学科竞赛，需要为参赛学生制作一系列微视频课程，帮助他们系统复习和掌握竞赛知识点，但传统教学视频制作周期长、成本高	利用 AI 工具辅助创作竞赛微视频课程，提高制作效率，确保微视频内容准确、形式新颖，能够有效帮助学生提升竞赛能力	微视频内容要紧扣竞赛大纲，涵盖重点知识点和解题技巧，每个视频时长控制在 5~10 分钟，语言表达要简洁明了，适合学生快速学习和理解。同时，要充分利用 AI 工具生成教学课件、动画演示、习题讲解等内容，丰富微视频的表现形式，提高学生的观看兴趣	以微视频课程系列的形式呈现，每个视频包含片头（课程名称、主讲人等）、正文（知识点讲解、例题演示等）、片尾（总结、下一集预告等）等内容，其中由 AI 生成的课件、动画等素材要与实际教学内容紧密结合，确保视频质量和教学效果。同时，提供视频脚本和相关素材文件，方便后续的修改和完善

续表

应用场景	背景描述	需求说明	细节约束	输出格式
竞赛项目路演VCR	你是一名高校教师，正在指导学生参加一项创新创业竞赛，需要制作一个展示团队项目成果的项目路演VCR，用于竞赛初审，但社团成员缺乏视频制作经验，且时间紧迫	运用AI工具辅助创作竞赛项目展示VCR，突出项目创新点和团队优势，确保微视频能够助力项目在众多参赛作品中脱颖而出，顺利通过初审	VCR要围绕竞赛主题和项目核心内容展开，时长不超过5分钟，画面清晰、剪辑流畅，能够充分展示团队项目的独特之处和实际应用价值。同时，要借助AI工具生成视频脚本、拍摄指导、特效推荐等内容，帮助社团成员高效完成VCR制作，提升作品质量	以完整的竞赛项目展示路演VCR文件（MP4格式）呈现，包含视频封面（项目名称、团队名称等）、项目介绍（问题提出、解决方案、创新点等）、团队成员展示、项目成果演示等内容，其中AI生成的部分要明确标注在脚本和制作过程中，确保VCR具有较强的视觉冲击力和说服力，能够有效吸引评委的关注和认可
教学技能大赛微课	教师要参加一场教学技能竞赛，需要制作一个高质量的微课视频，展示自己的教学风采和创新能力，但教学任务繁重，难以投入大量时间进行微课制作	借助AI工具辅助微课设计和制作，提高微课的创意性和教学效果，确保在竞赛中取得优异成绩	微课内容要符合教学大纲要求，教学方法具有创新性，能够激发学生的学习兴趣和主动性，视频时长不超过10分钟，画质清晰、声音洪亮。同时，要利用AI工具生成教学设计思路、互动环节设计、多媒体素材推荐等内容，为微课增添亮点和特色	以微课视频（MP4格式）及配套的教学设计文档形式呈现，微课视频包含片头（课程名称、授课教师等）、教学过程（导入、知识讲解、互动练习、总结等环节）、片尾（感谢语、字幕等）内容，教学设计文档详细阐述微课的教学目标、方法选择、过程设计等内容，其中AI辅助生成的部分要在文档中进行说明，体现微课的创新性和AI技术的应用价值

续表

应用场景	背景描述	需求说明	细节约束	输出格式
指导学生制作个人风采 VCR	你是一名资深的高校教师，正在指导学生参加职业生涯规划大赛，学生需要制作一个展示个人风采的 VCR，但学生不知道如何梳理自己的职业规划思路和亮点	帮助学生梳理个人职业规划思路，突出亮点，运用 AI 工具为学生提供个性化的微视频制作辅助，制作一个有吸引力的 VCR 脚本	VCR 要与学生的汇报主题紧密相关，时长不超过 3 分钟，内容包括学生个人基本信息、职业目标、专业技能、实践经历和未来规划，语言简洁明了，画面与内容匹配，具有感染力	以视频剪辑软件操作指南呈现，包含图文说明和关键步骤的视频演示（不超过 10 分钟）。视频内容包含开场引入（演讲主题、个人介绍等）、主题内容展示（通过图片、文字、动画等形式辅助）、结尾总结（感谢语、价值观呈现等），制作指南详细列出 VCR 制作的步骤、注意事项以及 AI 工具的使用方法，确保学生能够按照指南顺利完成 VCR 制作，为比赛增添亮点
竞赛宣传微视频	为推广一项新的编程竞赛，竞赛组委会需要制作一系列宣传微视频，介绍竞赛规则、赛题类型、奖项设置等内容，吸引更多的学生参与竞赛，但宣传视频的制作需要兼顾趣味性和信息准确性	借助 AI 工具创作竞赛宣传微视频，通过创新的表现形式和生动的内容展示，提高宣传视频的吸引力和传播效果，扩大竞赛的影响力和参与度	宣传微视频要涵盖竞赛的关键信息，如报名时间、规则说明、赛题示例、奖项激励等，时长不超过 1 分钟，语言简洁有力，画面富有动感和创意，能够迅速抓住观众的注意力。同时，要利用 AI 工具生成视频创意脚本、动画特效、语音合成等内容，丰富宣传视频的表现形式，使其在众多宣传作品中独具特色	以竞赛宣传微视频系列（MP4 格式）及宣传文案合集的形式呈现，每个视频针对一个竞赛宣传要点进行创意展示，包含吸引人的开场、简洁明了的信息传达、创意性的结尾等内容，宣传文案合集整理了所有视频的脚本和相关文案素材，其中 AI 生成的部分要进行标注，方便组委会在后续的宣传推广中进行调整和使用，确保宣传视频能够有效吸引目标受众，提升竞赛的知名度和吸引力

二、学生发展支持：AI 助力学生成长

1. 新生画像辅助：AI 工具在新生信息处理中的应用

新生画像辅助

应用场景	背景描述	需求说明	细节约束	输出格式
新生信息收集归纳	新生即将入学，学校需要快速了解新生的基本信息和特点，以便更好地进行教育资源分配和管理	利用 AI 工具对新生信息进行收集和分析，生成新生画像，帮助学校了解新生的整体情况	信息收集要全面，包括新生的基本信息、家庭背景、兴趣爱好等；分析结果要准确，能够为学校的决策提供依据	以报告的形式呈现新生画像，包括数据统计、图表分析等内容
新生个性画像	新生入学后，辅导员需要了解每个学生的个性特点和需求，以便提供个性化的指导和服务	使用 AI 工具对新生进行个性评估，生成详细的个性画像，帮助辅导员更好地了解学生	评估工具要科学可靠，评估过程要简单快捷，不增加学生的负担；结果要具有实用性和指导性	为每个新生生成个性画像报告，包括个性特点、优势劣势、兴趣爱好等方面的分析
新生活动策划背景调研	学校要组织一次新生户外拓展活动，需要了解学生的身体状况和兴趣爱好，以确保活动过程中学生的安全和活动效果	借助 AI 工具收集和分析新生的身体状况和兴趣爱好信息，为活动策划提供依据	信息收集要准确，分析结果要能够直接应用于活动策划；要考虑学生的隐私保护	以活动策划方案的形式呈现，包括活动内容、分组情况、安全措施等，同时附上新生的相关信息分析
民族学生画像报告	新生中有一部分是少数民族学生，学校需要了解他们的特殊需求和文化背景，以便提供更好的支持和服务	运用 AI 工具对少数民族新生进行信息收集和分析，生成有针对性的画像，帮助学校了解他们的需求	信息收集要尊重少数民族文化和习俗，分析结果要具有针对性和实用性；要确保信息的保密性	为少数民族新生生成专项报告，包括文化背景、特殊需求、兴趣爱好等方面的分析

续表

应用场景	背景描述	需求说明	细节约束	输出格式
新生宿舍分配方案	高校在进行新生宿舍分配时，希望结合新生问卷调查表中的生活习惯、兴趣爱好等信息，满足学生的个性化需求，提升学生满意度，但人工分析大量数据困难	利用 AI 工具深度分析新生问卷调查表，根据学生的作息时间、卫生习惯、兴趣爱好等，合理分配舍友和宿舍，提高学生对宿舍环境的适应性和满意度	AI 工具要准确分析新生问卷调查表中的各项细节信息，找出学生生活习惯和兴趣爱好的共性与差异，按照宿舍和谐度最大化原则进行分配，同时要兼顾学生的特殊需求（如身体残疾、慢性病等），确保分配结果符合大多数学生的期望且不影响宿舍管理秩序	以个性化宿舍分配报告形式呈现，包含新生基本信息、生活习惯、兴趣爱好、分配宿舍楼号、房号及同宿舍室友信息，同时附上 AI 工具分析出的宿舍匹配度和个性化需求满足情况说明

2. 学情分析辅助：学业预警与指导的 AI 辅助

学情分析辅助

应用场景	背景描述	需求说明	细节约束	输出格式
学困生辅导方案	部分学生在本学期多门课程成绩不理想，出现挂科情况，且学习积极性不高，存在逃课、不完成作业等现象	需要针对这些学生制定个性化的学业辅导方案，帮助他们端正学习态度，提升学习成绩	辅导方案要结合学生的具体课程成绩、专业要求、个人学习习惯等因素，且要考虑到学生的可接受程度和实际执行的可行性，方案时长为本学期剩余时间，每周辅导次数不少于 2 次	以表格形式呈现学生的基本信息、存在的问题、辅导措施、预期目标等内容

续表

应用场景	背景描述	需求说明	细节约束	输出格式
学习帮扶活动策划	在近期的学情分析中，发现一些学生对专业课程的学习存在较大困难，跟不上教学进度，对专业知识的理解和掌握程度较差	希望为这些学生安排有针对性的学习帮扶活动，如组织学习小组、邀请成绩优异的学生分享经验等，以提高他们的专业素养和学习能力	帮扶活动要充分考虑学生的课程安排和时间情况，确保学生能够积极参与。每次活动时长不超过2小时，每周至少开展1次，且要明确活动的具体内容和形式	以活动策划书的形式呈现，详细列出活动主题、目的、时间、地点、参与人员、活动流程等信息
学习方法指导手册	有学生反映在学习过程中缺乏有效的学习方法，导致学习效率低下，学习压力逐渐增大，影响了学业进展	需要为这些学生提供科学、实用的学习方法指导，帮助他们掌握适合自己的学习方法，提高学习效率，缓解学习压力	所提供的学习方法要具有普适性和针对性，既要结合不同学科的特点，又要考虑到学生的个体差异。指导内容要通俗易懂，易于操作，且要包含至少3种不同类型的学习方法	以图文并茂的指导手册形式呈现，分步骤、分要点地介绍每种学习方法的具体操作方法、适用场景、注意事项等内容
学业预警谈话	部分学生在本学期的综合测评成绩排名下滑明显，与上学期相比有较大退步，且自身对学业的规划和目标不明确	需要同这些学生进行学业预警谈话，了解其成绩下滑的原因，帮助他们重新明确学习目标，制定下一阶段的学业规划	谈话要以鼓励和引导为主，避免给学生造成过大的心理压力。谈话时间不少于30分钟，且要提前准备好谈话提纲，涵盖学生的学习情况、个人发展规划等方面	以谈话记录表的形式呈现，记录谈话的时间、地点、参与学生、谈话内容摘要、后续跟进措施等信息

续表

应用场景	背景描述	需求说明	细节约束	输出格式
技能证书备考指南	一些学生在准备英语四六级考试、计算机等级考试等重要考试时，缺乏系统的备考计划和有效的复习策略，焦虑情绪较重	为帮助学生顺利通过各类考试，需要为他们提供专业的备考指导，包括制定备考计划、推荐学习资源等	备考计划要根据考试时间、考试内容和学生的实际水平量身定制，计划要详细到每周的学习任务和重点。同时，推荐的学习资源要权威、实用，且要说明资源的获取途径和使用方法	以备考指南的形式呈现，包含备考计划表、学习资源清单等内容，以电子文档形式发送给学生

3. 心理健康教育工作辅助：智能辅助与精准干预

心理健康教育工作辅助

应用场景	背景描述	需求说明	细节约束	输出格式
心理干预报告	在新生入学后的一段时间内，部分学生出现了适应困难的问题，如人际交往障碍、时间管理不善等，影响了他们的学习和生活	利用 AI 工具对这些学生进行心理评估和干预，帮助他们尽快适应大学生活	评估工具要科学可靠，干预措施要具有针对性和可操作性；要考虑学生的隐私保护和心理感受，避免造成二次伤害	为每位适应困难的学生生成心理干预报告，包括评估结果、干预措施、跟进计划等内容
心理健康普查	学校要开展一次心理健康普查，需要对全体学生进行心理评估，以便及时发现潜在的心理问题	运用 AI 工具进行大规模的心理健康评估，生成整体的心理健康报告，为学校的心理健康教育提供依据	评估过程要高效、准确，能够覆盖全体学生；结果要具有统计学意义和实际应用价值；要确保学生的心理信息安全	以学校心理健康普查报告的形式呈现，包括数据统计、图表分析、存在心理问题的学生名单及干预建议等内容

续表

应用场景	背景描述	需求说明	细节约束	输出格式
初步心理辅导和干预	有学生出现了明显的心理问题，如焦虑、抑郁等，需要进行专业的心理辅导和治疗，但学校心理咨询资源有限	借助 AI 工具为这些学生提供初步的心理辅导和干预，同时筛选出需要转介到专业医疗机构的学生	AI 工具要具备一定的专业性和可信度，辅导内容要符合心理学规范；干预过程中要密切观察学生的反应和变化，及时调整措施	为每位存在心理问题的学生生成详细的辅导记录和转介建议，包括问题描述、干预过程、效果评估等内容
特色活动策划	在"5·25"心理健康月期间，高校需要组织一系列心理健康活动，以增强学生的心理健康意识和自我调节能力，营造积极向上的校园氛围，但活动形式和内容需要创新	利用 AI 工具策划一系列创新、富有意义的"5·25"心理健康教育活动，提高学生的参与度和收获感	活动形式要新颖多样，内容要贴合学生的实际需求，吸引学生参与其中；要考虑活动的可行性和资源投入，确保活动能够顺利开展	以活动策划方案的形式呈现，包括活动主题、目的、时间、地点、参与人员、活动流程、宣传策略等内容
学生心理状态监测报告	辅导员在日常工作中需要对学生的心理状态进行持续观察和记录，以便及时发现问题并进行干预，但手动记录和分析效率较低	运用 AI 工具辅助辅导员进行学生心理状态的记录和分析，提高工作效率和准确性	工具要易于使用，能够快速记录和分析数据；分析结果要具有实用性和指导性，能够为辅导员的干预措施提供依据	以学生心理状态监测报告的形式呈现，包括学生的基本信息、心理状态变化趋势、干预建议等内容

4. 就业指导辅助：AI 工具在学生就业深造规划中的应用

就业指导辅助

应用场景	背景描述	需求说明	细节约束	输出格式
职业规划报告	部分学生对未来的就业方向不明确，缺乏职业规划，导致学习目标不清晰，动力不足	利用 AI 工具为这些学生进行职业兴趣和能力评估，生成职业规划报告，帮助他们明确就业方向和学习目标	评估工具要科学可靠，评估结果要具有实用性和指导性；报告内容要详细具体，能够为学生提供清晰的职业发展路径	为每位学生生成职业规划报告，包括职业兴趣分析、能力评估、适合的职业方向、学习建议等内容
就业指导讲座	学校要举办一场就业指导讲座，希望通过讲座帮助学生了解就业市场动态和求职技巧，提高他们的就业竞争力，但讲座内容需要具有针对性和实用性	借助 AI 工具收集和分析就业市场数据，为讲座提供最新的就业信息和求职技巧，提高讲座的质量和效果	数据收集要全面准确，分析结果要能够直接应用于讲座内容；讲座形式要生动有趣，能够吸引学生的注意力	以就业指导讲座课件（PPT）的形式呈现，包括就业市场分析、求职技巧讲解、案例分享等内容，同时附上相关的数据图表和分析报告
简历制作和面试培训指导	一些学生在准备求职简历和面试时，缺乏经验和技巧，导致求职成功率较低	运用 AI 工具为学生提供简历制作和面试技巧培训，提高他们的求职能力和自信心	培训内容要贴合实际需求，具有可操作性；要考虑学生的个体差异，提供个性化的建议和指导	以培训手册和视频教程的形式呈现，包括简历制作模板、面试技巧要点、常见问题解答等内容
就业信息推荐	学校要建立一个就业信息平台，为学生提供实时的就业信息和求职服务，但信息收集和整理工作量大，需要高效的技术支持	利用 AI 工具自动收集和整理就业信息，为学生提供精准的就业推荐和个性化服务，提高就业信息平台的实用性和效率	信息收集要准确及时，推荐算法要科学合理，能够根据学生的专业、兴趣等进行个性化推荐；平台界面要简洁友好，易于操作	以就业信息平台的界面设计和功能展示形式呈现，包括信息分类、搜索功能、推荐算法说明等内容

续表

应用场景	背景描述	需求说明	细节约束	输出格式
个性化深造规划报告	部分学生计划考研或出国深造，需要了解相关的院校信息、专业要求和申请流程，但获取信息的渠道有限，且信息繁杂难以筛选	借助 AI 工具为这些学生收集和整理考研或出国深造的相关信息，生成详细的院校和专业推荐报告，帮助他们制定合理的深造计划	信息收集要全面准确，涵盖国内外知名院校和专业；报告内容要详细具体，包括院校排名、专业要求、申请流程、奖学金信息等	为每位学生生成个性化的深造规划报告，包括目标院校和专业推荐、申请流程指导、备考建议等内容

三、创意设计表达：AI 驱动内容生产

1. 文案创意辅助：AI 赋能的文案创作技巧

文案创意辅助

应用场景	背景描述	需求说明	细节约束	输出格式
招生宣传文案	高校教师需要撰写招生宣传文案，传统方法耗时费力，且难以满足个性化需求	利用 AI 工具快速生成吸引人的招生宣传文案，突出学校特色和专业优势，提高招生宣传效果	文案要简洁明了，突出重点，符合学校整体形象和专业特点；要根据不同专业和受众群体进行个性化创作	生成招生宣传文案文档，包含学校简介、专业特色、校园生活等内容
校园活动宣传文案	辅导员要组织一场校园文化活动，需要撰写活动宣传文案，但缺乏创意和经验	借助 AI 工具挖掘新颖的宣传角度和表达方式，撰写生动有趣的活动宣传文案，吸引更多学生参与	宣传文案要结合活动主题和学生兴趣点，语言风格活泼，具有感染力；要控制文案长度，适合在社交媒体和校园公告栏展示	生成活动宣传文案及配套海报文案，以 PDF 格式排版，包含活动主题、时间、地点、亮点等内容

续表

应用场景	背景描述	需求说明	细节约束	输出格式
科研项目文案	高校教师参与科研项目申请，需要撰写项目简介和预期成果文案，但时间紧迫	运用 AI 工具辅助撰写科研项目文案，确保内容逻辑严谨、突出创新点，提高项目申请成功率	文案要严格按照科研项目申请书的格式和要求撰写，突出项目的研究价值和预期成果；语言表达专业、准确	生成科研项目简介和预期成果文案，整合到项目申请书模板中，以 PDF 形式呈现
心理健康宣传文案	辅导员要撰写一篇关于学生心理健康教育的宣传文案，旨在提高学生对心理健康的关注	利用 AI 工具收集相关资料和案例，撰写一篇既有深度又易于理解的心理健康教育宣传文案	文案要结合学生实际情况，语言亲切自然，避免学术化过重；要包含心理健康知识、常见问题及解决方法等内容	生成心理健康教育宣传文案，搭配适当插图，以公众号文章形式呈现
学术讲座宣传文案	高校教师要为一场学术讲座撰写宣传文案，希望吸引更多师生关注	借助 AI 工具分析目标受众的兴趣点，撰写精准的学术讲座宣传文案，突出讲座的学术价值和吸引力	文案要简洁明了，突出讲座主题、嘉宾信息、时间地点等关键内容；语言风格要符合学术氛围，同时具有一定的吸引力	生成学术讲座宣传文案，以图文并茂的形式在校园宣传栏和电子屏展示，同时提供适合社交媒体传播的简短文案版本

2. 海报设计辅助：创意海报的 AI 生成与优化

海报设计辅助

应用场景	背景描述	需求说明	细节约束	输出格式
迎新主题海报	高校迎新活动需要设计一系列海报，包括迎新流程、校园风光、社团介绍等，但设计团队时间紧张	利用 AI 工具快速生成迎新主题海报，确保海报风格统一、内容丰富，提高迎新活动的宣传效果	海报设计要符合学校整体形象和迎新主题，色彩搭配和谐，信息排版合理；要根据不同内容设计相应的视觉元素	生成迎新主题海报设计文件，包含不同内容，以 PSD 格式分层保存，方便后期修改和印刷制作

续表

应用场景	背景描述	需求说明	细节约束	输出格式
科技节海报	学校科技节需要设计海报，要求体现科技创新和青春活力，但设计人员对科技元素的把握不够准确	借助 AI 工具搜索和整合科技元素，设计出符合科技节主题的创意海报，突出科技感和未来感	海报整体风格要现代、富有科技感，色彩运用要大胆创新；要合理布局科技元素和文字内容，确保信息传达清晰	生成科技节海报设计效果图，以 JPEG 格式呈现，同时提供可编辑的矢量图形文件（AI 或 EPS 格式），方便进行细节调整和大规模打印
心理健康教育宣传海报	辅导员要为一场学生心理健康教育活动设计海报，希望海报能够吸引学生注意力并传递温暖、关怀的信息	运用 AI 工具生成具有感染力的心理健康教育活动海报，通过色彩、图像和文字的有机结合，营造关爱心理健康的氛围	海报设计要以温暖、积极的色彩为主，图像元素要贴近学生生活，能够引起共鸣；文字内容要简洁有力，传达活动主题和重要信息	生成心理健康教育活动海报，以多种尺寸规格（如适合室内展板、校园宣传栏、社交媒体等）呈现，文件格式为高分辨率 JPEG 和可编辑的 PSD 文件
学生研讨会海报	高校教师要为一场学术研讨会设计海报，要求体现学术专业性和会议主题，但缺乏设计经验	借助 AI 工具参考专业学术海报的设计风格，生成符合学术研讨会要求的海报，确保海报的正式性和专业性	海报内容排版要严谨有序，突出会议主题、时间、地点、主办单位等关键信息；色彩搭配要稳重、大气，契合学术氛围	生成学术研讨会海报设计文件，以 PDF 格式呈现，包含高分辨率图像和可编辑文本，方便进行最后的校对和打印制作

续表

应用场景	背景描述	需求说明	细节约束	输出格式
文艺晚会宣传海报	学校文艺晚会需要设计一系列宣传海报，要求展现校园文化特色和晚会精彩亮点，但设计团队希望尝试不同的风格和创意	利用 AI 工具探索多种设计风格，为文艺晚会生成多套创意海报方案，供设计团队选择和优化，提升海报的视觉吸引力	每套海报方案都要有独特的设计风格，如复古风、现代简约风、梦幻绚丽风等；要结合晚会节目特色和校园文化元素，确保海报能够准确传达晚会主题	生成多套文艺晚会宣传海报方案，以 PDF 格式展示每套方案的效果图，同时提供对应的可编辑设计文件(如 PSD 或 AI 格式)，方便设计团队进行进一步的修改和完善

3. 视觉创作辅助：表情包、插图的 AI 制作

视觉创作辅助

应用场景	背景描述	需求说明	细节约束	输出格式
教学辅助插图	高校教师在教学中需要使用一些有趣的插图来辅助讲解知识难点，但找不到合适的素材	利用 AI 工具生成与教学内容相关的创意插图，帮助学生更好地理解知识，提高课堂趣味性	插图要准确反映教学知识点，风格要简洁明了、生动有趣，适合在课堂 PPT 和教材中使用；要考虑不同学科的特点，选择合适的插图风格	生成教学辅助插图，以 PNG 格式透明背景保存，方便教师直接插入到教学资料中，同时提供高分辨率版本(如 JPEG 或 TIFF 格式)用于打印教材
校园安全教育表情包	辅导员要为一场校园安全教育活动设计一系列宣传表情包，用于在学生群体中传播安全知识	借助 AI 工具创作具有校园特色且契合安全教育主题的表情包，通过生动形象的表情符号传递安全信息，提高学生的安全意识	表情包设计要符合学生审美，形象可爱、表情丰富；要紧密结合安全教育主题，如防火、防盗、防诈骗等，每个表情都要有明确的安全提示信息	生成校园安全教育表情包，以 GIF 格式动画保存，适合在社交媒体和即时通信工具中传播，同时提供静态版本(如 PNG 格式)用于印刷宣传资料

续表

应用场景	背景描述	需求说明	细节约束	输出格式
校园文化宣传插图	学校要制作一本校园文化宣传册，需要大量展现校园风光、建筑和学生活动的插图，但拍摄和绘制成本较高	运用 AI 工具生成高质量的校园风光和学生活动插图，降低制作成本，同时保证宣传册的视觉效果	插图要真实还原校园场景，色彩鲜艳、细节丰富，能够展现学校的独特魅力；要根据宣传册的排版需求，生成不同尺寸和风格的插图	生成校园文化宣传插图，以高分辨率 JPEG 格式保存，方便进行印刷制作，同时提供可编辑的矢量图形文件（如 AI 或 EPS 格式）用于后期调整和排版
学术讲座专业插图	高校教师要为一场专业学术讲座设计一套具有专业特色的插图，用于讲座宣传和现场展示，但缺乏专业设计资源	借助 AI 工具搜索和整合专业相关元素，生成符合学术讲座主题的插图，提升讲座的视觉吸引力和专业性	插图要体现专业领域的特色和前沿元素，风格要正式、专业，适合在学术场合使用；要结合讲座主题和嘉宾信息，设计具有针对性的插图内容	生成学术讲座专业插图，以 PDF 格式呈现，包含高分辨率图像和可编辑文本，方便进行打印和现场展示，同时提供适合社交媒体传播的低分辨率版本（如 JPEG 或 PNG 格式）
社团创意集市表情包插图	学校社团要举办一场创意市集活动，需要设计一系列具有社团特色且契合活动主题的表情包和插图，用于活动宣传和周边产品开发	利用 AI 工具为社团创意市集活动生成独特的表情包和插图，突出社团文化和活动创意，吸引更多师生关注和参与	表情包和插图要紧密结合社团特色和活动主题，风格多样、富有创意；要考虑周边产品的应用场景，设计适合不同产品尺寸和材质的视觉元素	生成社团创意市集表情包和插图，以多种格式（如 PNG、JPEG、GIF 等）保存，适合在社交媒体、宣传海报以及周边产品（如 T 恤、帆布包、徽章等）上使用，同时提供可编辑的设计文件（如 PSD 或 AI 格式）方便后期定制和生产

4. 视频制作辅助：AI 在音视频内容创作中的应用

视频制作辅助

应用场景	背景描述	需求说明	细节约束	输出格式
在线课程教学视频	高校教师要制作一节在线课程的视频，但缺乏专业的拍摄设备和后期制作经验	利用 AI 工具辅助视频拍摄和后期制作，提高在线课程视频的质量和教学效果，确保学生能够清晰理解课程内容	视频内容要紧扣教学大纲，讲解清晰、逻辑连贯；要充分利用 AI 工具进行画面优化、字幕生成、音频降噪等后期处理，提升视频的专业性	生成在线课程教学视频，以 MP4 格式保存，分辨率不低于 1080 p，同时提供课程 PPT 和相关教学资料的下载链接，方便学生课后复习
招生宣传视频	学校要拍摄一部校园招生宣传视频，需要展示学校的整体风貌、师资力量、教学设施和学生生活等，但拍摄周期短、任务重	运用 AI 工具规划拍摄方案和后期剪辑，提高拍摄效率，快速生成高质量的校园招生宣传视频，吸引更多优秀生源	视频要全面展示学校特色和优势，画面美观、剪辑流畅，配有生动的解说词和背景音乐；要合理安排拍摄地点和时间，确保在有限的时间内高质量完成拍摄任务	生成校园招生宣传视频，以高清 MP4 格式输出，时长控制在 5～8 分钟，同时制作适合不同平台传播的短视频版本（如 1～3 分钟），用于社交媒体推广和线下招生咨询会展示
主题班会视频	辅导员要为一场主题班会录制一个引入视频，通过视频展示一些正能量的故事和案例，引导学生思考和讨论，但缺乏视频创作素材和经验	借助 AI 工具搜索和整合相关素材，生成符合主题班会需求的引入视频，激发学生的兴趣并引导他们思考，提高班会的教育效果	视频内容要紧扣班会主题，故事和案例要具有代表性和启发性；要通过 AI 工具进行画面拼接、转场效果添加、字幕制作等，使视频具有一定的观赏性和感染力	生成主题班会引入视频，以 MP4 格式保存，时长不超过 5 分钟，分辨率适合在教室多媒体设备上播放，同时提供视频脚本和素材来源，方便辅导员根据实际情况进行调整和补充

续表

应用 场景	背景描述	需求说明	细节约束	输出格式
科研项目展示视频	高校教师参与一个科研项目，需要制作一个项目展示视频，用于项目汇报和成果推广，但视频制作要求较高，需要突出科研创新点和应用价值	利用 AI 工具辅助科研项目展示视频的制作，从内容规划、拍摄指导到后期剪辑，全方位提升视频质量，确保视频能够准确传达项目的核心价值和创新成果	视频要严格按照科研项目汇报的要求进行制作，内容包括项目背景、研究方法、创新成果、应用前景等；要通过 AI 工具进行专业的画面调色、音频处理、特效添加等，使视频具有较好的视觉和听觉效果	生成科研项目展示视频，以高清 MP4 格式输出，时长根据项目汇报要求而定，同时提供项目汇报 PPT 和相关科研论文的引用链接，方便观众进一步了解项目详情
校园文化艺术节宣传视频	学校要举办一场校园文化艺术节，需要制作一系列活动宣传视频，用于线上线下推广，但视频风格要多样化，以满足不同受众的期待	借助 AI 工具探索不同的视频风格和创意表现形式，为校园文化艺术节生成多套宣传视频方案，供学校选择和优化，扩大活动影响力	每套宣传视频方案都要有独特的风格，如复古文艺风、现代潮流风、青春活力风等；要结合文化艺术节的各项活动内容和特色节目，通过视频充分展示校园文化魅力和学生风采	生成校园文化艺术节宣传视频多套方案，以 MP4 格式分别保存，每套方案包含不同风格的完整视频和适合社交媒体传播的短视频片段，同时提供视频制作素材库（如拍摄的校园风景、学生表演视频片段等），方便学校根据宣传需求进行二次创作和剪辑

四、学术效能突破：AI 辅助科研竞赛

1. 文献查询辅助：AI 工具在科研文献学习中的应用

文献查询辅助

应用场景	背景描述	需求说明	细节约束	输出格式
文献检索报告	高校教师在进行科研项目时，面对海量的文献资源，传统的检索方法耗时费力，难以快速获取精准的文献信息	借助 AI 工具提高文献检索的效率和准确性，帮助教师快速定位与研究主题高度相关的文献资料，节省科研时间	AI 工具要能够理解复杂的学术术语和研究主题，检索范围涵盖多个权威学术数据库，检索结果要按照相关度进行排序，并提供文献的摘要和关键词等基本信息	以文献检索报告的形式呈现，包括检索主题、使用的 AI 工具、检索关键词、检索结果（文献标题、作者、发表年份、摘要、相关度评分等）等内容，以表格和文字描述相结合的方式展示
参考文献推荐	教师在指导学生撰写毕业论文时，需要为学生推荐合适的参考文献，但学生的研究方向较为分散，手动筛选文献难度较大	运用 AI 工具根据学生的论文题目和研究方向，自动筛选并推荐相关的参考文献，提高指导效率，同时培养学生获取文献的能力	AI 工具要能够适应不同学科和研究方向的文献推荐，推荐的文献要具有权威性和可靠性，数量适中（每篇论文推荐 10～15 篇参考文献），并附上推荐理由	为每位学生的毕业论文生成一份参考文献推荐列表，以文档形式呈现，包含文献的基本信息、获取途径以及推荐理由，同时在列表开头附上学生的论文题目和研究方向

续表

应用场景	背景描述	需求说明	细节约束	输出格式
文献综述	教师参与学术竞赛时，需要在短时间内了解某一前沿领域的关键文献和研究进展，以便在竞赛中展示对该领域的深入理解	利用 AI 工具快速收集和整理目标领域的核心文献，形成一份具有深度分析的文献综述，为学术竞赛提供知识储备	AI 工具要能够识别目标领域内的关键研究者、重要研究成果和研究趋势，文献综述要涵盖该领域的发展历程、现状和未来展望，字数控制在 3000~5000 字，并且要有清晰的逻辑结构和图表辅助说明	以学术报告的形式呈现文献综述，包含标题、摘要、关键词、正文(分章节阐述)、参考文献列表等内容，正文部分要条理清晰，图表制作精美，能够全面展示该领域的研究进展
跨学科文献整理	高校科研团队在开展跨学科研究项目时，成员们需要快速掌握不同学科领域的基础文献和研究方法，但跨学科文献的整合难度较大	借助 AI 工具搭建一个跨学科文献整合平台，为团队成员提供一站式的文献学习和交流空间，促进跨学科知识的融合和创新	平台要能够兼容不同学科的文献格式和术语体系，具备文献上传、分类、检索、注释等功能，同时要支持团队成员之间的在线讨论和协作，确保平台的易用性和交互性	以平台使用手册和平台界面原型图的形式呈现，手册内容包括平台的功能介绍、操作指南、使用案例等，界面原型图要展示平台的主要功能模块和布局设计，方便团队成员快速上手使用
教学改革参考手册	教师在进行课程教学改革时，需要查阅大量关于教学方法和教育技术的文献，以寻找适合的创新教学模式，但教学任务繁重，难以投入大量时间进行文献研究	运用 AI 工具筛选和推送与教学改革相关的优质文献，并根据文献内容生成教学改革建议，为教师提供直接的实践指导，减轻教师的文献研究负担	AI 工具要聚焦于教育领域的权威期刊和会议论文，推送的文献要紧跟当前教育改革的热点和趋势，教学改革建议要具体可行，包括教学方法的选择、教学工具的使用、教学效果的评估等方面	以教学改革参考手册的形式呈现，包含推送文献的详细信息、核心观点提炼、教学改革建议等内容，以图文并茂的方式展示，方便教师在教学之余快速浏览和参考

2. 项目申报辅助：AI 辅助下的项目申报书撰写

项目申报辅助

应用场景	背景描述	需求说明	细节约束	输出格式
科研项目申报书	高校教师在申报科研项目时，面对复杂的申报书格式和严格的内容要求，往往需要反复修改和完善，耗费大量时间和精力	借助 AI 工具辅助撰写项目申报书，提高申报书的质量和撰写效率，确保申报书内容完整、逻辑清晰、符合资助机构的要求	AI 工具要熟悉各类科研项目的申报指南和评审标准，能够根据教师提供的项目基本信息自动生成申报书的框架和部分内容，教师只需进行修改和补充，申报书字数控制在规定范围内，重点突出项目的研究价值、创新点和可行性	以完整的项目申报书文档呈现，包含封面、项目基本信息、立项依据、研究内容、研究方案、预期成果、经费预算等内容，格式规范，排版整齐，符合申报要求
项目申报模板示例	年轻教师缺乏项目申报经验，不知道如何撰写有竞争力的申报书，导致申报成功率较低，影响了个人的学术发展和科研积极性	运用 AI 工具为年轻教师提供项目申报书的撰写模板和示例，并根据年轻教师的研究方向和已有成果，定制个性化的申报书撰写指导方案	撰写模板和示例要涵盖不同类型的科研项目，包括基础研究、应用研究、技术创新等，指导方案要具体到每个撰写环节，指出常见问题和解决方法，同时要鼓励年轻教师突出自己的研究特色和潜力	以项目申报书撰写指导手册的形式呈现，包含撰写模板、示例分析、个性化指导方案等内容，以图文并茂的方式展示，方便年轻教师学习和参考

续表

应用场景	背景描述	需求说明	细节约束	输出格式
项目申报书团队协作撰写报告	教师团队在申报重大科研项目时，需要在有限的时间内整合团队成员的研究成果和优势，撰写一份高质量的项目申报书，但团队协作撰写过程中容易出现内容重复和逻辑不连贯的问题	利用 AI 工具协调团队成员的撰写工作，对申报书内容进行整合和优化，确保申报书的整体质量，提高项目申报的竞争力	AI 工具要能够支持多人在线协作撰写，具备实时同步、版本控制、内容检查等功能，能够对团队成员撰写的部分进行智能整合和逻辑梳理，提出优化建议，团队成员在使用过程中要明确各自的职责和撰写任务	以项目申报书团队协作撰写报告的形式呈现，包含团队成员分工情况、各成员撰写内容的整合情况、AI 工具优化后的申报书全文等内容，同时附上团队协作撰写过程中的沟通记录和问题解决案例，以文档形式呈现
国际合作项目申报书(英文版)	教师在申报国际合作项目时，需要按照国外资助机构的格式和要求撰写申报书，涉及语言转换、文化差异等问题，增加了撰写难度	借助 AI 工具翻译和适应国外项目申报书的格式和要求，帮助教师准确表达研究意图，提高国际合作项目申报的成功率	AI 工具要具备专业的翻译能力和对不同国家项目申报规范的理解能力，能够将中文申报内容准确无误地翻译成符合国外资助机构要求的英文申报书，并根据国外资助机构的评审标准进行内容优化，确保申报书符合国际学术规范和文化习惯	以国际合作项目申报书(英文版)呈现，包含完整的项目申报内容，格式符合国外资助机构的要求，同时附上中英文对照表和翻译说明，方便教师核对和理解

续表

应用场景	背景描述	需求说明	细节约束	输出格式
教育改革项目申报书	教师在申报教育改革项目时，需要在申报书中体现项目的实践性和推广价值，但往往难以准确阐述项目的实际应用场景和预期推广效果，影响了申报的说服力	运用 AI 工具分析教育改革项目的实践路径和推广潜力，为教师撰写申报书中的实践与推广部分提供数据支持和案例参考，增强申报书的说服力	AI 工具要能够收集和分析教育领域的成功改革案例，结合教师项目的特色，预测项目的实践效果和推广范围，提供具体的实践方案和推广策略，内容要具有可操作性和创新性，能够为项目的实际实施提供指导	以教育改革项目申报书实践与推广部分的专项报告形式呈现，包含实践背景、实践方案、预期效果、推广策略等内容，以图文并茂的方式展示，并附上相关案例的分析和数据支持，确保内容的丰富性和说服力

3. 论文写作辅助：AI 在论文撰写与修改中的角色

论文写作辅助

应用场景	背景描述	需求说明	细节约束	输出格式
论文润色和检查	高校教师在撰写学术论文时，需要确保论文的语言表达准确、流畅，符合学术规范，但手动检查和修改耗时费力，且容易遗漏一些细节问题	利用 AI 工具对论文进行语言润色和语法检查，提高论文的语言质量，使论文更具有学术性和可读性	AI 工具要具备专业的学术语言处理能力，能够识别并纠正复杂的学术语法错误，提升语句的逻辑性和流畅性，同时要尊重原文的意思，不改变论文的核心观点和内容，修改后的论文要符合目标期刊的语言要求	以修改后的论文文档呈现，包含原文和修改后的内容对比，突出显示修改部分，并附上 AI 工具的修改说明和建议，方便教师进行最终的审核和确认

续表

应用场景	背景描述	需求说明	细节约束	输出格式
文献综述	教师在撰写综述性论文时，需要对大量文献进行总结和分析，但手动整理文献信息和撰写综述内容工作量巨大，且难以保证综述的全面性和深度	借助 AI 工具自动提取文献的关键信息，生成文献综述的初稿，为教师提供参考和启发，提高综述性论文的撰写效率	AI 工具要能够准确理解文献的核心内容和研究方法，提取的关键信息要具有代表性和关联性，生成的综述初稿要按照一定的逻辑结构进行组织，涵盖研究领域的现状、热点、趋势等方面，教师在此基础上进行补充和完善即可	以综述性论文初稿文档呈现，包含引言、文献综述主体部分（按照不同主题或时间线组织）、研究展望等内容，格式规范，内容翔实，为教师后续的修改和完善提供良好的基础
实验研究论文数据分析	教师在撰写实验研究论文时，需要对实验数据进行深入分析和讨论，但数据分析方法的选择和结果解释往往存在困难，影响论文的科学性和说服力	运用 AI 工具对实验数据进行分析和可视化展示，并根据分析结果生成数据分析报告，为论文的讨论部分提供有力支持	AI 工具要具备专业的数据分析能力，能够选择合适的统计方法和模型对数据进行处理，生成的图表要清晰美观，数据分析报告要详细阐述数据的特征、相关性、显著性等方面，同时要结合研究背景对结果进行合理的解释和讨论，确保内容的科学性和逻辑性	以实验研究论文数据分析报告的形式呈现，包含数据来源、分析方法、结果展示（图表和文字说明）、讨论与结论等内容，与论文的整体结构相匹配，方便教师直接将分析结果融入论文的相应部分

续表

应用场景	背景描述	需求说明	细节约束	输出格式
人文社科类论文参考文献管理	教师在撰写人文社科类论文时，需要引用大量的经典文献和案例，但手动查找和引用容易导致格式出错，影响论文的规范性和可信度	利用 AI 工具辅助管理参考文献，并自动生成符合学术规范的引用格式，确保论文引用的准确性和完整性	AI 工具要能够兼容不同学科和学术领域的引用格式要求，如 APA、MLA、Chicago 等，能够快速导入和管理各种来源的参考文献，自动生成的引用格式要准确无误，同时要在论文中正确标注引用位置，方便读者查阅原始资料	以人文社科类论文定稿文档呈现，包含完整的论文内容，其中参考文献部分按照所选引用格式准确编排，同时在论文中正确标注引用位置，确保论文的学术规范性和可信度
跨学科论文优化	教师在撰写跨学科论文时，需要融合不同学科的理论和方法，但在阐述跨学科内容时容易出现逻辑混乱和表述不清的问题，降低了论文的质量和创新性	借助 AI 工具梳理跨学科论文的逻辑框架，优化论文的结构和内容组织，突出跨学科研究的特色和优势，提高论文的创新性和可读性	AI 工具要能够理解不同学科的理论体系和研究方法，帮助教师梳理跨学科研究的逻辑脉络，提出合理的论文结构和内容组织方案，确保论文各部分之间衔接自然流畅，重点突出跨学科研究的创新点和应用价值，同时要避免过度依赖 AI 工具而削弱教师的学术思考	以跨学科论文优化报告的形式呈现，包含原论文的问题分析、优化后的论文结构和内容组织方案、具体修改建议等内容，同时附上优化后的论文初稿，方便教师进行对比和修改，确保论文的质量和创新性

4. 竞赛备战辅助：AI 工具在教师竞赛中的应用

竞赛备战辅助

应用场景	背景描述	需求说明	细节约束	输出格式
教学技能竞赛备赛	高校教师参加教学技能竞赛时，需要设计一份创新性与实用性兼具的课程教案，但在短时间内构思出高质量的教案存在困难	借助 AI 工具生成课程教案的框架和创意，为教师提供教学设计灵感，提高教案的质量和创新性，确保在竞赛中脱颖而出	AI 工具要熟悉教育教学理论和课程设计原则，能够根据竞赛主题和学科特点生成多样化的教案框架和教学方法建议，教师在此基础上结合自身教学经验和学生实际情况进行完善，教案内容要符合教学大纲要求，突出教学重点和难点，体现教学创新性	以教学技能竞赛课程教案文档呈现，包含课程基本信息、教学目标、教学重难点、教学方法、教学过程（包括导入、新授、练习、总结等环节）、教学反思等内容，格式规范，内容翔实，具有创新性和可操作性
教育创新大赛备赛	教师团队参加教育创新大赛，需要制作一个展示项目成果的视频，但团队成员缺乏视频制作经验，且时间紧迫	运用 AI 工具辅助制作竞赛项目展示视频，从脚本撰写、素材收集到视频剪辑，提供全方位支持，确保视频能够准确传达项目亮点和团队优势，提高竞赛作品的展示效果	AI 工具要具备视频制作的相关功能，能够根据项目特点生成吸引人的视频脚本，推荐合适的素材资源（如图片、音乐、动画等），并提供简单的视频剪辑教程和操作指导，团队成员要能够在有限时间内掌握基本的视频制作技巧，完成高质量的视频作品，视频时长不超过竞赛要求时长限制	以教育创新大赛项目展示视频（MP4 格式）及制作说明文档呈现，视频内容包含项目介绍、团队成员展示、项目成果演示等环节，制作说明文档详细记录视频的制作过程、AI 工具的使用方法和团队成员的分工情况，确保视频作品符合竞赛要求且具有较强的视觉冲击力

续表

应用场景	背景描述	需求说明	细节约束	输出格式
学术竞赛备赛	教师参加学术竞赛时，需要在短时间内了解竞争对手的研究情况和优势，以便调整自己的竞赛策略，但手动收集和分析竞争对手信息效率低下	利用 AI 工具收集和分析学术竞赛中竞争对手的研究成果和优势，为教师制定有针对性的竞赛策略提供数据支持，增强竞争力	AI 工具要能够准确识别竞争对手的研究领域和主要成果，通过学术数据库和网络资源收集相关信息，并进行深度分析，包括竞争对手的研究方向、发表论文数量和质量、专利申请情况等，为教师提供详细的竞争对手分析报告，同时要确保信息的合法获取和使用，避免侵犯他人隐私	以学术竞赛对手分析报告的形式呈现，包含竞争对手的基本信息、研究方向、代表性成果、优势与劣势等内容，以图表和文字相结合的方式展示，帮助教师清晰了解竞争对手情况，为制定竞赛策略提供有力依据
教育技术应用竞赛备赛	教师参加教育技术应用竞赛，需要设计一个融合多种教育技术的创新教学方案，但在技术选型和应用设计方面存在困难	借助 AI 工具推荐适合的教育技术工具和应用方案，帮助教师设计出具有前瞻性和实用性的教学方案，满足竞赛的高要求	AI 工具要熟悉当前主流的教育技术工具及其应用场景，能够根据竞赛主题和教学目标为教师量身定制技术选型建议和应用设计方案，教学方案要体现教育技术与学科教学的深度融合，具有创新性和可推广性，同时要考虑学校的实际技术条件和学生的接受能力，确保方案的可行性	以教育技术应用竞赛教学方案文档呈现，包含教学目标、教学内容、教育技术工具选型及应用方法、教学过程设计、教学效果评估等内容，方案中详细说明所选用教育技术的优势和实施步骤，以图文并茂的方式展示，方便教师在竞赛中进行阐述和演示

续表

应用场景	背景描述	需求说明	细节约束	输出格式
教学能力比赛备赛	教师参加职业院校教学能力比赛，需要组建跨校合作团队并共同完成竞赛作品，但在团队协作过程中存在沟通不畅和工作分配不合理的问题，影响了作品的质量和进度	运用 AI 工具搭建团队协作平台，优化团队沟通和工作分配流程，提高跨校合作团队的协作效率和作品质量，确保在竞赛中取得优异成绩	平台要具备即时通信、文件共享、任务分配、进度跟踪等功能，支持多人在线协作和远程沟通，能够帮助团队成员明确各自的任务和时间节点，实时了解项目进展和问题反馈，确保团队协作的高效性和作品的按时完成，同时要保障平台的安全性和稳定性，防止竞赛作品泄露或丢失	以职业院校教学能力比赛团队协作报告的形式呈现，包含团队成员信息、协作平台使用情况、任务分配和进度跟踪记录、竞赛作品完成情况等内容，同时附上团队协作过程中的沟通记录和问题解决案例，以文档形式呈现，展示 AI 工具在团队协作中的应用效果和优势

附录 2 　AI 实用网站与资源汇总表

AI 实用网站与资源汇总表①

类型	AI 工具名称	入口	功能
聊天/内容生成	DeepSeek	https://chat.deepseek.com	综合型 AI：推理、自然语言理解与生成、图像与视频分析、语音识别与合成、个性化推荐、大数据处理与分析、跨模态学习，以及实时交互与响应
	抖音豆包	https://www.doubao.com	综合型 AI：内容生成，偏互联网运营方向

---

① 　AI 工具更新迭代较快，最终以官方网站为准。

续表

类型	AI 工具名称	入口	功能
聊天/内容生成	腾讯元宝	https://yuanbao.tencent.com	综合型 AI：内容生成，腾讯 AI 实验室的重磅产品，整合了腾讯生态的强大资源，免费额度充足
	文心一言	https://yiyan.baidu.com	综合型 AI：内容生成、文档分析、图像分析、图表制作、脑图等
	Kimi	https://kimi.moonshot.cn	综合型 AI：内容生成、文档分析、互联网搜索等
	智谱清言	https://chatglm.cn	综合型 AI：国产大模型中的常青树，由清华大学智谱 AI 团队研发，在编程和数学领域的能力尤为突出
AI 办公：综合	360 智脑	https://ai.360.com	团队协作共享，企业知识库、AI 文档分析、AI 营销文案、AI 文书写作等智能工具
	通义	https://tongyi.aliyun.com	综合型 AI：内容生成、文档分析、图像分析等
	有道智云	https://ai.youdao.com	文档、翻译、视觉、语音、教育……
AI 办公：Office	AiPPT	https://www.aippt.cn	自动生成 PPT 大纲、模板、Word 转 PPT 等
	iSlide	https://www.islide.cc	AI 一键设计 PPT
	WPS AI	https://ai.wps.cn	WPS 的 AI 插件（智能 PPT、表格、文档整理等）
	苏打办公	https://bangong.360.cn	AI 办公工具集：文档、视频、设计、开发等
	ChatExcel AI	https://chatexcel.com	仅通过聊天即可处理 Excel 和数据分析
	办公小浣熊	https://xiaohuanxiong.com	画图表，做分析，看趋势，能反思

续表

类型	AI 工具名称	入口	功能
AI 办公：会议纪要	讯飞听见	https://www.iflyrec.com	音视频转文字，实时录音转文字，同传，翻译等
	通义听悟	https://tingwu.aliyun.com	实时语音转文字，区分发言人记录，支持音视频文件批量转写及一键导出，适合高效整理会议录音
	飞书妙记	https://www.feishu.cn/product/minutes？from＝thosefree.com	飞书文档中的会议纪要工具，实时转录，音视频转文字
	腾讯会议 AI 小助手	https://meeting.tencent.com/ai/index.html	腾讯会议录制后会议纪要整理
AI 办公：脑图	ProcessOn	https://www.processon.com	AI 思维导图
	亿图脑图	https://www.edrawsoft.cn/mindmaster	AI 思维导图
	GitMind 思乎	https://gitmind.cn/	AI 思维导图
	boardmix 博思白板	https://boardmix.cn	实时协作的智慧白板上，一键生成 PPT、用 AI 协助创作思维导图、AI 绘画、AI 写作
	妙办画板	https://imiaoban.com	生成流程图、思维导图
AI 办公：文档	司马阅 AI 文档	https://smartread.cc	每天免费版 50 次、专业版 200 次提问，AI 文档阅读分析工具，通过聊天互动形式，精准地从复杂文档中提取并分析信息
	360AI 浏览器	https://ai.360.com	智能摘要、文章脉络、思维导图等
AI 写作	有道云笔记	https://note.youdao.com	有道云笔记写作插件，改写、扩写、润色等
	腾讯 Effidit	https://effidit.qq.com	智能纠错、文本补全、文本改写、文本扩写、词语推荐、句子推荐与生成等
	讯飞写作	https://huixie.iflyrec.com	AI 对话写作、模板写作、素材、润色等

续表

类型	AI 工具名称	入口	功能
AI 写作	深言达意	https：//www. shenyandayi. com	根据模糊描述找词找句的智能写作工具
	字节火山写作	https：//www. writingo. net	全文润色的 AI 智能写作
	秘塔写作猫	https：//xiezuocat. com	AI 写作模板，AI 写作工具，指令扩写润色等
	光速写作	https：//guangsuxie. com	作业帮旗下：全文生成、PPT 生成、问答助手、写作助手
	WriteWise	https：//www. ximalaya. com/gatekeeper/write-wise-web	喜马拉雅小说创作工具
	笔灵 AI	https：//ibiling. cn	一键生成工作计划、文案方案等
	Giiso 写作机器人	https：//www. giiso. com	写作、文配图、风格转换、文生图等
AI 翻译	沉浸式翻译	https：//immersivetranslate. com	外语网页翻译，PDF 翻译，EPUB 电子书翻译，视频双语字幕翻译等
	彩云小译	https：//fanyi. caiyunapp. com	多种格式文档的翻译、同声传译、文档翻译和网页翻译
	网易见外	https：//sight. youdao. com	字幕、音频转写、同传、文档翻译等
AI 搜索引擎	天工 AI	https：//search. tiangong. cn	找资料、查信息、搜答案、搜文件，还会对海量搜索结果做 AI 智能聚合
	360 智脑	https：//ai. 360. com	能够从海量的网站中主动寻找、提炼精准答案
	秘塔 AI 搜索	https：//metaso. cn	没有广告，直达结果
图像生成/编辑	通义万相	https：//tongyi. aliyun. com/wanxiang/	AI 生成图片，人工智能艺术创作大模型
	即梦 AI	https：//jimeng. jianying. com/ai-tool/home	AI 绘画、视频生成、数字人、音乐生成

续表

类型	AI 工具名称	入口	功能
图像生成/编辑	搜狐简单 AI	https://ai.sohu.com/pc/generate/byPortraitImg?_trans_=030001_jdaixz	适合生成动漫头像和社交媒体内容，免费、易用和多功能性，新手及自媒体创作者的首选
	文心一格	https://yige.baidu.com	文生图像
	剪映 AI	https://www.capcut.cn	一键生成 AI 绘画
	360 智绘	https://ai.360.com	风格化 AI 绘画、Lora 训练
	无限画	https://588ku.com/ai/wuxianhua/Home	智能图像设计，整合千库网的设计行业知识经验、资源数据
	美图设计室	https://www.designkit.com	图像智能处理，海报设计等
	liblib.ai	https://www.liblib.ai	AI 模型分享平台，各种风格的图像微调模型
	标小智	https://www.logosc.cn	在线 logo 设计，生成企业 VI
	佐糖	https://picwish.cn	提供丰富的图像处理工具
	美图 WHEE	https://www.whee.com	文生图，图生图，文生视频，扩图改图等
	无界 AI	https://www.wujieai.com	文生图
	BgSub	https://bgsub.cn	抠图
AI 设计	阿里堆友	https://d.design	面向设计师群体的 AI 设计社区
	稿定 AI	https://www.gaoding.com	图像设计
	创客贴 AI	https://www.chuangkit.com	图形图像设计
	美间	https://www.meijian.com	AI 软装设计、海报和提案生成工具
AI 音频	度加创作工具	https://aigc.baidu.com	热搜一键成稿，文稿一键成片
	魔音工坊	https://www.moyin.com	AI 配音工具
	网易天音	https://tianyin.music.163.com	智能编曲，海量风格
	讯飞智作	https://www.xfzhizuo.cn	配音、声音定制、虚拟主播、音视频处理等

续表

类型	AI 工具名称	入口	功能
AI 视频	即梦 AI	https://jimeng.jianying.com/ai—tool/home	AI 绘画、视频生成、数字人、音乐生成
	海螺 AI	https://hailuoai.com/	AI 视频制作，文本生成视频
	可灵 AI	https://klingai.kuaishou.com/	文生视频、图生视频和视频续写
	绘影字幕	https://huiyingzimu.com	AI 字幕，翻译、配音等
	万彩微影	https://www.animiz.cn/microvideo	真人手绘视频、翻转文字视频、文章转视频、相册视频工具
	芦笋提词器	https://tcq.lusun.com	持 AI 写稿、隐形提词效果，支持智能跟读
	360 快剪辑	https://kuai.360.cn	专业视频剪辑
	万彩 AI	https://ai.kezhan365.com	高效、好用的 AI 写作和短视频创作平台
数字人	即梦+剪映	https://jimeng.jianying.com/ai—tool/home https://www.capcut.cn	AI 绘画、视频生成、数字人、音乐生成
	必剪	https://bcut.bilibili.cn/	海量模板，素材丰富
	腾讯智影	https://zenvideo.qq.com	数字人、文本配音、文章转视频等
	蝉镜数字人	https://www.chanjing.cc	AI 数字人播报、短视频制作等
	来画	https://www.laihua.com	动画、数字人智能制造
	秒创	https://aigc.yizhentv.com	AI 视频，数字人、AI 作画等
	万兴播爆	https://virbo.wondershare.cn	数字人，真人营销视频
AI 写代码	昇思 MindSpore	https://www.mindspore.cn	面向开发者的一站式 AI 开发平台，提供海量数据预处理及半自动化标注、大规模分布式 Training、自动化模型生成
	百度飞桨	https://www.paddlepaddle.org.cn	在线编程，海量数据集

续表

类型	AI 工具名称	入口	功能
AI 写代码	ZelinAI	https://www.zelinai.com	零代码构建 AI 应用
	aiXcoder	https://www.aixcoder.com	基于深度学习代码生成技术的智能编程机器人
	代码小浣熊	https://raccoon.sensetime.com/code	代码生成、补全、翻译、重构等
模型训练/部署	火山方舟	https://www.volcengine.com/product/ark	包含模型训练、推理、评测、精调等全方位功能与服务
	魔搭社区	https://modelscope.cn	提供模型探索体验、推理、训练、部署和应用的一站式服务
	文心大模型	https://wenxin.baidu.com	产业级知识增强大模型
AI 提示词	提示工程指南	www.promptingguide.ai	指导如何使用提示词来完成不同的任务
智能体平台	Openl 启智社区	https://openi.org.cn	国产 AI 开源协作平台,提供算力、模型与数据集共享
	扣子	https://www.coze.cn	5 分钟快速搭建智能体,支持多种格式问答知识库搭建,具有海量插件长期记忆能力、拓展丰富智能体能力
	腾讯元器	https://yuanqi.tencent.com	背靠腾讯混元大模型这棵"大树",有着跨知识领域和自然语言理解能力
	文心大模型	https://wenxin.baidu.com	中文大模型平台,支持文本生成、语义理解、跨模态任务

附录 3 政策法规检索目录

政策法规检索目录

序号	法律法规名称	发布部门	官网网址	主要内容
1	《人工智能生成合成内容标识办法》	国家网信办等	https://www.gov.cn/zhengce/zhengceku/202503/content_7014286.htm	促进人工智能健康发展,规范人工智能生成合成内容标识
2	《生成式人工智能服务管理暂行办法》	国家网信办等	https://www.gov.cn/zhengce/zhengceku/202307/content_6891752.htm	国家坚持发展和安全并重、促进创新和依法治理相结合的原则,采取有效措施鼓励生成式人工智能创新发展,对生成式人工智能服务实行包容审慎和分类分级监管
3	《中华人民共和国网络安全法》	全国人大常委会	https://www.cac.gov.cn/2016—11/07/c_1119867116.htm	要求网络运营者保障网络安全,建立安全审查制度,保护个人信息
4	《中华人民共和国数据安全法》	全国人大常委会	https://www.cac.gov.cn/2021—06/11/c_1624994566919140.htm	规范数据收集、存储、处理活动,保护重要数据安全,明确违法责任
5	《中华人民共和国个人信息保护法》	全国人大常委会	https://www.cac.gov.cn/2021—08/20/c_1631050028355286.htm	严格规范个人信息处理流程,要求征得个人同意并确保数据安全
6	《新一代人工智能发展规划》	国务院	https://www.gov.cn/zhengce/content/2017-07/20/content_5211996.htm	提出"三步走"战略,明确 2025 年初步建立 AI 法律法规体系

续表

序号	法律法规名称	发布部门	官网网址	主要内容
7	《人工智能安全治理框架》1.0版	新华社	https://www.gov.cn/yaowen/liebiao/202409/content_6973317.htm	以鼓励人工智能创新发展为第一要务,以有效防范化解人工智能安全风险为出发点和落脚点,提出了包容审慎、确保安全,风险导向、敏捷治理,技管结合、协同应对,开放合作、共治共享等人工智能安全治理的原则
8	《药品监管人工智能典型应用场景清单》	国家药监局	https://www.gov.cn/zhengce/zhengceku/202406/content_6958094.htm	《列出了15个具有引领示范性的、有发展潜力的、针对工作痛点的、需求较为迫切的应用场景,旨在推动人工智能技术在药品监管领域的研究探索,以促进人工智能与药品监管深度融合为主线
9	《国家人工智能产业综合标准化体系建设指南(2024版)》	国家标准化管理委员会等	https://www.gov.cn/zhengce/zhengceku/202407/content_6960720.htm	到2026年,我国人工智能产业标准与产业科技创新的联动水平持续提升,新制定国家标准和行业标准50项以上,引领人工智能产业高质量发展的标准体系加快形成
10	《互联网信息服务深度合成管理规定》	国家网信办	https://www.cac.gov.cn/2022—12/11/c_1672221949354811.htm	明确深度合成内容标识义务,防范伪造音视频引发的社会风险

续表

序号	法律法规名称	发布部门	官网网址	主要内容
11	《最高人民法院关于规范和加强人工智能司法应用的意见》	最高人民法院	https://www.court.gov.cn/fabu/xiangqing/382461.html	加快推进人工智能技术与审判执行、诉讼服务、司法管理和服务社会治理等工作的深度融合，规范司法人工智能技术应用，提升人工智能司法应用实效，促进审判体系和审判能力现代化，为全面建设社会主义现代化国家、全面推进中华民族伟大复兴提供有力司法服务
12	关于支持建设新一代人工智能示范应用场景的通知	科技部	https://www.gov.cn/zhengce/zhengceku/2022-08/15/content_5705450.htm	充分发挥人工智能赋能经济社会发展的作用，围绕构建全链条、全过程的人工智能行业应用生态，支持一批基础较好的人工智能应用场景，加强研发上下游配合与新技术集成，打造形成一批可复制、可推广的标杆型示范应用场景
13	《关于加快场景创新以人工智能高水平应用促进经济高质量发展的指导意见》	科技部等	https://www.gov.cn/zhengce/zhengceku/2022-08/12/content_5705154.htm	以促进人工智能与实体经济深度融合为主线，以推动场景资源开放、提升场景创新能力为方向，强化主体培育、加大应用示范、创新体制机制、完善场景生态，加速人工智能技术攻关、产品开发和产业培育，探索人工智能发展新模式新路径，以人工智能高水平应用促进经济高质量发展

续表

序号	法律法规名称	发布部门	官网网址	主要内容
14	《新一代人工智能伦理规范》	国家新一代人工智能治理专业委员会	https://www.most.gov.cn/kjbgz/202109/t20210926_177063.html	提出了增进人类福祉、促进公平公正、保护隐私安全、确保可控可信、强化责任担当、提升伦理素养等6项基本伦理要求。同时，提出人工智能管理、研发、供应、使用等特定活动的18项具体伦理要求
15	《国家新一代人工智能标准体系建设指南》	国家标准化管理委员会等	https://www.gov.cn/zhengce/zhengceku/2020-08/09/content_5533454.htm	到2023年，初步建立人工智能标准体系，重点研制数据算法、系统、服务等重点急需标准，并率先在制造、交通、金融、安防、家居、养老、环保、教育、医疗健康、司法等重点行业和领域进行推进。建设人工智能标准试验验证平台，提供公共服务能力
16	《国家新一代人工智能开放创新平台建设工作指引》	科技部	https://www.gov.cn/zhengce/zhengceku/2019-12/03/content_5457842.htm	新一代人工智能开放创新平台是聚焦人工智能重点细分领域，充分发挥行业领军企业、研究机构的引领示范作用，有效整合技术资源、产业链资源和金融资源，持续输出人工智能核心研发能力和服务能力的重要创新载体
17	《新一代人工智能治理原则——发展负责任的人工智能》	国家新一代人工智能治理专业委员会	https://www.gov.cn/xinwen/2019-06/17/content_5401006.htm	旨在更好协调人工智能发展与治理的关系，确保人工智能安全可控可靠，推动经济、社会及生态可持续发展，共建人类命运共同体

后 记

一群人的火种，一段路的光亮。

本书的诞生，是一群高校辅导员在时代浪潮中主动求变、携手前行的真实记录。从 2025 年 1 月动念，到 4 月落成，我们用三个多月的时间，写了一本关于 DeepSeek，也关于教育、关于理想、关于我们自己的书。

本书的第一主编是江西理工大学饶先发，由他统筹设计并指导推进，由伍晓芸、丁军锋、廖名海、张晓惜撰写初稿，张美润、蒋晓敏、李萍、黄晓赫、霍曙光、欧阳超群、庄晨薇等人进行了资料收集、整理和案例实操测试。本书出版期间，大家多次交叉校对，召开了多轮专题研讨会，确保内容的可读性和实操性。杨思宇、郑鹤英、骆雯、邹晓燕、蔡虔等 70 余位老师提出了修改建议，他们既是第一批读者，也是共同创作者。本书凝聚着每一位参与者的心血，在此要向每一位参与者、批评者、建议者致谢！

它不是一本完美的书，但却是一群教育人，在无数个加班加点的深夜、在无数次线上会议的思维碰撞中，淬炼出的诚意之作。我们曾为一个章节反复斟酌，也曾为一个案例争论不休，更曾在凌晨的协作文档里彼此打气——因为我们相信，这场 AI 与教育的融合探索，不容敷衍。

编写期间，我们同步策划了多场"AI 赋能辅导员工作"线上公益沙龙，获得了近 17 万人次的关注。边写书边实践，边学习边传播，这种知行思辨、边学边行的节奏，有时让人疲惫，却也让人兴奋。每一次沙龙过后，屏幕那端的留言、点赞、共鸣，都是支持我们继续向前的力量。我们也无比感谢中南大学出版社的鼎力支持，尤其是谢金伶编辑的专业与效率，让这本书能在极短时间内呈现在大家面前。

AI 看似冰冷，但我们可以用它减少琐碎的事务负担，释放更多时间去关心学生，提升工作的效率和深度，甚至在焦头烂额中重新找回"教育者"的自豪感。

我们始终相信：

AI 不会取代教育者，而是让教育者更强大。

辅导员的价值，从不只是完成日常事务，而是用温度和智慧点燃学生的成长。AI 是工具，而真正赋予它意义的，是使用它的您。

教育的本质，始终是人与人之间的联结。

一个人可能走得很快，但一群人才能走得更远。

而 AI，正是让这种联结更加深刻、更加有力的助推器。

书已成，但这不是终点。我们只是这场 AI 浪潮中的"第一批尝试者"，但希望这本书，能成为您上手 AI 的一本实用指南，也能成为您打开教育想象力的一把钥匙。

谨以此书，献给每一位愿意学习、愿意尝试、愿意探寻的教育工作者。期望未来有更多的"我们"，一起共学、共创、共成长。

愿我们在 AI 时代，保有热爱，积蓄力量，拥抱未来。

本书编委
2025 年 4 月

本书得到以下研究课题支持

2021 年度教育部人文社会科学研究专项任务项目（高校辅导员研究）（21JDSZ3132）

2022 年度教育部人文社会科学研究专项任务项目（高校辅导员研究）（22JDSZ3032）

2023 年度教育部人文社会科学研究专项任务项目（高校辅导员研究）（23JDSZ3103）

2023 年度中国高等教育学会高等教育科学研究规划课题（23XG0301）

2021 年河北省人力资源和社会保障厅课题（JRS-2021-3096）

2023 年山西省高等学校哲学社会科学研究项目（思想政治教育专项）（2023038）

2024 年度江苏省教育科学"十四五"规划委托专项课题（JSZX/2024/17）

2024 年度江苏省高校哲学社会科学研究一般项目（2024SJSZ0769）

2024 年度浙江省高职教育"十四五"第二批教学改革项目（jg20240182）

2023 年度福建省教育系统哲学社会科学研究项目（JSZF23009）

2024 年度福建省教育系统哲学社会科学研究项目（JSZF24046）

2020 年江西省高校人文社会科学课题思政工作专项课题（SZZX2077）

2022 年江西省教育科学"十四五"规划课题（22YB094）

2024 年江西省社会科学"十四五"基金项目（SZ242011）

2024 年江西省高校人文社会科学研究规划项目课题（MKS24106）

2024 年江西省高等学校思想政治教育研究会重点课题（XSGZ24105）

2023 年度广东省教育科学规划课题（德育专项）（2023JKDY066）

2024 年广西大学生创新创业训练计划桂林医科大学立项项目（S202410601090）

2024 年四川省思想政治教育研究课题（高校辅导员专项）（CJSFZ24-22）

2024 年四川大学生思想政治教育研究中心课题（CSZ24117）

2024 年贵州省高校思想政治理论课教育教学改革研究项目（JG—042）

2023 年陕西省教育教学改革课题（23BY148、23JY012）

2024 年重庆市教育委员会人文社会科学研究一般项目思政专项（24SKSZ092）

2024 年四川省哲学社会科学重点研究基地——西华师范大学四川省教育发展研究中心（CJF24010）

2022 年成都市哲学社会科学重点研究基地——成都航空产业发展与文化建设研究中心重点项目（CAIACDRCXM2022-05）

2024 年度都江堰市哲学社会科学研究课题（2024-14）

2024 年度沧州市社会科学发展研究重点课题（2024393）

2023—2024 年度高校毕业生就业协会高等学校毕业生就业创业研究课题项目（GJXY2024N041）

2021年上海电子信息职业技术学院专项课题(Z21088)

2022年成都航空职业技术学院校级疫情防控专项重点项目(06221135)

2023年广西生态工程职业技术学院大学生思政教育实践专项课题(2023SZ45)

2023年江西理工大学学位与研究生教育教学改革研究项目(YJG2023025)

2024年度江西青年职业学院辅导员专项课题(QNZX-FD-24-5)

2024年大理大学育人工作研究课题(YRKTZ202405)

2024年度大理大学党建研究课题(DJYJ2024013)

2024年度汕尾职业技术学院科研项目(2024XJXM013)

2024年河北传媒学院科研课题(2024LW020)

2024年内蒙古医科大学思想政治教育专项课题(YKD2023SXZZ036)

2024年宁夏大学习近平新时代中国特色社会主义思想研究专项课题(XZX241005)

2025年深圳信息职业技术学院校级课题(辅导员专项)

2025年北京理工大学(珠海)学生思想政治教育研究专项课题(2025SZZX001、
2025SZZX005)

2025年度沈阳工业大学思想政治教育(辅导员)专项课题(25GSZF03、25GSZF04)

本书得到以下辅导员工作室支持

全国高校辅导员名师工作室——西南石油大学"E路同行"辅导员工作室

全国高校辅导员名师工作室——山西财经大学"智汇菁才"就业育人工作室

江苏省首批高校辅导员名师工作室——江苏大学"训研"辅导员工作室

浙江省第二批高校辅导员名师工作室——"述忆家国"红色口述史育人工作室

福建省"AI·未来"数字赋能辅导员名师工作室

江西省高校辅导员名师工作室——饶先发工作室

河南省首批高校辅导员名师工作室——朱瑞萍辅导员工作室

广西首批高水平辅导员工作室——"启心"党团辅导员工作室

四川省首批名辅导员工作室——"薪传"辅导员工作室

四川省第二批高校名辅导员工作室——智慧导语辅导员工作室

贵州省第四批名辅导员工作室——遵义医科大学薪星辅导员工作室

宁夏第二批高校辅导员名师工作室——梦想践行者辅导员工作室

安徽大学"青春挺膺"党团班协同育人辅导员工作室

昌吉职业技术学院"红匠领航"辅导员工作室

长沙环境保护职业技术学院"匠心创梦"辅导员工作室

成都航空职业技术学院"天天向上"卓越班级建设辅导员工作室

成都航空职业技术学院"薪火筑梦"思想引领工作室

成都航空职业技术学院"星火·启航"党团共建辅导员工作室

成都航空职业技术学院"学思践悟"辅导员领航力工作室

成都航空职业技术学院"翼智渔乐"资助育人工作室

成都航空职业技术学院"知行"学风涵养工作室

重庆化工职业学院"预见未来"辅导员工作室

川南幼儿师范高等专科学校"青成"辅导员工作室

大理大学传·承辅导员工作室

福建理工大学"启智润心"辅导员工作室

福建农林大学"轻舟"辅导员工作室(网络工作室)

河北传媒学院"遇见曙光"工作室

江西理工大学发哥辅导员工作室

江西理工大学启航工作室

江西冶金职业技术学院"椰青年"数智思政辅导员工作室

江苏科技大学"宝达说"辅导员工作室

牡丹江医科大学"心海"辅导员名师工作室

南昌大学抚州医学院辅导员工作室

南华大学"有 E 思"数智思政辅导员工作室

泉州医学高等专科学校"欧阳老师大学笔记"辅导员工作室

山西能源学院"引航铸魂"辅导员名师工作室

汕尾职业技术学院"红星筑梦"辅导员工作室

石家庄铁路职业技术学院文华辅导员工作室

四川工商职业技术学院三创名辅导员工作室

四川旅游学院"驿旅阳光"辅导员工作室

四川轻化工大学"三联三促"党建育人工作室

西华师范大学"半径研究所"辅导员工作室

西南石油大学"成长 E 站"学生网络文化工作室

雅安职业技术学院辅导员发展中心

雅安职业技术学院"芯鲜雅语"辅导员工作室

烟台汽车工程职业学院"蕴能"辅导员工作室

云南大学彩云知南 AI 辅导员工作室

广东外语外贸大学南国商学院"青春飞扬"大学生思想政治教育辅导员工作室

渭南师范学院"渭来微往"微思政工作室

潍坊科技学院医学院"琳听心语"辅导员工作室